Alfred M. de Zayas

Heimatrecht ist Menschenrecht

Alfred M. de Zayas

Heimatrecht ist Menschenrecht

Der mühsame Weg zu Anerkennung und Verwirklichung

Universitas

Die in diesem Buch publizierten Ansichten sind die des Verfassers und entsprechen nicht unbedingt der Haltung der Organisationen, mit denen er assoziiert ist.

Mit Dank an die Kulturstiftung
der deutschen Vertriebenen.

Besuchen Sie uns im Internet unter
http://www.herbig.net

Schutzumschlag: Wolfgang Heinzel
Satz: Fotosatz Völkl, Puchheim
gesetzt aus: 10/12 Punkt Candida
Druck: Jos. C. Huber KG, Dießen
Binden: R. Oldenbourg, München
Printed in Germany
ISBN 3-8004-1416-3

Dem Andenken an den
großen Völkerrechtler
Prof. Dr. Otto Kimminich
(1932–1997) gewidmet

Inhalt

Der Leiden gibt es kein größeres,
als des väterlichen Landes beraubt zu werden.

Euripides, Medea, V. 650–651 (chorus)

EINLEITUNG[1]

Die Vertreibung aus der angestammten Heimat ist ein weltweites Problem, das heute Millionen Opfer fordert und viele Politiker und Wissenschaftler beschäftigt. Die Vereinten Nationen, die Europäische Menschenrechtskommission bzw. der Europäische Gerichtshof für Menschenrechte, die Inter-Amerikanische Menschenrechtskommission und der Menschenrechtshof beschäftigen sich damit vor allem seit dem Ende des kalten Krieges und der Auflösung des Sowjetstaates.

Das Wiederaufflammen des Nationalismus in Jugoslawien und in den ehemaligen Republiken der Sowjetunion führte zu einer unerhörten Explosion von Gewalt und Vertreibung in Bosnien-Herzegowina, im Kosovo, in Kroatien und Serbien sowie in mehreren der Nachfolgestaaten der ehemaligen Sowjetunion. Ethnische, religiöse und ideologische Konflikte in anderen Teilen der Welt verschoben Millionen Menschen in Indien und Pakistan, Palästina, Vietnam, Kambodscha, Indonesien, Sudan, Kongo, Burundi und Ruanda.

In den letzten Jahrzehnten ist viel auf universeller und regionaler Ebene geschehen, um das Recht auf die Heimat zu kodifizieren. Bedarf dieses Recht der Kodifizierung? Man möchte dies verneinen, denn alle Menschen haben eine Heimat und den im Naturrecht begründeten Anspruch, dort in Frieden zu leben und nicht von anderen vertrieben zu werden.

Jeder Mensch, jedes Volk besitzt dieses fundamentale Menschenrecht, das im Selbstbestimmungsrecht der Völker[2], im völkerrechtlichen Gewaltverbot[3] sowie auch im Annexionsverbot verankert ist. Darüber hinaus stellt dieses Recht eine Voraussetzung zum Genuß anderer Menschenrechte dar, denn bürgerliche und politische Rechte, wirtschaftlich, soziale und kulturelle Rechte werden nicht im Leerraum ausgeübt, sondern ganz konkret auf dem Gebiet, wo der Mensch zu Hause ist.

Die Verletzung des Rechtes auf die Heimat durch Vertreibung beinhaltet zugleich die Verletzung einer ganzen Reihe völkerrechtlicher Normen[4], wie der universellen und regionalen Menschenrechtskonventionen, der Nürnberger Rechtsprechung[5] und einschlägiger UN-Resolutionen.

Im Hinblick auf die UN-Konvention zur Verhütung des Völkermords von 1948, die UN-Menschenrechtspakte von 1966, die Europäische Konvention zum Schutz der Menschenrechte und Grundfreiheiten von 1950, insbesondere ihr viertes Zusatzprotokoll von 1963, und die UN-Deklaration über die Rechte der Minderheiten[6] dürfte die Weltgemeinschaft keine Vertreibungen mehr dulden. Und dennoch hat sie den sog. »ethnischen Säuberungen« im ehemaligen Jugoslawien jahrelang beinahe tatenlos zugesehen.

Freilich wurde die Politik der ethnischen Säuberungen in Bosnien-Herzegowina in vielen Resolutionen des UN-Sicherheitsrates, der Generalversammlung und der Menschenrechtskommission als völkerrechtswidrig verurteilt. Aber Resolutionen allein können Gewalt nicht verhindern. Erst Ende 1995 wurden die ethnischen Säuberungen in Bosnien und Herzegowina durch die NATO beendet, allerdings nachdem viele vollendete Tatsachen geschaffen worden waren. Trotz des Dayton-Abkommens, insbesondere trotz des Rückkehrprogramms im Anhang VII, haben viele vertriebene Bosnier ihre Heimatgebiete nicht wieder betreten. Jüngst wurde im Kosovo von der NATO massiv eingeschritten, um die Vertreibung der Kosovo-Albaner zu beenden und ihre Rückkehr zu ermöglichen – diesmal mit größerem Erfolg.

Ein bedeutendes Bekenntnis der Vereinten Nationen zum Recht auf die Heimat lieferte am 26. August 1998 die Unterkommission für die Förderung und für den Schutz der Menschenrechte (bis 1999 »Unterkommission zur Diskriminierungsverhütung und für den Minderheitenschutz« genannt) in ihrer Resolution 1998/26. Diese Resolution bestätigte die Resolution 1997/29 vom 28. August 1997, die das Recht jedes Menschen, in Frieden in seinem eigenen Heim, auf seinem eigenen Grund und Boden und in seinem eigenen Land zu leben, bekräftigte. Außerdem unterstreichen diese Resolutionen das Recht von Flüchtlingen und Vertriebenen, in Sicherheit und Würde in ihre Herkunftsländer zurückzukehren. Somit werden die zwei wesentlichen Aspekte des Rechtes auf die Heimat noch einmal bestätigt: das Recht, in der Heimat zu verbleiben, und das Recht, in die Heimat zurückzukehren. Schließlich forderte die Unterkommission alle Regierungen und andere Beteiligte nachdrücklich auf, alles in ihrer Macht stehende zu tun, um unverzüglich allen Praktiken der Vertreibung, des sog. Bevölkerungstransfers und den »ethnischen Säuberungen«, ein Ende zu setzen. Diese Resolution setzte die ständige UN-Entwicklung fort, wie bereits in den Resolutionen 1992/28, 1994/24, 1995/13, 1996/9, 1997/29, 1997/30, und 1997/31 der Unterkommission formuliert. Jüngst wurden sie im Wirtschafts- und Sozialrat (ECO SOC-Entscheidung 1998/292) und in den Menschenrechtskommissions-Resolutionen 1999/47 und durch die Unterkommissions-Entscheidung 1999/108 vom August 1999 bestätigt.[7]

Ferner hat die Unterkommission im August 1992 zwei Sonderberichterstatter, Awn Shawkat Al-Khasawneh (Jordanien) und Ribot Hatano (Japan), damit beauftragt, die menschenrechtlichen Dimensionen von Bevölkerungsumsiedlungen zu untersuchen. Der erste Bericht wurde bereits 1993 vorgelegt.[8] Ein weiterer Bericht wurde von dem Sonderberichterstatter Al-Khasawneh 1994 eingereicht, in dem die Völkerrechtswidrigkeit von Vertreibungen festgehalten wird.[9] Der Abschlußbericht wurde im August 1997 der Kommission vorgelegt[10] und enthält den Entwurf einer Erklärung zur Ächtung von Vertreibung und zur Wiedergutmachung. Diese Erklärung soll von der Generalversammlung noch verabschiedet werden.

Zur Vorbereitung seines Abschlußberichts hat Sonderberichterstatter Al-Khasawneh, der auch Mitglied der UN-Völkerrechtskommission war und seit 1999 Richter am Internationalen Gerichtshof in Den Haag ist, eine Arbeitsgruppe von Experten berufen, die im Februar 1997 in Genf tagte. Sie wurde vom ersten UN-Hochkommissar für Menschenrechte, José Ayala Lasso (Ecuador), eröffnet. Dabei sagte der Hochkommissar:

»*Das Recht, im eigenen Heimatland zu leben, ist ein sehr kostbares und fundamentales Recht. Erzwungene Bevölkerungstransfers sind eine ernste Angelegenheit, nicht nur, weil sie viele Menschen betreffen, sondern auch, weil sie die gesamte Palette bürgerlicher und politischer Rechte, wirtschaftliche, soziale und kulturelle Rechte verletzen. Darum hat die UN-Völkerrechtskommission diese Praxis der willkürlichen Deportation oder des erzwungenen Bevölkerungstransfers als Verbrechen gegen die Menschheit definiert, und zwar im Artikel 18 des neuen UN-Kodex über Verbrechen gegen den Frieden und die Sicherheit der Menschheit […]. In diesem Zusammenhang möchte ich Sie ermutigen, nach wirksamen Methoden zu suchen, um den Opfern von Bevölkerungstransfers Abhilfe zu verschaffen, denn welchen Nutzen hat ein Recht, wenn es kein Rechtsmittel gegen seine Verletzung gibt?*«[11]

Hinzuweisen ist hierbei auch auf die Entwicklung der Jurisprudenz vieler regionaler und universeller Instanzen. So hat der UN-Menschenrechtsausschuß auf der Basis des UN-Paktes über bürgerliche und politische Rechte wichtige Jurisprudenz über die Rechte der Autochthonen auf ihre Heimatgebiete und Ressourcen sowie über die Rechte der Minderheiten statuiert.

Bei der Europäischen Menschenrechtskommission bzw. beim Gerichtshof für Menschenrechte in Straßburg ist auf das im 4. Protokoll der Europäischen Menschenrechtskonvention enthaltene Vertreibungsverbot hinzuweisen sowie auf das 1. Protokoll, das den Schutz des Privateigentums festlegt. In konkreten Fällen haben sich die Europäische Menschenrechtskommission und der Gerichshof für Menschenrechte dazu geäußert. Das Urteil vom 18. Dezember 1996 im Fall *Loizidou vs. Türkei* setzt einen bedeutenden Präzedenzfall für die Anerkennung des Rechtes auf die Heimat, des Rückkehrrechts, des Rechtes auf Privateigentum und des Anspruchs auf Schadensersatz.

Auch die Inter-Amerikanische Menschenrechtskommission und der Menschrechtshof haben sich über die Rechte der Autochthonen in Amerika geäußert und dabei nützliche Jurisprudenz geschaffen.

Um das Recht auf die Heimat endgültig zu kodifizieren, läge ein Protokoll zum UN-Pakt über bürgerliche und politische Rechte nahe. Ferner könnte der UN-Menschenrechtsausschuß eine präventive »early warning«-Funktion übernehmen und neue Kompetenzen bekommen, wie Rechtsgutachten (Advisory Opinions) zu erstatten. Dies könnte ebenfalls durch ein Zusatzprotokoll geregelt werden.

In Expertengremien wird auch diskutiert, ob eine Konvention zur Verhütung und Bestrafung des Verbrechens der Vertreibung sinnvoll wäre, die etwa in Anlehnung an die Völkermordkonvention verfaßt und angenommen werden könnte.[12] Die Implementierung einer solchen Konvention oder eines Protokolls würde Organe wie den UN-Menschenrechtsausschuß oder den Europäischen Gerichtshof für Menschenrechte benötigen und leider auch internationale Kriegsverbrechertribunale wie die Tribunale in Den Haag und Arusha (Tansania) für das ehemalige Jugoslawien und für Ruanda und den noch zu etablierenden Internationalen Strafgerichtshof (International Criminal Court), dessen Statut im Juli 1998 verkündet wurde.

Die Gliederung der vorliegenden Studie ist einfach: Nach der Begriffsbestimmung und einem geschichtlichen Überblick folgt eine Zusammenstellung bindender und nichtbindender Vorschriften unter Berücksichtigung universeller und regionaler Normen. Ferner werden die laufenden Bemühungen um das Recht auf die Heimat dargelegt, die die Völkerrechtskommission der Vereinten Nationen (ILC), die UN-Unterkommission für die Förderung und für den Schutz der Menschenrechte, die UN-Menschenrechtskommission, der UN-Menschenrechtsausschuß, das Amt des Hohen UN-Kommissars für Menschenrechte (UNHCHR) und andere Organe angestellt haben. Im nächsten Abschnitt wird die Rechtsprechung des Ständigen Internationalen Gerichtshofs, des Internationalen Gerichtshofs, des Nürnberger Tribunals und der Menschenrechtskommissionen und Gerichtshöfe besprochen. Anschließend wird gezeigt, wie es mit dem Rückkehrrecht und dem Recht auf Restitution steht und wie die Opfer von Vertreibungen die Mechanismen zum Schutz der Menschenrechte in Anspruch nehmen können, um ihr Recht auf Verbleib, Rückkehr und Restitution zu verwirklichen.

Kapitel 1: Begriffsbestimmung

»Das Recht auf die Heimat ist nicht nur das wichtigste der kollektiven Menschenrechte, sondern schafft auch die Voraussetzung für den Genuß vieler individueller Menschenrechte.«

Otto Kimminich, Das Recht auf die Heimat, 1989, S. 201

Als individuelles und kollektives Menschenrecht ermöglicht erst das Recht auf die Heimat die Inanspruchnahme der meisten anderen Menschenrechte. Rechtsträger sind jeder Mensch und jede Volksgruppe.

Das Recht wird verletzt, wenn der Mensch oder die Volksgruppe zur Flucht gezwungen bzw. vertrieben oder zwangsumgesiedelt wird. Es wird ebenso verletzt, wenn ein Mensch, der sich außerhalb seiner Heimat befindet, gehindert wird, in die Heimat zurückzukehren. Die Verletzung des Rechtes auf die Heimat durch eine Massenvertreibung oder Zwangsumsiedlung stellt ein Verbrechen gegen die Menschheit *(crime against humanity)* dar.[13]

Jeder Mann, jede Frau und jedes Kind besitzt das Recht auf eine bestimmte Heimat: seine/ihre Heimat. Darum muß der Begriff »Heimatrecht« präzisiert werden, denn es geht um jene sehr persönliche Heimat und nicht bloß um ein allgemeines Recht auf irgendeine Heimat bzw. irgendeinen Wohnsitz irgendwann und irgendwo. Vielmehr ist Heimat der Ort, an dem der Mensch seine Wurzeln hat, wo er seine wesentlichen Bezugspunkte unterhält – und dies ist oft dort, wo seine Eltern und Großeltern wohnen oder gelebt haben.

Im Englischen spricht man vom »right to *one's* homeland«[14] und nicht etwa vom einem »right to *a* homeland«; im Französischen von »droit au foyer«[15], »droit à la terre«[16], »droit au sol natal«[17]. Und tatsächlich: Da die gesamte moderne Völkerrechtsordnung die Seßhaftigkeit der Völker, anerkannte Staatsgebiete und die Zugehörigkeit der Bewohner zu ihrem Gebiet voraussetzt[18], kann es kein Völkerrecht ohne das Recht auf die Heimat geben. Somit kann das Recht auf die Heimat keinesfalls als eine neuere, womöglich bundesdeutsche Erfindung angesehen werden, denn es existiert seit jeher im Naturrecht.[19]

Wie andere Rechte stellt das Recht auf die Heimat eine Option dar: man mag es ausüben oder nicht. Der Betroffene, Flüchtling oder Vertriebener, kann sich darauf berufen, wenn er zurück in die Heimat will. Es gibt aber andererseits keinen Zwang, dort zu leben, wo man geboren wurde. Jeder Mensch darf freiwillig sein Land verlassen und emigrieren, wenn er ein Land findet, das ihn als Einwanderer willkommen heißt. Zwar hat man kein Recht, in ein fremdes Land einzureisen, doch behält man immer das Recht, in die eigene Heimat zurückzukehren.[20]

Die Begriffe »Flüchtling« und »Vertriebener« sind nicht gleichzusetzen, denn der Flüchtling ist meistens ein politisch Verfolgter, der sein Land verläßt, weil die Regierung seines Landes oder die politischen Umstände oder paramilitärische Kräfte ihn bedrohen. Ein Vertriebener dagegen ist ein Mensch, der zwangsausgesiedelt wird, weil eine [neue] Staatsgewalt sein Heimatgebiet in Anspruch nimmt bzw. das Land und seine Ressourcen begehrt – allerdings ohne die Menschen, die dort zu Hause sind.

Wir finden kodifizierte Bestandteile dieses Rechts (Vertreibungsverbot) zumindest seit den Haager und Genfer Konventionen. Ferner ist das Recht auf die Heimat ein Kernsatz des Selbstbestimmungsrechtes, das seit Anfang des 20. Jahrhunderts als Ordnungsprinzip gilt und das in der UN-Charta und als Artikel 1 des UN-Paktes über bürgerliche und politische Rechte und Artikel 1 des Paktes über wirtschaftliche, soziale und kulturelle Rechte kodifiziert worden ist. Tatsächlich kann das Selbstbestimmungsrecht nicht ausgeübt werden, wenn das Recht auf die Heimat nicht gesichert ist.

In der Praxis der Vereinten Nationen wird das Recht auf die Heimat meistens mit zwei Hauptbegriffen wiedergegeben: 1) »the right to remain« und 2) »the right to return«, bzw. das Recht, in der Heimat zu verbleiben (das Primärrecht, das einem Vertreibungsverbot gleichkommt), und das Recht, in die Heimat zurückzukehren (das Sekundärrecht, wenn einmal das Primärrecht verletzt worden ist).[21]

Anläßlich der Feierstunde in der Paulskirche »50 Jahre Vertreibung« am 28. Mai 1995 erfuhren die deutschen Vertriebenen vom ersten UN-Hochkommissar für Menschenrechte, José Ayala Lasso:[22]

»Das Recht, aus der angestammten Heimat nicht vertrieben zu werden, ist ein fundamentales Menschenrecht.«

Im Schlußbericht des UN-Sonderberichterstatters Awn Shawkat Al-Khasawneh über Zwangsumsiedlungen von Völkern (»Forced Population Transfers«) heißt es in Artikel 4 der Erklärung:

»Jeder Mensch hat das Recht, in Frieden, Sicherheit und Würde an seiner Wohnstätte, in seiner Heimat und in seinem Land zu verbleiben. Niemand darf dazu gezwungen werden, seine Wohnstätte zu verlassen.«[23]

Es ist zu erwarten, daß diese UN-Erklärung von der Generalversammlung verkündet wird und daß das Recht auf die Heimat als solches in ein Vertragswerk aufgenommen wird, sei es als Protokoll zum UN-Pakt über bürgerliche und politische Rechte, sei es als selbständige Konvention. Jedenfalls wird der Begriff »Recht auf die Heimat« in internationalen Konferenzen und UN-Expertengruppen häufiger verwendet.

Auch das Amt des Hochkommissars für Flüchtlinge beschäftigt sich ständig mit dem Begriff »Heimat«, denn für das Amt gilt die freiwillige Repatriierung in die Heimat – »in Sicherheit und Würde« – als die bevorzugte Lösung von Flüchtlingsproblemen.[24]

In seiner Studie über freiwillige Repatriierung schreibt Professor Gervaise Coles:

»Das menschliche Bedürfnis nach Zugehörigkeit ist mehr als das nach Schutz oder Möglichkeiten der persönlichen Entwicklung: Es ist auch das Bedürfnis, unter seinesgleichen zu leben. Auch wenn dieses letztere Bedürfnis unterschiedlich stark ausgeprägt sein wird, abhängig von den persönlichen Umständen und anderen Faktoren, wie dem Alter (es scheint, als würde es mit zunehmendem Alter eines Menschen stärker), ist es doch üblicherweise ein drängendes menschliches Bedürfnis, dessen Befriedigung dem individuellen und gesellschaftlichen Wohlbefinden dienlich ist, während die Versagung seiner Erfüllung zu Leiden und Problemen im sozialen Bereich führt.

Die Zugehörigkeit bezieht sich aber nicht nur auf eine Gemeinschaft von Menschen, sondern normalerweise auch auf ein bestimmtes Land (das »Mutter«- oder »Vaterland« bzw. das Land der Vorfahren). Der Mensch ist kein körperloser Geist, der außerhalb von Raum und Zeit lebt, sondern ein irdisches Geschöpf, das in einem Landstrich und dessen Geschichte verwurzelt ist. Ein »Volk« besteht aus physischer Zusammengehörigkeit, der heimatlichen Erde und einer gemeinsamen Geschichte, die gemeinsame Überzeugungen und Werte (nämlich seine Kultur und Zivilisation) hervorgerufen und ihm insofern eine Identität verliehen haben. Der Zusammenhang zwischen einem Volk und einem Gebiet ist so von wesentlicher Bedeutung.«[25]

Wie oben gezeigt, ist Heimat nicht nur ein juristischer Begriff, sondern vielmehr und vor allem ein soziologischer Begriff, den Fedor Stepun wie folgt umschreibt:

»Zunächst ein Stück Erdoberfläche, welches von Menschen besiedelt wird, die ganz gleich, ob sie rassisch gleich oder verschiedenstämmig sind, im Gefühl ihrer Zusammenhängigkeit leben, den gleichen verstorbenen

Ahnen treu Erinnerung bewahren und gleiche Hoffnungen für die Zukunft ihrer Nachkommen hegen, die durch gemeinsame Tradition und gemeinsame Prophetie geeint sind. Ferner ist wesentlich, daß sie sich sprachlich verständigen können, was keinesfalls nur eine Sprache voraussetzt, sondern auch bei der Vielsprachigkeit des Heimatbodens der Fall sein kann. All das mündet in das Gefühl einer organischen Zugehörigkeit zu einem Kulturraum, in dem man lebt, und an einem Kulturbau, an dem man arbeitet.«[26]

So schreibt Friedrich Bülow im Wörterbuch der Soziologie: »Heimat ist derjenige örtlich-geographisch einheitlich erlebte Raumbegriff, mit dem sich ein Mensch durch Geburt, Tradition und Lebensumstände, gegebenenfalls auch durch Wahl (Wahlheimat), seelisch verbunden fühlt und zu dem er jenseits nüchtern-sachlicher Beurteilung eine gemütsmäßig bestimmte, durch liebevolle Bande bewährte innere Beziehung hat.«[27] Ähnlich bezeichnete Carl Jacob Burckhardt die Heimat als »den Ort des tiefsten Vertrauens, der tiefsten Ruhe, den Ort, der die Ruhe des Vertrauens schenkt.«[28]

Entscheidend ist vor allem die Zugehörigkeit zu einem Kulturraum und das Zusammengehörigkeitsgefühl. Der Begriff wird von der Beziehung vom Menschen zu einem bestimmten Raum geprägt. Wichtig ist auch die zeitliche Komponente, denn es gibt weder eine »Heimat auf Zeit« noch eine »Heimat ohne Geschichte«. Darum ist das Recht auf die Heimat gewissermaßen ein Menschenrecht *sui generis*, das aus dem Wesen des Menschen entspringt, der seine Identität durch seine Beziehung zu einer bestimmten Kultur und Erde definiert.

Aus der Bibel kennen wir das Heimatgefühl des jüdischen Volkes, sein Leiden im Babylonischen Exil, das Verdi uns so ausdrucksvoll in der Oper Nabucco vermittelt. Aus der Bibel kennen wir auch die Nostalgie Ruths, die John Keats in seiner »Ode to a Nightingale« verewigte:

»The voice I hear this passing night was heard
in ancient days by emperor and clown:
perhaps the self-same song that found a path
through the sad heart of Ruth, when, sick for home,
she stood in tears amid the alien corn [...].«

Auch Rilke widmet der Heimatstadt Prag seine frühe Gedichtsammlung *Larenopfer.* Dort lesen wir mehrmals das tschechische Wort für Heimat: »domov«.[29] Diese tiefe menschliche Regung begründet und erklärt das Recht jedes Vertriebenen, in die Heimat zurückzukehren, denn

»das Exil [...] ist eine fundamentale Entziehung des Heimatlandes [...], welche die unwandelbaren Charakteristika, die unsere persönliche und kollektive Identität ausmachen, mitten ins Herz trifft«[30].

Es ist nicht gerade ohne Bedeutung, daß zunehmend auch nichtdeutsche Wissenschaftler sich mit dem Begriff »Recht auf die Heimat« auseinandersetzen.[31] So schrieb zum Beispiel Karel Bartosek im von Stéphane Courtois herausgegeben »Livre noir du communisme«: »Le ›droit à la patrie, au foyer‹ n'appartient-il pas aux droits fondamentaux de l'homme?«[32]

Noch wichtiger ist es, wenn nichtdeutsche Politiker den Begriff deutlich aussprechen und daraus die richtigen Konsequenzen ziehen. So bezeichnete der estnische Staatspräsident Lennart Meri am 3. Oktober 1995 in einer Rede in Berlin das Recht auf die Heimat als »Grundnorm der europäischen Ordnung« und fügte hinzu, daß die Deutschbalten dieses Recht jederzeit in Estland ausüben können.[33] Am 5. September 1999 wiederholte Meri seine Einladung an die Deutschbalten und fügte hinzu:

»Zwischen 1939 und 1991 hat jeder vierte Este, darunter auch ich, seine Heimat vorübergehend oder für immer verloren. Die Esten wissen, was das bedeutet: Recht auf Hei-

mat. [...] Ich möchte Sie aus der Vergangenheit in die Gegenwart führen, aus Jalta und Potsdam nach Kosovo und Pristina, und frage, warum wir jetzt, an der Schwelle des neuen Jahrhunderts und Jahrtausends, wieder in das Jahr 1945 zurückgekehrt sind und uns um Vertriebene Sorgen machen müssen, warum wir wieder beweisen müssen, daß auch die Albaner ein Recht auf Heimat haben.«[34]

Bezüglich des zweiten Aspekts des Rechtes auf die Heimat, nämlich des Rückkehrrechts, ist abschließend festzustellen, daß dieses »Sekundärrecht« nicht nur für die Erlebnisgeneration gilt. Es kann auch von den Kindern und Enkeln in Anspruch genommen werden. Dies wurde klar, als in den letzten Jahren und bis heute Hunderttausende Krimtataren mit Hilfe der Vereinten Nationen und des Europarates zurück in ihre Heimat durften. Die meisten, die zurückgekehrt sind, sind nicht die Unglückseligen, die von Stalin 1944 nach Zentralasien deportiert worden waren, sondern ihre Nachkommen[35]. Ebenso kehrten die Nachkommen von deportierten Finnen nach Finnland, Nachkommen von deportierten Esten nach Estland und jene von Letten nach Lettland zurück.

Kollidierende Heimatrechte

Die Rückkehr von Vertriebenen wirft natürlich auch die Frage kollidierender Heimatrechte auf. Siedelt der Vertreiberstaat eine neue Bevölkerung an und wird diese aufgrund des Faktors »Zeit« dort heimisch, kann in bezug auf die Örtlichkeit ein neues Heimatrecht entstehen[36], das mit dem älteren kollidiert. Zwar würde das Prinzip *ex iniuria non oritur ius* kein neues Heimatrecht zulassen. Aber sind die neuen Siedler nicht sehr oft selbst die Opfer ihrer Regierungen? Auch die neuen Siedler haben Menschenrechte, die respektiert werden müssen. Zudem verlangt die Solidarität der Opfer Milde und Brüderlichkeit.

Professor Dieter Blumenwitz dazu:

»Die universale Geltung der Menschenrechte und des Gewaltanwendungsverbotes schützt in diesen Fällen auch das später entstandene Heimatrecht. Es müssen hier auf dem Verständigungswege Lösungen gefunden werden, die die widerstreitenden Interesse so gut wie möglich ausgleichen.«[37]

Es ist also offenkundig, daß, wenn zwei Völker legitime Ansprüche auf dasselbe Land haben, völker- und menschenrechtlich geboten ist, einen friedlichen Ausgleich der Rechte und Interessen herbeizuführen.[38]

Ein Beispiel für gelungene Koexistenz erkennen wir in Südtirol, wo die deutschsprachigen Südtiroler mit den seit 1919 dorthin zugezogenen Italienern friedlich zusammenleben. Das Phänomen kollidierender Heimatrechte findet sich auch bei den autochthonen Bevölkerungen Amerikas und den aus Europa stammenden Siedlern. Beide müssen koexistieren.

Ein extremes und zugleich in vieler Hinsicht lehrreiches Beispiel für zwei kollidierende Heimat- und Selbstbestimmungsrechte stellt die Rückkehr von Juden nach fast 2000 Jahren in die Heimat ihrer Vorfahren angesichts einer dort seit Jahrhunderten ansässigen, gewiß ebenfalls heimatberechtigten arabischen Bevölkerung.

Dabei sollte man nicht vorwiegend das Konfliktpotential solcher kollidierenden Rechtsansprüche hervorheben, sondern auch und vor allem die produktive Kraft der Bindung und der Anhänglichkeit des Menschen an seine Heimat erkennen. Denn, wer seine Heimat liebt, arbeitet für sie zugunsten der nächsten und übernächsten Generationen.

Insofern stellt das Beharren vertriebener Völker und Volksgruppen auf ihrem Heimat- und Selbstbestimmungsrecht, auch nach langer Zeit, nicht primär ein Potential für internationale Konflikte dar, sondern eine produktive Kraft. Diese Kraft kann, wenn sie sich friedlich und in geordneten Bahnen entfaltet, für alle Beteiligten weit mehr Nutzen als Nachteile bringen.

Kapitel 2: Historischer Überblick

»Völker und Provinzen dürfen nicht von einer Souveränität in eine andere verschachert werden, so als seien sie bloße Leibeigene oder Bauern in einem Spiel, und sei es auch das große, nunmehr für immer aufgegebene Spiel des Gleichgewichts der Kräfte.«[39]

Woodrow Wilson, Ansprache vor beiden Kammern des US-Kongresses, 11. Februar 1918

I. Vertreibung in der Geschichte

Bevölkerungsumsiedlungen waren im Altertum gang und gäbe, doch diese Praxis relativierte sich in Europa im Laufe der Jahrhunderte. Änderten sich Grenzverläufe durch militärische Gewalt, durfte die einheimische Bevölkerung zumeist dort bleiben, wo sie gerade wohnte, dann jedoch unter einem neuen Herrscher. In der Praxis existierte wohl das Recht auf die Heimat.

Die europäischen Religionskriege des 16. und 17. Jahrhunderts führten zu größeren Flüchtlingsbewegungen. Aber der Westfälische Friede von 1648, der den Dreißigjährigen Krieg beendete, sorgte nicht nur für Amnestien, sondern auch für die Möglichkeit der Rückkehr und Rückgabe von Eigentum. Manche Völkerrechtler behaupten sogar, daß das Recht auf die Heimat ansatzweise im Westfälischen Frieden seinen Ursprung hat.[40]

Allerdings wurde dieses Recht auf die Heimat nur für die Europäer angewandt. Während der Jahrhunderte der europäischen Kolonisierung und Besiedlung des amerikanischen Kontinents, Australiens und Afrikas sind Millionen Menschen, die als autochthone Bevölkerungen dort lebten, der Vertreibung und dem Völkermord zum Opfer gefallen. Aus wirtschaftlichen und rassischen Gründen wurde das Recht auf die Heimat der Autochthonen durch die Kolonisatoren systematisch zerstört. Ihr Land wurde ihnen geraubt, die Ausübung ihrer Kultur praktisch unmöglich gemacht. Durch die amerikanische Politik der »Manifest Destiny« wurde die ursprüngliche autochthone Bevölkerung (fälschlicherweise als »Indianer« bezeichnet) allmählich zurückgedrängt und fast ausgerottet; im 19. Jahrhundert wurde dann der spärliche Rest in »Reservaten« angesiedelt.[41]

Die Sklaverei vernichtete das Recht auf die Heimat von Millionen Schwarzafrikanern. Schlimmer noch: Sie stellte einen Völkermord dar. Millionen Schwarzafrikaner wurden aus ihren Wohngebieten in Afrika verschleppt, verkauft und nach Amerika verfrachtet. Keiner weiß, wie viele hunderttausend – wenn nicht Millionen – Menschen dabei ums Leben gekommen sind.

Jahrzehntelang praktizierte die weiße Regierung Südafrikas die Politik der *Apartheid*[42], die auch die Vertreibung und Verbannung von Millionen Schwarzafrikanern in die sog. »Homelands«[43] bedeutete. Mit dem Ende der *Apartheid* konnten die Schwarzafrikaner ihr Selbstbestimmungsrecht bzw. das Recht auf ihre Heimat wieder ausüben.

Heute gibt es noch überlebende autochthone Völker in den Vereinigten Staaten, in Kanada und vielen Ländern Lateinamerikas wie Brasilien, Peru, Venezuela sowie in vielen Ländern Afrikas, in Australien usw. Allmählich werden die Menschenrechte auch auf sie angewandt.

In Kanada, wo einst Millionen Autochthone lebten – Inuits (Eskimos), Cree, Lakota, Lubicon, Mikmaqs usw. –, fängt man an, das Unrecht ihrer Vertreibung anzuerkennen und ihnen ein Teil des Landes zurückzugeben. So hat Kanada im Jahre 1998 das ganze nördliche Gebiet als autonomes Territorium »Nunavut«[44] anerkannt und dafür verfassungsrechtlich einen Sonderstatus geschaffen.

II. Vertreibungen im 20. Jahrhundert

Ende des 19. Jahrhunderts führten in Europa der überschäumende Nationalismus und die Vorstellung von einem ethnisch einheitlich zusammengesetzten Staat zur Terrorisierung und Flucht ethnischer Minderheiten. Während der Balkankriege Anfang des 20. Jahrhunderts und danach kam es zu Bevölkerungsumsiedlungen[45], die meisten von bilateralen Optionsverträgen begleitet, die den einzelnen Menschen eine Möglichkeit gaben, dort zu bleiben, wo sie wohnten. Während des Krieges ereignete sich die Vertreibung bzw. das Genozid an den Armeniern in der Türkei, der erste Völkermord des Jahrhunderts.[46]

In der Zeit zwischen dem Ersten und dem Zweiten Weltkrieg schloß die Regierung des neuen jugoslawischen Staates im Bemühen um die Behauptung ihrer kulturellen Hegemonie staatliche Schulen für Kosovo-Albaner und vertrieb mit Gewalt rund 45 000 Albaner aus der Provinz Kosovo, wobei deren Land konfisziert und rund 60 000 serbischen »Siedlern« gegeben wurde.[47] Dies wurde allerdings kaum von der Weltöffentlichkeit wahrgenommen und ist erst in den 90er Jahren wieder aktuell geworden, als sich ethnische Säuberungen großen Ausmaßes in Bosnien-Herzegowina und im Kosovo ereigneten.

A. Der Lausanner Vertrag von 1923

Eine Zwangsumsiedlung von Bevölkerungen ohne Optionsmöglichkeit wurde aufgrund des unglückseligen »Bevölkerungsaustauschvertrages« von Lausanne (1923)[48] durchgeführt, der eine totale Außerachtlassung des Rechts auf die Heimat bedeutete und dadurch einen schlimmen Präzedenzfall darstellte. Rund zwei Millionen Griechen und Türken wurden mit dem Segen des Völkerbundes »ausgetauscht«.[49]

Zahlreiche Völkerrechtler verurteilten damals die grobe

Verletzung der Menschenrechte der Betroffenen.[50] Auch bedeutende Politiker lehnten diesen Vertrag ab, so der britische Premierminister Lloyd George, der den Vertrag als »den erniedrigendsten Vertrag, den England je unterzeichnet hat«[51] bezeichnete, und der seinerzeitige britische Außenminister Lord Curzon (1919–1924), der vor den schlimmen Folgen dieser »durch und durch schlechten, verwerflichen Lösung, für welche die Welt in den nächsten hundert Jahren schwer büßen wird«[52] warnte. Spätere Kommentatoren pflichteten bei, daß der Bevölkerungsaustausch kein Muster an Menschlichkeit oder Klugheit gewesen war. Seine wirtschaftlichen wie politischen Folgewirkungen waren beträchtlich. Sir John Hope-Simpson, der ebenfalls sehr direkt am Zustandekommen des Lausanner Vertrags beteiligt gewesen war, erklärte 1946, der Austausch von Griechen und Türken habe allen Betroffenen ein erschreckendes Maß an Leid und Elend gebracht.[53]

In den 20er Jahren betrachteten jedoch viele den Präzedenzfall von Lausanne als kühnes neues Modell für die Regelungen von Minderheitenkonflikten.[54] Hier sei darauf verwiesen, daß der Bevölkerungsaustausch dem Vertrag zufolge allmählich und geordnet vonstatten gehen sollte, wobei eine gemischte Kommission von aus Griechenland, der Türkei und dem Völkerbundsrat vertretenen Mitgliedern den Personenaustausch und die Abwicklung von Eigentumsforderungen überwachen sollte. Während der Bevölkerungsaustausch verhältnismäßig friedlich ablief, erwies sich die Regelung der Eigentumsfragen als nicht durchführbar, so daß schließlich alle Forderungen im Rahmen einer Pauschalzahlung ausgeglichen wurden.[55]

B. Hitlers Optionsverträge

1939 bis 1941, nach dem Ausbruch des Zweiten Weltkriegs, erfolgte mehrfach ein Bevölkerungsaustausch aufgrund bilateraler Verträge mit einer Optionsklausel in bezug auf die Staatsangehörigkeit.[56] In einer Rede vor dem Reichstag am 6. Oktober 1939 kündigte Hitler »eine neue Ordnung der ethnographischen Verhältnisse [...], eine Umsiedlung der Nationalitäten auf solche Weise, so daß sich [...] bessere Trennlinien ergeben«, an. Danach wurden Hunderttausende von in Nachbarländern lebenden Volksdeutschen zur Rückkehr nach Deutschland aufgefordert. Am 15. Oktober 1939 schloß das Reich mit Estland ein Abkommen über die Übersiedlung von 12 900 Menschen (»Splittern des deutschen Volkstums«), an das sich am 21. Oktober ein Vertrag mit Italien über 185 365 Südtiroler, am 30. Oktober ein Abkommen mit Lettland in bezug auf 48 600 Baltendeutsche, am 3. November ein Vertrag mit der Sowjetunion über 128 000 Deutsche aus Wolhynien und Ostgalizien sowie weitere Abkommen anschlossen. Da die Repatriierung freiwillig sein sollte, optierten viele Deutsche zuerst für den Verbleib in ihren jeweiligen Heimatländern. Erst als die Sowjetunion in die baltischen Staaten einfiel und sie annektierte, entschied sich die Mehrheit der verbliebenen 70 000 Volksdeutschen dann doch zugunsten einer Umsiedlung nach Deutschland. Ein neuer Umsiedlungsvertrag mit einer Optionsklausel wurde – diesmal zwischen dem Deutschen Reich und der Sowjetunion – am 10. Januar 1941 ausgehandelt.[57]

Von diesen auf Verträgen mit Nationalitätsoption beruhenden Umsiedlungen grundlegend verschieden waren die Zwangsumsiedlungen, die Hitler während des Krieges Millionen von Nichtdeutschen auferlegte. Zu den Opfern gehörten über 100 000 Franzosen, die aus Elsaß-Lothringen in das besetzte Frankreich abgeschoben wurden, sowie eine Million Polen, die aus den westlichen Teilen des besetzen Polens (Warthegau) in das sog. Generalgouvernement deportiert wurden. Eine ähnliche Behandlung erwartete viele Jugoslawen und Ukrainer. Nur die militärische Niederlage hinderte Hitler an der Verwirklichung seiner Lebensraum- und Umsiedlungspläne.

Der entscheidende Unterschied zwischen den Optionsverträgen und den Vertreibungen lag im Element des

Zwangs. Aber das Völkerrecht hatte sich der Frage der Bevölkerungsumsiedlungen noch nicht in aller Form angenommen. Insbesondere die Haager Konventionen behandelten diese Frage nicht ausdrücklich, »wahrscheinlich, weil die Praxis der Deportation von Personen zu Beginn dieses Jahrhunderts als mittlerweile ungebräuchlich betrachtet wurde«[58]. Das Fehlen eines ausdrücklichen Verbots von Zwangsdeportationen bedeutet jedoch nicht, daß diese Praxis mit dem Völkerrecht vereinbar war. In der Tat verurteilten die Alliierten die Deportation von Zivilisten als Kriegsverbrechen und Verbrechen gegen die Menschheit[59] und vertraten die Ansicht, jede Bevölkerungsumsiedlung aus besetztem Gebiet ziehe zwangsläufig Verstöße gegen die Artikel 42–56 der Landkriegsordnung im Anhang der 4. Haager Konvention von 1907[60] nach sich, die die Befugnisse eines kriegführenden Besetzenden beschränken.

C. Die Vertreibung der Ostdeutschen 1944–1948

Dennoch nahmen die Alliierten in den letzten Monaten des Zweiten Weltkriegs und den Jahren unmittelbar danach in noch nie dagewesenem Umfang Zwangsumsiedlungen vor. Rund 15 Millionen Deutsche wurden aus Gebieten vertrieben, in denen ihre Vorfahren 700 Jahre lang gelebt hatten, unter anderem aus der Tschechoslowakei, Ungarn und Jugoslawien sowie aus den östlichen Provinzen Deutschlands, die der sog. Polnischen Provisorischen Regierung der Nationalen Einheit unterstellt wurden.[61] Obwohl diese Umsiedlungen in die sowjetische, britische und amerikanische Besatzungszone auf »geordnete und menschliche« Weise durchgeführt werden sollten[62], hielten sich die vertreibenden Staaten weder an den von dem Alliierten Kontrollrat für Deutschland festgelegten Zeitplan noch an die von diesem vorgeschriebenen Bedingungen. Die Franzosen haben bis Ende der 40er Jahre eine Aufnahme abgelehnt und ihre Zone gegen jeden Zustrom mit der Begründung gesperrt, sie seien für die Potsdamer Abreden nicht verantwortlich. Infolgedessen fanden mehr als zwei Millionen Deutsche den Tod.[63]

Über die Art und Weise der Vertreibung der Deutschen urteilte 1946 der britische Verleger und Menschenrechtsaktivist Victor Gollancz:

»*Sofern das Gewissen der Menschheit jemals wieder empfindlich werden sollte, werden diese Vertreibungen als die unsterbliche Schande aller derer im Gedächtnis bleiben, die sie veranlaßt oder sich damit abgefunden haben [...]. Die Deutschen wurden vertrieben, aber nicht einfach mit einem Mangel an übertriebener Rücksichtnahme, sondern mit dem denkbar höchsten Maß an Brutalität.*«[64]

Man darf noch hinzufügen, daß die Ostdeutschen nicht nur in den letzten Monaten des Zweiten Weltkriegs zur Flucht gezwungen und vertrieben wurden, sondern in der Mehrzahl vor allem in den Jahren unmittelbar danach, als Teil einer verkehrten »Friedenspolitik«.

D. Weitere Nachkriegsvertreibungen[65]

Aber nicht nur Deutsche verloren ihre Heimat und wurden vertrieben. Auch etwa anderthalb Millionen Polen aus jenen Teilen Vorkriegs-Polens, die Stalin gemäß des Hitler-Stalin-Paktes von 1939 besetzte und annektierte.[66] Unmittelbar nach dem Krieg mußten Hunderttausende Ungarn die Slowakei und Slowaken Ungarn verlassen. In den Jahren 1945 bis 1956 wurden mehr als 250 000 bodenständige Italiener aus ihren alten Siedlungen im Gebiet Triest und aus Istrien durch die jugoslawische Regierung vertrieben.

Seit dem Zusammenbruch der Sowjetunion im Jahre 1990 sind weitere Millionen Menschen vertrieben worden – in Georgien/Abkhasien, Armenien/Aserbaidschan, Kirgisistan/Tadschikistan und jüngst in Tschetschenien.[67]

Im Nahen Osten verloren in den Jahren 1947 bis 1968

über eine Million Palästinenser ihre Heimat, während etwa 175 000 griechische Zyprioten seit der Besetzung des Nordens Zyperns[68] durch die Türken 1974 in den südlichen Teil der Insel vertrieben wurden (siehe unten und Kapitel 4 »Rechtsprechung«).

In Afrika wurden über sieben Millionen Afrikaner aus dem Tschad, aus Äthiopien, Somalia, dem Sudan, Burundi vertrieben, etwa 100 000 Asiaten aus ostafrikanischen Ländern (vor allem aus Uganda) seit 1972 ausgewiesen – vor allem dort, wo die Staaten ihre Gastarbeiter, Nichtbürger und rassisch verschiedene Immigranten los werden wollten. Im Jahre 1994 fielen etwa 800 000 Menschen, überwiegend Tutsis, dem Völkermord in Ruanda zum Opfer. Millionen Hutus flohen dann nach Kongo/Zaire.

In Asien verloren etwa fünf Millionen Afghanen seit 1979 ihre Heimat, über 600 000 Vietnamesen *(boat people)* seit 1975, Zehntausende Tamilen aus Sri Lanka, Zehntausende Kurden aus dem Iran, dem Irak und der Türkei.

Flucht und Vertreibung von alteingesessenen Bevölkerungen gab es vor allem in Indien und Pakistan in den Jahren 1947/48, als sich Millionen Hindus von Pakistan nach Indien und Millionen Muslimen aus Indien nach Pakistan retteten – oder vertrieben wurden.

In Lateinamerika sind vor allem die autochthonen Bevölkerungen von Landraub und Vertreibung bedroht, manchmal sogar wegen sog. »Entwicklungsprojekten«: Zehntausende Amerindios aus Brasilien, Venezuela, Kolumbien sowie etwa 35 000 Miskito-Indianer aus Nicaragua.[69]

E. Die Vertreibung der griechischen Zyprioten aus Nordzypern

Besonders relevant für diese Studie – und besonders gravierend für die Opfer – war die Besetzung von Nordzypern durch türkische Truppen im Juli 1974 und die damit verbundene Vertreibung der meisten dort ansässigen griechischen Zyprioten aus dem besetzten nördlichen Teil der Insel (37 Prozent des Staatsgebietes) in den Süden.

Die Parallelen mit der Vertreibung der Deutschen und mit der 45jährigen Teilung Deutschlands sind frappierend. Der nördliche Teil der Insel wurde nicht nur militärisch besetzt. Eine Grenze wurde gezogen, samt Minenfeldern, Stacheldraht und Wachtürmen. Heute noch trennt eine Mauer die Hauptstadt Nicosia, eine Mauer, die an Berlin 1961–1989 denken läßt. Inzwischen besteht diese unnatürliche Trennung Zyperns über 27 Jahre, und dies trotz etlicher Resolutionen des UN-Sicherheitsrates und der Generalversammlung[70], welche die Beendigung der militärischen Besetzung sowie die Rückkehr der Vertriebenen in ihre Heimatgebiete verlangen.[71]

Eine Republik Nordzypern ist zwar aufgerufen worden, aber kein Staat außer der Türkei hat diese Republik anerkannt. In seiner Resolution 541 (1983) hat der UN-Sicherheitsrat alle Staaten aufgefordert, die Republik nicht anzuerkennen.

Um den Frieden zu gewähren, wurde die United Nations Peacekeeping Force in Cyprus (UNFICYP) etabliert, deren Mandat alle sechs Monate verlängert wird.

Seit der türkischen Besetzung und Abriegelung des Nordens wird eine Änderung der demographischen Zusammensetzung des besetzten Gebiets durch die Ansiedlung von über 100 000 Festlandtürken aus Anatolien angestrebt. Vor der Invasion hatte die Insel Zypern eine Bevölkerung von etwa 700 000 Menschen, 18 Prozent davon türkischer Herkunft. Somit ist die ursprüngliche türkische Bevölkerung in Nordzypern zu einer Minderheit geworden. Die Siedlungspolitik stellt eine anachronistische Kolonisierung durch die Türkei mit dem Zweck dar, die Zahl der türkischen Bevölkerung der Insel Zypern so sehr zu steigern, daß eine endgültige Trennung vom griechischen Teil und die Annexion durch die Türkei plausibel erscheint.

F. Ethnische Säuberungen im ehemaligen Jugoslawien

Die »ethnischen Säuberungen« in Kroatien, Bosnien-Herzegowina und Kosovo im Anschluß an das Zerbrechen des ehemaligen Jugoslawiens im Jahre 1991 sind ein weiteres Beispiel dafür, wie Völkerrecht und Moral chauvinistischen und rassistischen Phantasien untergeordnet werden.[72] Dort stehen die Geschehnisse im krassen Gegensatz zur ganzen menschenrechtlichen Entwicklung in der Welt. Anstatt die Rechte von Minderheiten zu respektieren und gleiche Behandlung aller Menschen zu garantieren, haben die Vertreter von Mehrheitsbevölkerungen Terror gegen die Minderheitsbevölkerungen ausgeübt, um sie zur Flucht zu zwingen. So verloren Millionen Menschen ihre Heimat in Serbien, Kroatien, Bosnien-Herzegowina und Kosovo.

Millionen Menschen wurden zur Flucht gezwungen. Wie in diesem Buch gezeigt wird, fördert die Weltgemeinschaft ihre Rückkehr in die Heimat, insbesondere das Büro des Hochkommissars für Flüchtlinge, die Organisation für Sicherheit und Zusammenarbeit in Europa und die NATO.

G. Verschleppungen innerhalb der Sowjetunion

Das Recht auf die Heimat von mehr als drei Millionen Sowjetbürgern wurde in den Jahren 1936 bis 1952 durch Zwangsverschickungen nach Sibirien und Zentralasien zunichte gemacht. Diese gewaltsamen Bevölkerungsumsiedlungen in Tausende Kilometer entfernte Gebiete wurden von Stalins Geheimdienst (NKWD)-Chef Berija organisiert.

Insgesamt waren mehr als 20 große Volksgruppen von solchen Aktionen betroffen, einschließlich acht ganzer Völker, die aus ihrer angestammten Heimat vertrieben wurden. Von diesen war eines nichtorthodox-christlich (die Wolgadeutschen), eines buddhistisch (die Kalmücken) und die anderen sechs muslimisch (Tschetschenen, Inguschen, Karatschaier, Balkaren, Krimtataren und Meschketen). Sieben der acht Völker hatten Anfang der 20er Jahre von Lenin ihre eigenen (oder mit anderen gemeinsamen) autonomen Republiken oder Gebiete erhalten (mit Ausnahme der Meschketen). Was Lenin ihnen gegeben hatte, nahm Stalin ihnen wieder weg. Bis zum Ende des Zweiten Weltkriegs waren alle sieben Namen von der Landkarte verschwunden. Einige der autonomen Gebiete wurden umbenannt, andere wurden aufgeteilt und ganz oder in Teilen in Nachbarstaaten eingegliedert. Die Namen der Städte oder Dörfer, die auf ihre Gründer und früheren Bewohner verwiesen, wurden geändert. Gebäude, Bücher, religiöse Einrichtungen und sogar Friedhöfe wurden zerstört, um alle kulturellen, sprachlichen und historischen Spuren der unter Zwang umgesiedelten Völker auszulöschen.[73]

Insgesamt wurden etwa 1,2 Millionen in der Sowjetunion lebende Deutsche schon im August 1941 in Viehwaggons zusammengepfercht und in langen Eisenbahnkonvois nach Sibirien und Zentralasien gebracht. Obwohl sie keine Verbindung zu Hitler-Deutschland unterhielten, wurden sie als potentielle Verräter und Spione diffamiert.

Andere zwangsumgesiedelte Volksgruppen waren 60 000 Polen, die 1936 aus der Ukraine nach Kasachstan zwangsumgesiedelt wurden, weitere 380 000 Polen (einschließlich polnische Juden 1940/41 nach Nordsibirien) 172 000 Koreaner (1937 von Wladiwostok nach Kasachstan), 843 000 Rußlanddeutsche (1941 bis 1952, vorwiegend aus der Ukraine nach Zentralasien), 45 000 Finnen (1942 nach Sibirien), 45 000 Menschen, Angehöriger verschiedener Volksgruppen von der Krim (1944 nach Zentralasien), 36 000 Moldauer (1949 nach Zentralasien), 36 000 Schwarzmeergriechen, die dort seit fast 3000 Jahren lebten (1949 nach Kasachstan) usw.

Die Folgen für die »besonderen Siedler«, wie sie beschönigend genannt wurden, waren verheerend. Einige

Familien hatten kaum fünf Minuten Zeit, ihre persönliche Habe sowie Lebensmittel für die Reise zusammenzupacken. Es wurden meist keine oder kaum Lebensmittel ausgegeben. Hunderttausende sind während der Transporte gestorben. Viele der Vertreibungen fanden im Winter statt. Wer die Reise überlebte, hatte häufig keine angemessene Kleidung, keine Unterkunft und keine Möglichkeit, sich bei Temperaturen von minus 40 Grad in Sibirien oder minus 20 Grad in den Steppen Kasachstans selbst zu versorgen.[74] Unterwegs starben zwischen 20 und 40 Prozent der Zwangsumgesiedelten. An den Folgen ihrer Vertreibung starben weitere 10 bis 15 Prozent. Kaum jemand außerhalb der Sowjetunion wußte davon oder kümmerte sich darum.

Kapitel 3: Normierung des Rechts auf die Heimat

»Die Zwangsumsiedlung einer Bevölkerung kann nicht gebilligt werden, denn sie verletzt ein überragendes Recht [...] [und] bedeutet die Opferung eines [...] höchsten Gutes, das der Mensch unter Berufung auf ein nicht minder heiliges Recht erstrebt: das Heimatland. [...] Es gibt ein Recht auf die Heimat, und es ist ein Menschenrecht.«[75]

Robert Redslob, Académie de Droit International, Den Haag, 1931

»Jeder Bevölkerungstransfer stellt eine Verletzung der neuzeitlichen internationalen Ethik dar, die die vorrangige Grundlage der internationalen Rechtsordnung ist. Jeder Massentransfer stellt eine Gewaltanwendung dar, die den allgemeinen Rechtsgrundsätzen widerspricht, ganz gleich, ob es sich um einen innerstaatlichen oder zwischenstaatlichen Transfer handelt.«[76]

Georges Scelle, Institut de Droit International, Siena, 1952

Das Recht auf die Heimat gehört zu jenen fundamentalen Menschenrechten wie das Recht auf Leben, welche den Genuß der anderen Rechte erst ermöglichen. Es gehört zum Wesen des Menschen, daß er eine Beziehung zu seiner unmittelbaren Umwelt entwickelt; es gehört zu den wesentlichen Merkmalen der Zivilisation und damit des Rechts, daß diese Beziehung durch fördernde Rechtsnormen sowie auch Verbote geschützt wird. Das Recht auf die Heimat ist der Ausdruck des menschlichen Bedürfnisses nach Familiengründung, Behausung, Seßhaftigkeit[77] und stellt eine Voraussetzung für die Entwicklung der Identität und der Kultur dar.

Alle wesentlichen Bestandteile des Rechts auf die Heimat sind bereits in positiven Rechtsnormen enthalten. Darüber hinaus – ähnlich wie das Recht auf Leben, das durch ein positivrechtliches Tötungsverbot bewehrt ist – wird das Recht auf die Heimat durch ein positivrechtliches Vertreibungsverbot konkretisiert. Die Tatsache, daß Vertreibungen bzw. ethnische Säuberungen[78] weiterhin vorkommen, bedeutet nicht, daß kein Recht auf die Heimat existiert. Es bedeutet, daß seine Befolgung – wie leider auch die vieler anderer Menschenrechte – nur teilweise gewährleistet ist.

Der Terminus technicus »Recht auf die Heimat« hat bisher keine ausdrückliche Anerkennung in einer Konvention bzw. einem Zusatzprotokoll zu den UN-Menschenrechtspakten[79] gefunden. Ungeachtet dieser positivrechtlichen Lücke stellt das Recht auf die Heimat eine notwendige Voraussetzung für die Ausübung der meisten anderen Menschenrechte dar. So bringt die Verweigerung des Rechts, in der eigenen Heimat zu leben, notwendigerweise die Verletzung von Rechten wie des Selbstbestimmungsrechts mit sich, das viele als *ius cogens* betrachten.[80] Aber nicht nur die Selbstbestimmung, sondern auch die Ausübung der meisten bürgerlichen, politischen, wirtschaftlichen, sozialen und kulturellen Rechte wurde durch eine Vertreibung auf unbestimmte Zeit vereitelt.

Manche Positivisten behaupten, daß das Recht auf die Heimat »umstritten« sei.[81] Und doch haben viele Völkerrechtler nachgewiesen, daß seine Bestandteile bereits in vorhandenen Rechtsnormen enthalten sind.[82] Wie im folgenden erörtert wird, kann dieses Recht unter anderem aus Bestimmungen des Internationalen Pakts über bürgerliche und politische Rechte, des Internationalen Pakts über wirtschaftliche, soziale und kulturelle Rechte, der Internationalen Konvention über die Beseitigung aller Formen der Rassendiskriminierung[83], der Konvention über die Verhütung und Bestrafung des Verbrechens des Völkermordes[84] und der Erklärung über die Rechte der Angehörigen nationaler oder ethnischer, religiöser und sprachlicher Minderheiten[85] abgeleitet werden.

Das Recht auf die Heimat kann auch *e contrario* nachgewiesen werden, denn das Verbot der Zwangsumsiedlung von Völkern oder Bevölkerungsteilen ist die Umkehrform des Rechts auf die Heimat. Ein solches Verbot findet sich in der 4. Genfer Konvention von 1949[86] und in den Zusatzprotokollen I und II von 1977.[87]

Schon vor dem Ersten und Zweiten Weltkrieg galten die Bestimmungen der Haager Landkriegsordnung. Jede Vertreibung verstößt seitdem notwendigerweise gegen die Artikel 42–56 der Landkriegsordnung.[88] Gerade mit dieser Begründung wurde die Vertreibung von Franzosen und Polen durch das nationalsozialistische Deutschland nach dem Statut von Nürnberg als Kriegsverbrechen und Verbrechen gegen die Menschheit angeklagt und abgeurteilt.[89]

Auf der Grundlage dieser Rechtsquellen läßt sich feststellen, daß, obwohl das Recht auf die Heimat zugegebenermaßen erst noch spezifisch formuliert und in ein internationales Übereinkommen oder Protokoll aufgenommen werden muß, seine Verletzung durch Vertreibung ohne Zweifel einen schweren Verstoß gegen das Friedens- und Kriegsvölkerrecht darstellt und sowohl die staatliche Verantwortung für diese Völkerrechtsverletzung, die staatliche Verpflichtung zur Wiedergutmachung und schließlich auch die individuelle strafrechtliche Haftung von Personen nach sich zieht. Es muß betont werden, daß Vertreibungen keine bloßen Völkerrechtsverletzungen darstellen, sondern darüber hinaus gegen das internationale Strafrecht[90] verstoßen.

In den nachfolgenden Abschnitten wird zwischen bindenden (*Hard law* oder *Lex lata*) und noch nicht bindenden (*Soft law*, manchmal auch als *Lex ferenda* bezeichnet) Rechtsvorschriften unterschieden. Zu den bindenden Rechtsvorschriften gehören *inter alia* Verträge, Resolutionen des UN-Sicherheitsrates, Bestimmungen des internationalen Gewohnheitsrechts und die Rechtsprechung von internationalen Gerichten wie des Internationalen Gerichtshofes, des Internationalen Kriegsverbrechertribunals für das ehemalige Jugoslawien und des Europäischen Gerichthofs für Menschenrechte zumindest im Hinblick auf die Parteien des Rechtsstreits. Zu dem (noch) nicht bindenden, in der Entwicklung begriffenem Recht gehören *inter alia* Erklärungen, Resolutionen, Empfehlungen und Berichte der Generalversammlung, der Menschenrechtskommission und anderer Organe der Vereinten Nationen sowie auch anderer internationaler Organisationen.[91]

I. Verbindliche Rechtsvorschriften *(Leges latae)*

A. Internationale Normen gültig in Friedens- und Kriegszeiten

1. Universelle Normen

a) UN-Charta[92]

Die UN-Charta wurde am 26. Juni 1945 in San Francisco unterschrieben und trat am 24. Oktober 1945 in Kraft.

Bereits in der Präambel heißt es:

»Wir, die Völker der Vereinten Nationen – fest entschlossen, […] unseren Glauben an die Grundrechte des Menschen, an die Würde und den Wert der menschlichen Person […] erneut zu bekräftigen, Bedingungen zu schaffen, unter denen Gerechtigkeit und die Achtung vor den Verpflichtungen aus Verträgen und anderen Quellen des Völkerrechts gewahrt werden können […], um den wirtschaftlichen und sozialen Fortschritt aller Völker zu fördern –, haben beschlossen, in unserem Bemühen um die Erreichung dieser Ziele zusammenzuwirken.«

In Artikel 1 werden die Ziele genannt, nämlich:

»freundschaftlich, auf der Achtung vor dem Grundsatz der Gleichberechtigung und Selbstbestimmung der Völker beruhende Beziehungen zwischen den Nationen zu entwickeln und [...] eine internationale Zusammenarbeit herbeizuführen, um internationale Probleme wirtschaftlicher, sozialer, kultureller und humanitärer Art zu lösen und die Achtung vor den Menschenrechten und Grundfreiheiten für alle ohne Unterschied der Rasse, des Geschlechts, der Sprache oder der Religion zu fördern und zu festigen [...]«.

Mit Blick auf diese Ziele und auf die Verpflichtungen, die die Mitgliedstaaten gemäß Artikeln 25, 55, 56, 68 usw. eingegangen sind, können das Selbstbestimmungsrecht der Völker und mit ihm das Recht auf die Heimat als unerläßliche Voraussetzungen angesehen werden.

Besonders wichtig ist Artikel 2 Absatz 4 der Charta, der lautet:

»Alle Mitglieder unterlassen in ihren internationalen Beziehungen jede gegen die territoriale Unversehrtheit oder die politische Unabhängigkeit eines Staates gerichtete oder sonst mit den Zielen der Vereinten Nationen unvereinbare Androhung oder Anwendung von Gewalt.«

Dieses Gewaltverbot stellt eine Fortentwicklung des durch den Briand-Kellogg-Pakt von 1928 (Kriegsächtungspakt) vereinbarten Kriegsverbotes dar. Kimminich:

»Alle Menschen, ganz gleich, wo sie wohnen, werden durch das vom Gewaltverbot unterstützte völkerrechtliche Vertreibungsverbot vor jeder gewaltsamen Entfernung von ihrem Wohnsitz geschützt.«[93]

b) UN-Völkermordkonvention

Obwohl die Konvention über die Verhütung und Bestrafung des Verbrechens des Völkermordes vom 9. Dezember 1948 in ihrem Wortlaut Vertreibungen nicht ausdrücklich verbietet, werden Vertreibungen oft nicht nur aufgrund der Konvention, sondern auch nach dem Völkergewohnheitsrecht als Völkermord bezeichnet.[94]

Artikel 2 definiert Völkermord als eine der folgenden Handlungen, die in der Absicht begangen wird, eine nationale, ethnische, rassische oder religiöse Gruppe als solche ganz oder teilweise zu zerstören:

(a) Tötung von Mitgliedern der Gruppe;
(b) Verursachung von schwerem körperlichem oder seelischem Schaden an Mitgliedern der Gruppe;
(c) vorsätzliche Auferlegung von Lebensbedingungen für die Gruppe, die geeignet sind, ihre körperliche Zerstörung ganz oder teilweise herbeizuführen;
(d) Verhängung von Maßnahmen, die auf die Geburtenverhinderung innerhalb der Gruppe gerichtet sind;
(e) gewaltsame Überführung von Kindern der Gruppe in eine andere Gruppe.

Es liegt auf der Hand, daß sich Zwangsumsiedlungen von Völkern meistens unter Verletzung der Artikel 2 (a) oder 2 (c) vollziehen und zu einem gewaltigen Verlust von Menschenleben führen. So ist es bisher in der Geschichte gewesen, zum Beispiel bei der erzwungenen Flucht und Vertreibung von über 14 Millionen Deutschen gegen Ende des Zweiten Weltkriegs, die den Tod von mehr als zwei Millionen von ihnen verursachte[95] oder bei den sog. »ethnischen Säuberungen« in Bosnien-Herzegowina, im Kosovo, in Kroatien und Serbien. Ferner liegen Belege dafür vor, daß viele politische und militärische Führer der Vertreiberstaaten diesen Verlust von Menschenleben beabsichtigt oder in Kauf genommen haben.[96]

Das traumatische Erlebnis, das eigene Heim und jede Verbindung zu dem Land zu verlieren, in dem man geboren wurde und wo Eltern und Großeltern begraben liegen, verursacht bei den überlebenden Mitgliedern einer vertriebenen Gruppe regelmäßig schweren körperlichen oder seelischen Schaden[97] und stellt somit eine Verletzung von Artikel 2 (b) dar. Jede Vertreibung bedeutet notwendigerweise einen schweren Angriff auf die Identität des Betroffenen. Es erscheint kaum glaubhaft, daß diejenigen, die solche Vertreibungen anordnen oder durchführen, die vorhersehbaren Folgen nicht beabsichtigen.

c) Resolutionen des Sicherheitsrates

Der Sicherheitsrat und der Internationale Gerichtshof sind die einzigen UN-Organe, die bindende Entscheidungen treffen können. Artikel 25 der Charta der Vereinten Nationen lautet: »Die Mitglieder der Vereinten Nationen kommen überein, die Beschlüsse des Sicherheitsrates im Einklang mit dieser Charta zu fassen und durchzuführen.« Ferner bestimmt Artikel 48 die Verbindlichkeit von Beschlüssen des Sicherheitsrates bei Friedensbedrohung, Friedensbruch und Angriffshandlungen. Wiederholte Male hat der Sicherheitsrat zu Vertreibungen und ethnischen Säuberungen Stellung nehmen müssen, diese verboten und die Konsequenzen zu beheben versucht.

Im Falle der palästinensischen Flüchtlinge hat der UN-Sicherheitsrat vor allem ihre friedliche Rückkehr in die Heimat befürwortet. Er hat insbesondere die israelischen *fait accomplis* nicht anerkannt. So heißt es in seiner Resolution 465 (1980): »Alle Maßnahmen, die von Israel unternommen wurden, um den Charakter und die demographische Zusammensetzung der seit 1967 besetzten palästinensischen und anderen arabischen Gebiete zu verändern, haben keine Gültigkeit«.[98] In mehreren Resolutionen wird Israel aufgefordert, keine Palästinenser aus den besetzten Gebieten zu deportieren, und dabei wird die Anwendbarkeit von Artikel 49 der 4. Genfer Konvention von 1949 in diesen Gebieten unterstrichen (Resolution 607 vom 5. Januar 1988 und Resolution 608 vom 14. Januar 1988).[99] Die Generalversammlung hat stets den Anspruch auf die Ausübung des Selbstbestimmungsrechts durch die Palästinenser unterstützt, aber ähnliche Resolutionen im Sicherheitsrat sind am Veto der USA gescheitert.[100]

Viele Resolutionen sind bezüglich Zypern angenommen worden, vor allem Resolution 361, die die Parteien aufforderte, »die sichere Rückkehr der betroffenen Personen in ihre Häuser zu garantieren«, und Resolution 365 (1974), die den Appell der Generalversammlung für die Rückkehr der vertriebenen griechischen Zyprioten unterstützte (GA-Resolution 3395 (XXX), 3212 (XXIX) vom 1. November 1974).[101] Resolution 774 (1992) bekräftigte »das Recht auf Rückkehr und das Recht auf Eigentum«.

Bezüglich Bosnien-Herzegowina ist auf Resolution 752 (1992) hinzuweisen. Ferner verurteilte der Sicherheitsrat in seiner Resolution 941 (1994):

»[...] nachdrücklich alle Verletzungen des humanitären Völkerrechts, einschließlich insbesondere der unannehmbaren Praxis der in unter der Kontrolle von Streitkräften der bosnischen Serben stehenden [Gebieten in Bosnien] begangenen ›ethnischen Säuberungen‹, und bekräftigt, daß diejenigen, die solche Handlungen begangen oder angeordnet haben, hierfür persönlich zur Verantwortung gezogen werden.«[102]

Noch vor den NATO-Aktionen im Kosovo und in Serbien im Frühjahr 1999 hatte sich der Sicherheitsrat mit der Situation eskalierender Gewalt in der Provinz Kosovo beschäftigt. In seiner Resolution 1199 vom 23. September 1998 brachte der Sicherheitsrat seine »ernste Sorge« zum Ausdruck, »insbesondere über die exzessive und wahllose Gewaltanwendung seitens serbischer Sicherheitskräfte und der jugoslawischen Armee, die zu zahlreichen Opfern unter der Zivilbevölkerung geführt haben und nach Schätzung des Generalsekretärs die Ursache für die Vertreibung von mehr als 230 000 Menschen waren«. Ferner bekräftigte der Sicherheitsrat »das Recht aller Flüchtlinge und vertriebenen Personen, sicher in ihre Heimat zurückzukehren, sowie unter Betonung der Verantwortung der Bundesrepublik Jugoslawien, hierfür die Voraussetzungen zu schaffen«. Diese Aufforderung wurde in Resolution 1203 (1998) vom 24. Oktober 1998 bekräftigt.

Nach der Verschärfung der Lage und der massiven Fluchtbewegung, die während des NATO-Einsatzes stattfand, bestand der Sicherheitsrat erneut auf die Rückkehr der Kosovo-Albaner. Inzwischen ist die Repatriierung durchgeführt worden.

d) Menschenrechtliche Normen

1) Die Allgemeine Erklärung der Menschenrechte

Am 10. Dezember 1948 (einen Tag nach der Verkündung der Völkermordkonvention) verabschiedete die Generalversammlung der Vereinten Nationen die Allgemeine Erklärung der Menschenrechte.[103] In ihrer Präambel »verkündet« die Erklärung einen umfassenden Katalog von Rechten als »das von allen Völkern und Nationen zu erreichende gemeinsame Ideal« und bemüht sich, »die Achtung dieser Rechte und Freiheiten zu fördern« und »ihre allgemeine und tatsächliche Anerkennung und Verwirklichung [...] zu gewährleisten«. Die größte Relevanz besitzen hierbei das Verbot der Diskriminierung bei der Inanspruchnahme der aufgezählten Rechte (Artikel 2); das Recht auf Leben, Freiheit und Sicherheit der Person (Artikel 3); das Verbot der Sklaverei (Artikel 4); das Verbot der Folter und grausamer, unmenschlicher oder erniedrigender Behandlung oder Strafe (Artikel 5); die Sicherstellung der Gleichheit (Artikel 1, 7, 8 und 10); das Verbot der willkürlichen Festnahme, Haft oder Ausweisung (Artikel 9); das Verbot willkürlicher Eingriffe in das Privatleben, die Familie, die Wohnung und den Briefwechsel (Artikel 12); das Recht auf Freizügigkeit und freie Wahl des Wohnsitzes innerhalb des betreffenden Staates und das Recht, in das eigene Land zurückzukehren (Artikel 13); das Recht auf Staatsangehörigkeit (Artikel 15) sowie der Anspruch auf Gedanken-, Gewissens- und Religionsfreiheit (Artikel 18 und 19).[104]

Man kann es als Anomalie ansehen, daß das Recht auf die Heimat nicht *expressis verbis* in die Erklärung aufgenommen worden ist, obwohl Zwangsumsiedlungen von Völkern oder Volksgruppen notwendigerweise gegen die meisten Artikel verstoßen.

Anläßlich der Tagung des Institut de Droit International in Siena in 1952 sagte Max Huber, das schweizerische Mitglied und Präsident des Internationalen Komitees vom Roten Kreuz:

»*Wenn das Recht auf die Heimat in der langen Liste der Menschenrechte von 1948 nicht enthalten ist, so nur deshalb, weil in der Epoche, in der die Idee der Menschenrechte das positive Recht zu durchdringen begann, der Gedanke an umfangreiche Bevölkerungsumsiedlungen unvorstellbar war. [...] Die abstrakte und individualistische Philosophie der Aufklärung hat vielleicht wenig übrig gehabt für die Beziehung des Menschen zu seiner Heimat, und die ganze Frage des Rechtes auf die Heimat war damals nicht aktuell, aber die Epochen der Romantik und des Nationalismus haben uns die Bedeutung des Heimatgefühls, der Verbundenheit mit einem Land und einer kulturellen Umwelt verstehen gelehrt.*«[105]

Nun muß aber ohnehin daran erinnert werden, daß, wie Positivisten behaupten, die Allgemeine Erklärung der Menschenrechte nicht rechtsverbindlich ist, sondern lediglich eine Liste von Grundsätzen darstellt. Die meisten Fachleute stimmen jedoch mittlerweile darin überein, daß die Allgemeine Erklärung eine maßgebende Auslegung der Menschenrechtsbestimmungen der Charta der Vereinten Nationen ist und zumindest mit einigen ihrer Bestimmungen Gewohnheitsrecht kodifiziert. Die häufige Bezugnahme auf sie durch die Generalversammlung im Laufe von mehr als 50 Jahren untermauert ferner den Rang der Erklärung.[106]

Im Anschluß an die Verabschiedung der Allgemeinen

Erklärung der Menschenrechte haben die Vereinten Nationen mehr als 50 bedeutende Abkommen und Erklärungen auf dem Gebiet der Menschenrechte angenommen. Die größte Bedeutung besitzen dabei zweifellos die beiden Menschenrechtspakte von 1966, die in den folgenden Abschnitten erörtert werden. Es wird deutlich werden, daß sich das Recht auf die Heimat in Friedens- wie in Kriegszeiten aus diesen Vertragswerken ableiten läßt.

2) Internationaler Pakt über bürgerliche und politische Rechte

Betrachtet man den Internationalen Pakt über bürgerliche und politische Rechte[107], so verstößt eine Zwangsverlegung von Völkern gegen fast jede seiner Bestimmungen. Im folgenden werden die wichtigsten dieser Bestimmungen aufgeführt:

Artikel 1 (1): »Alle Völker haben das Recht auf Selbstbestimmung.«

Die Ausübung dieses Grundrechts wird zwangsläufig unmöglich gemacht, wenn ein Volk aus seiner Heimat vertrieben wird.[108] Der Hauptgrund vieler Kriege und der meisten Vertreibungen ist meistens, »dem Feind« oder den in einen bestimmten Gebiet lebenden Menschen Land und Eigentum zu rauben. Absatz 2 des Artikels bezweckt, Völker vor derartigem Landraub zu schützen: »Alle Völker können für ihre eigenen Zwecke frei über ihre natürlichen Reichtümer und Mittel verfügen, unbeschadet aller Verpflichtungen, die aus der internationalen wirtschaftlichen Zusammenarbeit auf der Grundlage des gegenseitigen Wohles sowie aus dem Völkerrecht erwachsen. In keinem Falle darf ein Volk seiner eigenen Existenzmittel beraubt werden.«

Artikel 2 (1): »Jeder Vertragsstaat verpflichtet sich, die in diesem Pakt anerkannten Rechte zu achten und sie allen in seinem Gebiet befindlichen und seiner Herrschaftsgewalt unterstehenden Personen ohne Unterschied wie insbesondere der Rasse, der Hautfarbe, des Geschlechts, der

Sprache, der Religion, der politischen oder sonstigen Anschauung, der nationalen oder sozialen Herkunft, des Vermögens, der Geburt oder des sonstigen Status zu gewährleisten.«

Artikel 4 (1), (2): Selbst »im Falle eines öffentlichen Notstandes, der das Leben der Nation bedroht«, dürfen die Artikel 6, 7, 8, 11, 15, 16 und 18 nicht außer Kraft gesetzt werden. Vertreibungen und Verschleppungen würden aber die meisten dieser Bestimmungen verletzen.

Artikel 6 (1): »Jeder Mensch hat ein angeborenes Recht auf Leben.« Bei allen Massenvertreibungen in der Geschichte hat es Tote und Verletzte gegeben, denn eine Vertreibung wird notwendigerweise von Gewalt begleitet. Keiner würde seine Heimat aufgeben, es sei denn, daß eine sehr große Gefahr für Leib und Leben besteht. Diese Gefahr muß auch von den bedrohten Menschen so empfunden werden. Und tatsächlich, um diese Gefahr deutlich zu machen, werden die Menschen brutalisiert, terrorisiert, getötet, so wie am 20. Oktober 1944 in Nemmersdorf, Ostpreußen. Die große Flucht übers Frische Haff mitten im Winter geht auf jene Panik zurück, die eine Politik der ethnischen Säuberungen erzeugen will. So auch geschehen in Bosnien in den Jahren 1992 bis 1995, als vornehmlich die muslimische Bevölkerung fliehen mußte.[109]

Artikel 7: »Niemand darf der Folter oder grausamer, unmenschlicher oder erniedrigender Behandlung oder Strafe unterworfen werden.« Die Opfer von Vertreibungen oder ethnischer Säuberungen werden notwendigerweise einer grausamen, unmenschlichen oder erniedrigenden Behandlung unterworfen. Zudem erleiden sie häufig Folter, Vergewaltigungen und andere Formen körperlichen Mißbrauchs. Das ist nicht nur für das ehemalige Jugoslawien umfassend dokumentiert.[110]

Artikel 8 (3) (a): »Niemand darf gezwungen werden, Zwangs- oder Pflichtarbeit zu verrichten.« Bei fast allen Vertreibungen des 20. Jahrhunderts wurden viele der betroffenen Personen in Haft gehalten und/oder zur Verrichtung von Zwangsarbeit genötigt. So war es bei fast einer Million Deutschen aus Ungarn, Rumänien, der Slowakei und Jugoslawien sowie aus Ostpreußen, Pommern und Schlesien[111], die nach dem Zweiten Weltkrieg zuerst als »Naturalreparationen«[112] in die Sowjetunion deportiert und dann »repatriiert« wurden – aber nicht in ihre jeweiligen Heimatländer, sondern an andere Orte in der neu entstandenen Deutschen Demokratischen Republik und der Bundesrepublik Deutschland. In der Tschechoslowakei wurden 350 000 Deutsche in 1215 Internierungslagern und 846 Arbeits- und Straflagern eingesperrt. Etwa 100 000 von ihnen sind in diesen Lagern zu Tode gekommen.[113] Über Zwangsarbeit, Sklavenarbeit und Massentötungen von Männern, die als Zwangsarbeiter eingesetzt waren, liegen Beweise aus Bosnien-Herzegowina vor.[114]

Artikel 9 (1): »Jedermann hat ein Recht auf persönliche Freiheit und Sicherheit.« Jede Vertreibung stellt zwangsläufig einen schweren Eingriff in diese geschützte Sphäre dar. Die Erfahrung zeigt außerdem, daß Vertreibungsmaßnahmen unterworfene Personen häufig ihrer Freiheit beraubt werden, indem sie vor der Vertreibung in Internierungslagern festgehalten werden.[115] Der Krieg in Bosnien wurde in sehr realer Form mit und in Konzentrationslagern geführt: Der großen Mehrheit der von dem Internationalen Kriegsverbrechertribunal für das ehemalige Jugoslawien angeklagten Personen werden Straftaten in Verbindung mit der kollektiven Inhaftierung von Zivilpersonen, Mord, Vergewaltigung und Folter zur Last gelegt.[116] In der Rechtsprechung des UN-Menschenrechtsausschusses schließt die persönliche Sicherheit im Sinne dieses Artikels auch den Schutz des Individuums gegen jegliche unrechtmäßigen Eingriffe in seine persönliche Lebenssphäre ein.[117]

Artikel 12 (1): »Jedermann, der sich rechtmäßig im Hoheitsgebiet eines Staates aufhält, hat das Recht, sich dort frei zu bewegen und seinen Wohnsitz frei zu wählen.«

Eine Vertreibung zielt geradezu darauf ab, die Ausübung dieses Rechts auf die Dauer unmöglich zu machen.[118] Noch wichtiger ist Absatz 4: »Niemandem darf willkürlich das Recht entzogen werden, in sein eigenes Land einzureisen.« Der Menschenrechtsausschuß der Vereinten Nationen hat in seinem »General Comment No. 27« vom Oktober 1999 erklärt, daß »sein eigenes Land« nicht notwendigerweise oder ausschließlich das Land der Staatsbürgerschaft sein muß, sondern der Staat, wo die wesentlichen menschlichen Beziehungen bestehen. Ferner stellt der »General Comment« fest, daß Massenvertreibungen völkerrechtswidrig sind und die Opfer das Rückkehrrecht haben.[119]

Es ist im Völkerrecht unbestritten, daß ein Staat seine eigenen Bürger nicht ausweisen darf. So erklärte Prof. Charles de Boeck in seiner Vorlesung an der Haager Akademie für Internationales Recht bereits im Jahre 1927: »Die Vorschrift der Nichtausweisung von eigenen Staatsangehörigen ist unbestreitbar. Wenn sie nicht ausdrücklich formuliert ist, so gilt sie als selbstverständlich.«[120] Der Staat darf ebensowenig seine Bürger ausbürgern, um sie dann zu vertreiben. Dies würde zusätzliche Völker- und Menschenrechtsverletzungen bedeuten. In jedem Falle ist der Staat verpflichtet, seine Bürger wieder aufzunehmen. Bei Vertreibungen wird auch das Rückkehrrecht routinemäßig und ohne Rechtfertigung im Einzelfall verweigert.

Artikel 13: »Ein Ausländer, der sich rechtmäßig im Hoheitsgebiet eines Vertragsstaates aufhält, kann aus diesem nur aufgrund einer rechtmäßig ergangenen Entscheidung ausgewiesen werden, und es ist ihm, sofern dem nicht zwingende Gründe der nationalen Sicherheit entgegenstehen, Gelegenheit zu geben, die gegen seine Ausweisung sprechenden Gründe vorzubringen und diese Entscheidung [...] überprüfen [...] zu lassen.« Eine Massenausweisung wäre mit dieser Bestimmung zwangsläufig unvereinbar. So stellen die Völkerrechtler Alfred Verdross und Bruno Simma fest: »Massenausweisungen sind grundsätzlich völkerrechtswidrig, da sie die individuellen Verhältnisse nicht berücksichtigen können.«[121]

Ausländer können zwar kein »Recht auf die Heimat« im fremden Land in Anspruch nehmen, doch genießen sie völkerrechtlichen Schutz vor willkürlichen Ausweisungen. Eine Einzel- oder Massenausweisung von Fremden wäre auch keine völkerrechtlich zulässige Repressalie, sondern würde ein *abus de droit* (Rechtsmißbrauch/Rechtsverletzung) darstellen.[122]

Artikel 14 (1): »Alle Menschen sind vor Gericht gleich. Jedermann hat Anspruch darauf, daß über [...] seine Ansprüche [...] durch ein zuständiges, unabhängiges, unparteiisches und auf Gesetz beruhendes Gericht in billiger Weise und öffentlich verhandelt wird.« Artikel 2 (3) verlangt von jedem Vertragsstaat, »dafür Sorge zu tragen, daß jeder, der in seinen in diesem Pakt anerkannten Rechten oder Freiheiten verletzt worden ist, das Recht hat, eine wirksame Beschwerde einzulegen« und »dafür Sorge zu tragen, daß jeder, der eine solche Beschwerde erhebt, sein Recht durch eine [...] zuständige Stelle feststellen lassen kann [...], und (verpflichtet sich), den gerichtlichen Rechtsschutz auszubauen«. Somit haben alle von Ausweisung bedrohten Personen den gleichen Anspruch auf ein ordentliches Gerichtsverfahren wie Personen, die nicht bedroht sind.

Artikel 17: »Niemand darf willkürlichen oder rechtswidrigen Eingriffen in sein Privatleben, seine Familie, seine Wohnung und seinen Schriftverkehr oder rechtswidrigen Beeinträchtigungen seiner Ehre und seines Rufes ausgesetzt werden. Jedermann hat Anspruch auf rechtlichen Schutz gegen solche Eingriffe oder Beeinträchtigungen.« Eine Vertreibung zieht willkürliche oder rechtswidrige Eingriffe in das Privatleben, die Familie und die Wohnung notwendigerweise nach sich und ist oft mit rechtswidrigen Beeinträchtigungen der Ehre und des Rufes der Ausgewiesenen verbunden.[123]

Artikel 18 (1): »Jedermann hat das Recht auf Gedanken-, Gewissens- und Religionsfreiheit. Dieses Recht umfaßt die Freiheit [...], seine Religion oder Weltanschauung [...] durch Gottesdienst, Beachtung religiöser Bräuche, Ausübung und Unterricht zu bekunden.« Vertreibungen liegen häufig in religiösem Haß begründet. Das Freiheitsrecht, seine Religion durch Gottesdienst an einem heiligen Altar in der Heimat auszuüben oder die Grabstätten von Vorfahren in Ehren zu halten, wird durch eine Zwangsausweisung mit Sicherheit verletzt.

Artikel 19 (2): »Jedermann hat das Recht auf freie Meinungsäußerung [...].« Ausweisungen können sich gegen Personen richten, weil sie dieses Recht ausgeübt haben. In der Tat haben Demonstranten und Kritiker oft als erste unter einer Ausweisung zu leiden, zum Beispiel im Zusammenhang mit der Palästinafrage.[124]

Artikel 20 (2): »Jedes Eintreten für nationalen, rassischen oder religiösen Haß, durch das zu Diskriminierung, Feindseligkeit oder Gewalt aufgestachelt wird, wird durch Gesetz verboten.« Die Vertragsstaaten sind dazu verpflichtet, gerade jene Formen der Aufwiegelung zu verbieten, ohne die Vertreibungen praktisch nicht durchführbar sind. Beispielsweise wird allgemein eingeräumt, daß Slobodan Milošević seine politische Macht im ehemaligen Jugoslawien durch Anfachen der nationalistischen Leidenschaften unter den ethnischen Serben festigte[125], und diese Anstachelung gilt allgemein als einer der wichtigsten Faktoren (wenn nicht der wichtigste Faktor) beim Auseinanderbrechen der Föderation und den daran anschließenden Kämpfen.[126]

Artikel 23 (1): »Die Familie ist die natürliche Kernzelle der Gesellschaft und hat Anspruch auf Schutz durch Gesellschaft und Staat.«[127] Bei Vertreibungsmaßnahmen werden Männer häufig von ihren Frauen und Kindern getrennt, und bisweilen sehen sie einander nie wieder.[128] Sowohl in Srebrenica[129] als auch in Nordbosnien sind Tausende muslimischer Männer und Jungen »verschwunden«, nachdem sie mit Gewalt von ihren Familien getrennt wurden. Am 16. November 1995 erhob das Internationale Kriegsverbrechertribunal gegen Radovan Karadzić und Ratko Mladić Anklage wegen Völkermords im Anschluß an die Einnahme von Srebrenica durch die bosnischen Serben.[130] Ein Bericht des Generalsekretärs der Vereinten Nationen vom 27. November 1995 gibt schätzungsweise 3500 bis 5500 Männer und Knaben aus diesem Gebiet als vermißt an (die meisten von ihnen wurden vermutlich ermordet) und belegt auch für Nordbosnien in den letzten Monaten eine ähnliche Vorgehensweise der bosnisch-serbischen Streitkräfte mit Trennung der Männer von ihren Familien und anschließendem Verschwinden.[131]

Artikel 24 (1): »Jedes Kind hat ohne Diskriminierung hinsichtlich der Rasse, der Hautfarbe, des Geschlechts, der Sprache, der Religion, der nationalen oder sozialen Herkunft, des Vermögens oder der Geburt das Recht auf diejenigen Schutzmaßnahmen durch seine Familie, die Gesellschaft und den Staat, die seine Rechtsstellung als Minderjähriger erfordert.« Eine Vertreibung ist ein traumatisches Erlebnis, das Kinder beträchtlichen Entbehrungen und Leiden aussetzt und ihnen den besonderen Schutz verweigert, auf den sie Anspruch haben. Darüber hinaus gilt Absatz (3): »Jedes Kind hat das Recht, eine Staatsangehörigkeit zu erwerben.« Diese Bestimmung des Paktes geht zugegebenerweise nicht so weit wie Artikel 15 der Allgemeinen Erklärung, der fordert: »Jeder Mensch hat Anspruch auf eine Staatsangehörigkeit. Niemandem darf seine Staatsangehörigkeit willkürlich entzogen [...] werden.« Bekanntlich werden Vertriebene oft vor, aber auch nach ihrer Vertreibung ausgebürgert.[132] Der Entzug der Staatsangehörigkeit eines Kindes wäre eine Verletzung des Paktes.

Artikel 25: »Jeder Staatsbürger hat das Recht und die Möglichkeit [...], (a) an der Gestaltung der öffentlichen Angelegenheiten [...] teilzunehmen; (b) bei echten, wiederkehrenden [...] Wahlen [...] zu wählen und gewählt zu werden; (c) unter allgemeinen Gesichtspunkten der Gleichheit zu öffentlichen Ämtern seines Landes Zugang zu haben.« Vertriebenen, die früher Bürger des betreffenden Staates waren, werden durch ihre Verlegung alle diese Rechte genommen.

Artikel 26: »Alle Menschen sind vor dem Gesetz gleich und haben ohne Diskriminierung Anspruch auf gleichen Schutz durch das Gesetz. In dieser Hinsicht hat das Gesetz jede Diskriminierung zu verbieten und allen Menschen gegen jede Diskriminierung, wie insbesondere wegen der Rasse, der Hautfarbe, des Geschlechts, der Sprache, der Religion, der politischen oder sonstigen Anschauung, der nationalen oder sozialen Herkunft, des Vermögens, der Geburt oder des sonstigen Status, gleichen und wirksamen Schutz zu gewährleisten.« Es läßt sich kaum ein Fall einer Zwangsverlegung von Bevölkerungsteilen vorstellen, bei der eine Gruppe herausgegriffen wird und andere verschont werden, der nicht auf verbotener Diskriminierung und der Verweigerung des gleichen Schutzes beruhen würde.

Artikel 27: »In Staaten mit ethnischen, religiösen oder sprachlichen Minderheiten darf Angehörigen solcher Minderheiten nicht das Recht vorenthalten werden, gemeinsam mit anderen Angehörigen ihrer Gruppe ihr eigenes kulturelles Leben zu pflegen, ihre eigene Religion zu bekennen und auszuüben oder sich ihrer eigenen Sprache zu bedienen.« Somit erkennt das Völkerrecht das Recht von Minderheitengruppen an, ihre Identität zu bewahren.[133] Aber genau das wollen Ideologen und Fanatiker nicht dulden. Bei einer ethnischen Säuberung geht es darum, Gruppen, die einer anderen ethnischen Gruppe angehören, auszumerzen, sei es durch Mord oder durch Vertreibung.

Die meisten dieser Artikel sind vom UN-Menschenrechtsausschuß in seinen »Allgemeinen Bemerkungen« (»General Comments«) kommentiert und erläutert worden.[134] Die Kommentierung zu Artikel 12 verbietet *expressis verbis* jede Zwangsumsiedlung.

3) Internationaler Pakt über wirtschaftliche, soziale und kulturelle Rechte

Neben der Verletzung der bürgerlichen und politischen Rechte würden die mit Massenvertreibungen verbundenen sozioökonomischen und kulturellen Umwälzungen gegen die meisten Bestimmungen des Internationalen Paktes über wirtschaftliche, soziale und kulturelle Rechte verstoßen.[135]

Es geht hier insbesondere um das Recht auf Selbstbestimmung (Artikel 1 (1); das Recht eines Volkes, frei über seine natürlichen Reichtümer und Mittel zu verfügen (Artikel 1 (2)); das Recht auf Arbeit (Artikel 6 (1)); das Recht auf soziale Sicherheit (Artikel 9), zu der die Vertriebenen oft viele Jahre lang vor ihrer Vertreibung Beiträge gezahlt haben; das Recht auf Schutz der Familie, von Müttern während einer angemessenen Zeit vor und nach der Niederkunft sowie von Kindern und Jugendlichen (Artikel 10); das Recht auf einen angemessenen Lebensstandard (Artikel 11 (1)); das Recht auf »das [...] erreichbare Höchstmaß an körperlicher und geistiger Gesundheit« (Artikel 12 (1)); das Recht auf Bildung (Artikel 13 (1)) sowie das Recht auf Teilnahme am kulturellen Leben (Artikel 15 (1) (a)). In der Tat kann der den vertriebenen Bevölkerungsgruppen, ihren Kindern und Enkeln zugefügte kulturelle und psychische Langzeitschaden gar nicht überschätzt werden.[136]

Am 15. Mai 1997 hat der UN-Ausschuß über wirtschaftliche, soziale und kulturelle Rechte einen bedeutenden Beschluß (Allgemeine Bemerkung/General Comment) angenommen, der Vertreibungen verurteilt. In Absatz 13 des »General Comment No. 7«[137] heißt es:

»*Vertreibungen und die Zerstörung der Wohnungen dieser Menschen stellen eine Verletzung des Paktes dar. In diesem Zusammenhang verweist der Ausschuß auf die 4. Genfer Rotkreuzkonvention von 1949 – nämlich auf deren Artikel 49 – und auf die Protokolle von 1977, die das*

Verbot von Vertreibungen und von Zerstörungen von Privateigentum festlegen.«

4) Internationale Konvention über die Beseitigung aller Formen der Rassendiskriminierung

Wenn man bedenkt, daß Bevölkerungsumsiedlungen meistens auf die Entfernung ethnischer, religiöser oder sprachlicher Gruppen abzielen, so liegt es auf der Hand, daß sie gegen die meisten Bestimmungen der Rassendiskriminierungskonvention[138] verstoßen. Dieses Übereinkommen verbietet in Artikel 1 (1) ganz allgemein »jede Diskriminierung, jeden Ausschluß sowie jede Einschränkung oder Bevorzugung aufgrund der Rasse, der Hautfarbe, der Geburt oder der nationalen oder ethnischen Herkunft, die darauf abzielt, die Zuerkennung, den Genuß oder die Ausübung der Menschenrechte und Grundfreiheiten auf der Grundlage der Gleichberechtigung zunichte zu machen, oder eine solche Wirkung hat« und erlegt den Vertragsstaaten die positive Verpflichtung auf, verbotene Diskriminierungen zu bekämpfen.

Der Ausschuß für die Beseitigung der Rassendiskriminierung (CERD) wurde zur Überwachung der Einhaltung der Konvention durch die Vertragsstaaten eingesetzt. In seinen »abschließenden Bemerkungen« zum Bericht der Republik Bosnien-Herzegowina[139] vom 1993 verurteilte der CERD

»die massiven, schwerwiegenden und systematischen Menschenrechtsverletzungen auf dem Gebiet von Bosnien-Herzegowina, die zumeist im Zusammenhang mit der systematischen Politik der ›ethnischen Säuberungen‹ und Völkermordhandlungen in den unter der Kontrolle der selbsternannten bosnisch-serbischen Stellen stehenden Gebieten begangen wurden. Alle diese immer noch stattfindenden Praktiken stellen eine schwerwiegende Verletzung aller Grundprinzipien dar, die der Internationalen Konvention über die Beseitigung aller Formen der Rassen-

diskriminierung zugrunde liegen. Der Ausschuß dringt auf die sofortige Rückgängigmachung der ethnischen Säuberungen, die mit der freiwilligen Rückkehr der Vertriebenen beginnen muß«[140].

In seinem Beschluß 2 (47) vom 17. August 1995 über die Lage in Bosnien-Herzegowina betonte der Ausschuß erneut, »daß jeder Versuch, mit welchen Mitteln auch immer, die Bevölkerungszusammensetzung eines Gebiets gegen den Willen der ursprünglichen Bewohner zu verändern oder eine veränderte Zusammensetzung beizubehalten, eine Verletzung des Völkerrechts bedeutet« und verlangte als konkrete Entschädigungsleistung, »daß den Menschen die Möglichkeit gegeben wird, sicher an die von ihnen vor Beginn des Konflikts bewohnten Orte zurückzukehren und daß ihre Sicherheit wie auch ihre tatsächliche Teilnahme an der Gestaltung der öffentlichen Angelegenheiten gewährleistet wird«[141]. Diese Äußerungen stellen die konkrete Anwendung der Normen der Konvention dar und bedeuten für deren Vertragsstaaten bindendes Recht. In seinem Beschluß 1 (49) vom 22. August 1996 über Bosnien und Herzegowina bekräftigte der Ausschuß seine Beschlüsse 2 (47) und 1 (48) und verlangte, daß alle Angeklagten dem Internationalen Tribunal in Den Haag überstellt werden.

Da ethnische Säuberungen kaum ohne vorausgegangene und begleitende Volksverhetzung denkbar sind, soll auf Artikel 4 der Konvention hingewiesen werden, der den Staat verpflichtet, solche Aufstachelung gesetzlich zu verbieten und unter Strafe zu stellen. Diese Verpflichtung wird vom Ausschuß streng ausgelegt, denn es geht um die Prävention von Diskriminierung und Gewalt. In einem Fall betreffend die Niederlande hat der Ausschuß eine Verletzung des Artikels 4 festgestellt, weil der Staat die eigenen Antidiskriminierungsgesetze nicht streng genug angewandt und Berichte über Volksverhetzung gegen einen Türken nicht ernst genug genommen hatte und seine Beschwerde nicht entsprechend untersuchte.[142]

5) ILO-Konvention Nr. 169 über autochthone Völker (Convention on Indigenous and Tribal Peoples) vom 27. Juni 1989, in Kraft seit 5. September 1991

Die Internationale Arbeitsorganisation ist die führende UN-Institution, die Normen im Bereich des Arbeitsrechts setzt. Diese neuen Normen über die autochthonen (alteingesessenen) Völker können zur Bekräftigung des Rechts auf die Heimat beitragen.

6) UN-Umweltkonferenz, Rio de Janeiro, 1992

Umweltschutz ist Heimatschutz. Auch diese Konferenz lieferte neue Normen (Agenda 21) und bekräftigte in Kapitel 26 die Rolle der autochthonen Personen, Volksgruppen und Völker beim internationalen Schutz der Umwelt, also auch der Heimat. Die Konferenz führte auch zur Verkündung der Konvention über die biologische Vielfalt, welche die Rolle der Autochthonen und der Beibehaltung ihrer umweltfreundlichen Traditionen und Praktiken bekräftigt.

2. Regionale Normen

a) Europa

Auf regionaler Ebene verstoßen Massenvertreibungen gegen mehrere Bestimmungen der Europäischen Konvention zum Schutze der Menschenrechte und Grundfreiheiten.[143] Ähnlich wie im Falle des UN-Paktes über bürgerliche und politische Rechte verletzt jede Vertreibung praktisch alle Bestimmungen der Europäischen Konvention.

So verpflichtet zum Beispiel Artikel 1 der Konvention die Vertragsstaaten, »allen ihrer Herrschaftsgewalt unterstehenden Personen die« in der Konvention niedergelegten und garantierten »Rechte und Freiheiten zuzusichern«, was weitgehend der Allgemeinen Erklärung der Menschenrechte entspricht. Artikel 2 schützt das Recht auf Leben, Artikel 3 verbietet die Folter, Artikel 4 verbietet die Zwangsarbeit, Artikel 5 schützt das Recht auf Freiheit und

Sicherheit, Artikel 6 das Recht auf gerichtliches Gehör usw. Besonders einschlägig ist Artikel 8:

»Jedermann hat Anspruch auf Achtung seines Privat- und Familienlebens, seiner Wohnung und seines Briefverkehrs.«

Und da Vertreibung meistens eine Art der *Apartheid* oder der Diskriminierung darstellt, ist auch Artikel 14 von Bedeutung:

»Der Genuß der in der vorliegenden Konvention festgelegten Rechte und Freiheiten muß ohne Unterschied des Geschlechts, der Rasse, Hautfarbe, Sprache, Religion, der politischen oder sonstigen Anschauungen, der nationalen oder sozialen Herkunft, Zugehörigkeit zu einer nationalen Minderheit, des Vermögens, der Geburt oder des sonstigen Status gewährleistet werden.«

Artikel 3 des Zusatzprotokolls IV zu der Konvention legt ausdrücklich folgendes fest:

1. Niemand darf aus dem Hoheitsgebiet des Staates, dessen Staatsangehöriger er ist, durch eine Einzel- oder eine Kollektivmaßnahme ausgewiesen werden.
2. Niemandem darf das Recht entzogen werden, in das Hoheitsgebiet des Staates einzureisen, dessen Staatsangehöriger er ist.[144]

Artikel 4 des Protokolls verbietet darüber hinaus ausdrücklich »Kollektivausweisungen von Ausländern«.

Somit ist das Recht auf die Heimat in Europa unzweideutig durch das europäische Vertreibungsverbot kodifiziert worden. In ihrer Denkschrift zum Zusatzprotokoll IV kommentierte die deutsche Bundesregierung dies folgendermaßen:

»Der in grundsätzlicher Hinsicht wichtigste Inhalt des Protokolls ist die Einbeziehung des Verbots von Kollektivaus-

weisungen von eigenen Staatsangehörigen und von Ausländern in das Schutzsystem der Konvention. Zu den beiden Bestimmungen, die diese Verbote enthalten (Artikel 3 Absatz 1 und Artikel 4) sei in allgemeiner Beziehung bemerkt, daß das völkerrechtliche Verbot von Massenvertreibungen nicht erst durch sie zur verbindlichen Regel des Völkerrechts wird. Die Entwicklung dieses Verbots reicht vielmehr in ihren Wurzeln bis in die Zeit vor dem Ersten Weltkrieg zurück.«[145]

Ferner soll auf Artikel 1 des Zusatzprotokolls I vom 20. März 1952[146] hingewiesen werden, der besagt:

»Jede natürliche oder juristische Person hat ein Recht auf Achtung ihres Eigentums. Niemandem darf sein Eigentum entzogen werden, es sei denn, daß das öffentliche Interesse es verlangt, und nur unter den durch Gesetz und durch die allgemeinen Grundsätze des Völkerrechts vorgesehenen Bedingungen.«

Die Europäer haben auch eine Konvention zur Verhinderung von Folter und anderen unmenschlichen Handlungen angenommen und ein Aufsichtsorgan ins Leben gerufen, um die Achtung der Konvention zu überwachen. Diese Konvention wäre bei Vertreibungen und ethnischen Säuberungen anwendbar.

So wie im Bereich der Vereinten Nationen gibt es neben der Konvention über bürgerliche und politische Rechte auch eine Konvention, die wirtschaftliche, soziale und kulturelle Rechte betrifft. Die Europäische Sozialcharta[147] von 1961 hat zwar keine Beschwerdeprozedur, sie etabliert jedoch Normen und Prinzipien, die die Vertragsstaaten durchsetzen müssen. Die weiteren Entwicklungen im Sozialbereich haben ihren Niederschlag in Zusatzprotokollen gefunden, etwa in der Europäischen Ordnung der Sozialen Sicherheit.[148] Eine Vertreibung würde notwendigerweise gegen diese garantierten sozialen Rechte verstoßen.

b) Amerika

Ebenso würden Vertreibungen viele der durch die Amerikanische Menschenrechtskonvention geschützten bürgerlichen und politischen Rechte verletzen.[149] Im Hinblick auf das Recht auf die Heimat am wichtigsten sind Artikel 22 (5), der festlegt, daß »niemand [...] aus dem Hoheitsgebiet des Staates, dessen Staatsangehöriger er ist, ausgewiesen noch ihm das Recht entzogen werden (darf), in das Hoheitsgebiet dieses Staates einzureisen«, und Artikel 22 (9), der »Kollektivausweisungen von Ausländern« verbietet.

c) Afrika

Auch die Afrikanische Charta der Menschenrechte und Rechte der Völker (Banjul-Charta) verbietet ausdrücklich die »Kollektivausweisung von Ausländern«, die als »auf nationale, rassische, ethnische oder religiöse Gruppen gerichtete« Deportation definiert wird. Und wenn eine Person sich außerhalb ihres Landes befindet, hat sie das Rückkehrrecht in das eigene Land: »Jedes Individuum hat das Recht [...], in sein Land zurückzukehren.«[150]

Zu Massenausweisungen, die sich in Afrika ereignet haben, etwa in Benin[151], Uganda[152], Ghana und Ruanda/Burundi, hat die Organisation für Afrikanische Einheit (OAU) mehrfach mit Resolutionen Stellung genommen.

B. Internationale Normen gültig in Kriegszeiten (Kriegsvölkerrecht)

1. Haager Landkriegsordnung

Vor dem Ersten und Zweiten Weltkrieg galt bereits die Haager Landkriegsordnung von 1907.

Die Artikel 42–56 legen die Rechte und Pflichten der Okkupanten fest. Danach darf keine Besatzungsmacht die Bevölkerung eines militärisch besetzten Gebietes vertreiben. Besonders einschlägig sind die folgenden Artikel:

Artikel 43:
»Nachdem die gesetzmäßige Gewalt tatsächlich in die Hände des Besetzenden übergegangen ist, hat dieser alle von ihm abhängenden Vorkehrungen zu treffen, um nach Möglichkeit die öffentliche Ordnung und das öffentliche Leben wiederherzustellen und aufrechtzuerhalten, und zwar, soweit kein zwingendes Hindernis besteht, unter Beachtung der Landesgesetze.«

Artikel 46:
»Die Ehre und die Rechte der Familie, das Leben der Bürger und das Privateigentum sowie die religiösen Überzeugungen und gottesdienstlichen Handlungen sollen geachtet werden. Das Privateigentum darf nicht eingezogen werden.«

Artikel 50:
»Keine Strafe in Geld oder anderer Art darf über eine ganze Bevölkerung wegen der Handlungen einzelner verhängt werden, für welche die Bevölkerung nicht als mitverantwortlich angesehen werden kann.«

Artikel 56:
»Das Eigentum der Gemeinden und der dem Gottesdienste, der Wohltätigkeit, dem Unterrichte, der Kunst und der Wissenschaft gewidmeten Anstalten, auch wenn diese dem Staate gehören, ist als Privateigentum zu behandeln.

Jede Beschlagnahme, jede absichtliche Zerstörung oder Beschädigung von derartigen Anlagen, von geschichtlichen Denkmälern oder von Werken der Kunst und Wissenschaft ist untersagt und soll geahndet werden.«[153]

Daher lassen sich Zwangsumsiedlungen mit der Haager Landkriegsordnung nicht in Einklang bringen. Gerade mit dieser Begründung wurden die von den Nazis durchgeführten Vertreibungen im Nürnberger Prozeß geahndet. Die Vertreibung der Deutschen aus Ostpreußen, Pommern, Schlesien und Ostbrandenburg sowie die Vertreibung der Italiener aus Triest blieben jedoch unbestraft.

2. Genfer Konventionen von 1949

Nach dem Zweiten Weltkrieg wurden Bevölkerungsumsiedlungen ausdrücklich kriminalisiert. Dies geschah im Zusammenhang mit den neuen Regeln zum Schutz der Zivilbevölkerung bei bewaffneten Konflikten.

In der Tat ist es auf die eine oder andere Weise vor einem Krieg wie auch während oder infolge eines Krieges zu vielen Bevölkerungsumsiedlungen gekommen. In Artikel 49 des 4. Genfer Abkommens wird hierzu folgendes festgelegt:

»Einzel- oder Massenzwangsverschickungen sowie Verschleppungen von geschützten Personen aus einem besetzten Gebiet in das Gebiet der Besatzungsmacht oder das irgendeines anderen besetzten oder unbesetzten Staates sind ohne Rücksicht auf deren Beweggrund untersagt.

[...] Jedoch kann die Besatzungsmacht eine vollständige oder teilweise Räumung einer bestimmten besetzten Gegend durchführen, wenn die Sicherheit der Bevölkerung oder zwingende militärische Gründe es erfordern. Solche Räumungen dürfen keinesfalls die Verschleppung von geschützten Personen in Gegenden außerhalb des besetzten Gebietes zur Folge haben, es sei denn, dies ließe sich aus materiellen Gründen nicht vermeiden. Unmittelbar nach Beendigung der Feindseligkeiten in der betreffenden Gegend wird die so verschickte Bevölkerung in ihre Heimat zurückgeführt.

[...] Die Besatzungsmacht darf nicht Teile ihrer eigenen Zivilbevölkerung in das von ihr besetzte Gebiet verschleppen oder verschicken.«[154]

Um dem Abkommen mehr »Biß« zu geben, legten die Verfasser in Artikel 146 fest, daß die Hohen Vertragsparteien gesetzgeberische Maßnahmen zur Festsetzung von angemessenen Strafbestimmungen für solche Personen treffen müssen, die irgendeine der in Artikel 147 des Abkommens umschriebenen »schwerwiegenden Verletzungen« begehen oder zu einer solchen Verletzung den Befehl erteilen. Als »schwerwiegende Verletzung« *(grave breach)* gilt die rechtswidrige Verschleppung oder rechtswidrige Verschickung geschützter Personen.

Die in der 4. Genfer Konvention ausgesprochenen Verbote gelten grundsätzlich nur bei internationalen Kriegssituationen. Für den Fall eines bewaffneten Konflikts, der keinen internationalen Charakter hat, legt Artikel 3 des Abkommens fest, daß die Hohen Vertragsparteien zumindest eine Reihe von darin aufgeführten Bestimmungen anwenden und deren Verletzung unterbinden müssen. Dabei geht es insbesondere um die menschliche Behandlung aller nicht unmittelbar an den Feindseligkeiten teilnehmenden Personen, denen Angriffe auf das Leben und die Person erspart werden sollen, um den Verzicht auf die Festnahme von Geiseln und um die Abstandnahme von einer Beeinträchtigung der persönlichen Würde. Vertreibungen oder Verschleppungen fallen unter Artikel 3.

3. Genfer Zusatzprotokolle von 1977

Die Bestimmungen der Genfer Konventionen von 1949 wurden 1977 durch zwei Protokolle weiterentwickelt und bekräftigt. Das Verbot der Zwangsverlegung von Zivilpersonen bei nicht internationalen bewaffneten Konflikten wurde im Zusatzprotokoll II (1977) zu den Genfer Konventionen von 1949 kodifiziert:

»Die Verlegung der Zivilbevölkerung darf nicht aus Gründen im Zusammenhang mit dem Konflikt angeordnet werden, sofern dies nicht im Hinblick auf die Sicherheit der betreffenden Zivilpersonen oder aus zwingenden militärischen Gründen geboten ist. Muß eine solche Verlegung vorgenommen werden, so sind alle durchführbaren Maßnahmen zu treffen, damit die Zivilbevölkerung am Aufnahmeort befriedigende Bedingungen in bezug auf

Unterbringung, Hygiene, Gesundheit, Sicherheit und Ernährung vorfindet.«[155]

Ferner besteht die *opinio iuris*, wonach gemäß dem internationalen Gewohnheitsrecht bei einem innerstaatlichen bewaffneten Konflikt eine individuelle strafrechtliche Verantwortlichkeit für Verletzungen des Protokolls II besteht – unter anderem für die Zwangsverlegung von Völkern.[156]

Das Zusatzprotokoll I von 1977 bestätigt das Vertreibungsverbot von Artikel 4 der 4. Genfer Konvention:

Artikel 85 Absatz 4 (a) zählt zu den »schweren Verletzungen«, die geahndet werden müssen: »die Deportation oder die Überführung der gesamten oder von Teilen der Bevölkerung eines besetzten Gebietes innerhalb dieses Gebietes oder aus diesem Gebiet«.

Ferner wird die Kolonisierung eines besetzten Gebiets besonders verurteilt.[157]

Es besteht heute kaum mehr ein Zweifel daran, daß dieser Schutz als Teil des internationalen Gewohnheitsrechts existiert.[158]

4. Statut von Rom des Internationalen Strafgerichtshofes (International Criminal Court)

Am 17. Juli 1998 wurde das Statut des Internationalen Strafgerichtshofes von der Diplomatischen Konferenz der Vereinten Nationen in Rom verabschiedet.[159] Dort werden Vertreibungen bzw. Bevölkerungsumsiedlungen in der Liste der »Verbrechen gegen die Menschheit« (Artikel 7 ICC) und der »Kriegsverbrechen« (Artikel 8) aufgenommen.

Obwohl das Statut noch nicht in Kraft getreten ist und der Internationale Strafgerichtshof noch nicht ins Leben gerufen wurde (Stand: Anfang 2001), ist damit zu rechnen, daß dies bald geschieht. Somit kann man das Statut als Ausdruck des *Hard law* oder *Lex lata* betrachten und nicht bloß als *Lex ferenda*.

Bei den Vereinten Nationen in New York tagt zur Zeit eine Arbeitsgruppe der »Preparatory Commission of the International Criminal Court«, die sich mit den Verbrechenstatbeständen beschäftigt.[160] Bezüglich Artikel 8 (2) (e) (viii) ICC weist eine Studie des Internationalen Komitees des Roten Kreuzes darauf hin, daß die Entscheidung des Internationalen Kriegsverbrechertribunals für das ehemalige Jugoslawien gemäß Artikel 61 ICTY im Falle Karadzić und Mladić »ethnische Säuberungen« als ein Beispiel für nicht zulässige Deportationen gemäß Artikel 8 ICC betrachtet.[161]

Die Arbeitsgruppe weist auch auf die Rechtsprechung des Nürnberger Tribunals in den Fällen Milch und Krupp hin[162], in welchen Deportationen von der Zivilbevölkerung als Kriegsverbrechen verurteilt wurden.

5. *Konvention über die Nichtanwendbarkeit gesetzlicher Verjährungsfristen auf Kriegsverbrechen und Verbrechen gegen die Menschheit*[163]

In diesem Zusammenhang ist darauf hinzuweisen, daß Kriegsverbrechen und Verbrechen gegen die Menschheit, zu denen Vertreibungen zählen, nicht verjähren.

Diese UN-Konvention über die Unverjährbarkeit vom 26. November 1968 ist 1970 in Kraft getreten. Artikel 1 lautet:

»Keine gesetzliche Verjährung findet auf die folgenden Verbrechen Anwendung, ungeachtet des Zeitpunkts ihrer Begehung:

a) Kriegsverbrechen, wie sie im Statut des Internationalen Militärgerichtshofes von Nürnberg vom 8. August 1945 bestimmt und durch die Entschließungen der Generalversammlung der Vereinten Nationen 3 (I) vom 13. Februar 1946 und 95 (I) vom 11. Dezember 1946 bestätigt worden sind, Vertreibung durch bewaffneten Angriff oder Besetzung, sowie unmenschliche Handlungen als Folge der Politik der Apartheid [...];

b) Verbrechen gegen die Menschheit, gleich ob im Kriege oder in Friedenszeiten begangen [...].«

Das Argument *ratione temporis* ist von der Völkergemeinschaft verworfen worden, so daß Vertreibungsverbrechen, die vor 1970 stattfanden, genauso verfolgt werden können, wie jene, die nach Inkrafttreten der Konvention geschahen.

II. Noch nicht verbindliche Rechtsregeln *(Soft law, De lege ferenda)*

A. Die Arbeit der UN-Unterkommission für die Förderung und den Schutz der Menschenrechte

Mit ihrer Resolution 1994/24 vom 26. August 1994 erkannte die Unterkommission im wesentlichen das Recht auf die Heimat an, als sie die beiden Kernbestandteile dieses Rechts bekräftigte: das Bleiberecht und das Rückkehrrecht. In den rechtsbegründenden Absätzen der Resolution heißt es:

[Die Unterkommission]

1. *bekräftigt das Recht von Personen, friedlich in ihrer eigenen Wohnstätte, in ihrer Heimat und ihrem eigenen Land zu bleiben;*
2. *bekräftigt außerdem das Recht von Flüchtlingen und Vertriebenen, sicher und in Würde in ihr Ursprungsland und/oder innerhalb desselben an den Ort ihrer Herkunft oder ihrer Wahl zurückzukehren;*
3. *fordert die Regierungen und sonstigen Beteiligten dazu auf, alles mögliche zu tun, um sofort alle gegen die Völkerrechtsnormen verstoßenden Praktiken der Zwangsverschleppung, der Bevölkerungsumsiedlung und der ethnischen Säuberung zu unterlassen.*[164]

Diese Resolution wurde von der Unterkommission auf ihrer 47. Sitzungsperiode im August 1995 in der Resolution 1995/13 bekräftigt, in der es heißt, »daß die Praktiken des Zwangsexils, der Massenvertreibungen und -deportationen, der Bevölkerungsumsiedlungen, der ›ethnischen Säuberungen‹ und andere Formen zwangsweise erfolgender Bevölkerungsverlegungen innerhalb eines Landes oder über dessen Grenzen hinweg den betroffenen Bevölkerungsteilen ihr Recht auf Freizügigkeit nehmen« – und daher gegen Artikel 12 des Internationalen Paktes über bürgerliche und politische Rechte und Artikel 13 der Allgemeinen Erklärung der Menschenrechte verstoßen.[165]

Die Resolution von 1995 erinnert darüber hinaus an die Erklärung und das Aktionsprogramm von Wien, die 1993 von der UN-Weltkonferenz für Menschenrechte verabschiedet wurden und die das unterschiedslos für jedermann geltende Recht bekräftigten, in sein eigenes Land zurückzukehren[166] und »nimmt mit großem Interesse« die Resolution 1995/88 der UN-Kommission für Menschenrechte über »Human Rights and Mass Exoduses« zur Kenntnis, in der die Kommission »ethnische und andere Formen der Intoleranz« zutiefst bedauerte und die Staaten aufforderte, alle erforderlichen Maßnahmen zu ergreifen, um die Achtung der Menschenrechte und insbesondere der Rechte der Angehörigen von Minderheiten zu gewährleisten«[167].

Die Unterkommission hat diese Resolutionen in den Sitzungsperioden 1996, 1997, 1998 und 1999 bestätigt.[168]

B. Die Studie von Sonderberichterstatter Awn Shawkat Al-Khasawneh

Noch vor der Verabschiedung dieser wichtigen Resolutionen hatte die Unterkommission zwei Sonderberichterstatter ernannt, um die Menschenrechtsdimension von Bevölkerungsumsiedlungen einschließlich der Seßhaftmachung von Siedlern und der Errichtung von Siedlungen zu untersuchen. Mit der Resolution 1992/28 vom 27. August 1992 nimmt die Unterkommission wie folgt Stellung:

[Die Unterkommission]
1. *erkennt an, daß Praktiken der Bevölkerungsumsiedlung eine Verletzung grundlegender Menschenrechte darstellen;*
2. *beauftragt Herrn Awn Shawhat Al-Khasawneh und Herrn Ribot Hatano als Sonderberichterstatter mit der Ausarbeitung einer Vorstudie über die Menschenrechtsdimension von Bevölkerungsumsiedlungen einschließlich der Seßhaftmachung von Siedlern und der Errichtung von Siedlungen.*[169]

Die Menschenrechtskommission unterstützte anschließend den Beschluß der Unterkommission, diese Studie in Auftrag zu geben.[170]

In ihrem ersten Bericht gelangten Al-Khasawneh und Hatano zu dem Schluß, daß Bevölkerungsumsiedlungen schon dem ersten Anschein nach rechtswidrig sind und eine Reihe von Rechten verletzen, die in den Menschenrechtsbestimmungen und im humanitären Völkerrecht für die umgesiedelten wie die aufnehmenden Bevölkerungsgruppen verankert sind. Die Sonderberichterstatter erklärten darüber hinaus, solche Praktiken würden das Fundament einer auf der Selbstbestimmung beruhenden Weltordnung untergraben und bedeuteten eine Bedrohung des Weltfriedens.[171] Ferner konzentrierten sie sich auf die Bestimmungen des Völkergewohnheitsrechts, die als für alle Staaten bindend anerkannt werden, darunter »das Verbot des Völkermords, der Folter und der grausamen, unmenschlichen und erniedrigenden Behandlung, der Sklaverei, der Rassendiskriminierung oder ein bestimmtes Diskriminierungsschema, die außerdem bindende Vorschriften des *ius cogens* bilden, von denen aufgrund ihres Wesens auch durch Vereinbarung oder Vertrag nicht abgewichen werden darf und die nicht aufgehoben werden dürfen. [...] Bevölkerungsumsiedlungen sind eindeutig rechtswidrig und verboten, wenn ihr Zweck oder ihre Wirkung Völkermord, Folter und damit zusammenhängende Handlungen, Sklaverei, rassische und systematische Diskriminierung und Beeinträchtigung der rechtmäßigen Ausübung des Selbstbestimmungsrechts sind oder wenn sie offensichtlich in keinem angemessenen Verhältnis zu der Einrede militärischer Erfordernisse im humanitären Völkerrecht stehen. [...] Die Ächtung der Rassendiskriminierung verbietet Bevölkerungsumsiedlungen, die auf spezifische Gruppen, wie Minderheiten oder Eingeborene, abzielen, insbesondere in Fällen, in denen es von der Absicht oder dem Ergebnis her um eine Manipulation der Bevölkerungsstruktur geht, indem solche Gruppen aus ihrer Heimat innerhalb des Staates verstreut werden. [...] Bevölkerungsumsiedlungen sind rechtswidrig, wenn sie den Charakter einer kollektiven Strafe haben«[172].

Der Bericht kam zu dem Schluß, daß

»das Völkerrecht vom allgemeinen Grundsatz her die Umsiedlung von Personen, einschließlich der Seßhaftmachung von Siedlern, untersagt. Der Leitsatz besagt dabei, daß die Umsiedlung der Bevölkerungsteile mit ihrer Einwilligung erfolgen muß. Da die Bevölkerungsumsiedlung der Zustimmung bedarf, verstärkt dieser Grundsatz das Verbot einer solchen Umsiedlung«[173].

Sonderberichterstatter Al-Khasawneh sprach außerdem die interessante Empfehlung aus, »die Unterkommission [solle] mit den Arbeiten am Entwurf einer Erklärung zum Thema der Zwangsumsiedlung von Bevölkerungsteilen und der Seßhaftmachung von Siedlern sowie der Errichtung von Siedlungen beginnen«[174]. Eine solche Erklärung sollte dann letztlich von der Generalversammlung als Schritt in Richtung auf die Verabschiedung eines neuen Protokolls zum Internationalen Pakt über bürgerliche und politische Rechte angenommen werden.

C. Erklärung zur Ächtung von Vertreibungen

Der Abschlußbericht von Al-Khasawneh wurde der Unterkommission im August 1997 vorgelegt.[175] Er enthält den folgenden Entwurf einer Erklärung zur Ächtung von Vertreibungen:

Artikel 1
Die in dieser Erklärung gesetzten Normen sind in allen Situationen anzuwenden, einschließlich Friedenszeiten, Situationen von Störungen und Spannungen, innerstaatlicher Gewalt, innerstaatlicher bewaffneter Konflikte, Situationen gemischter innerstaatlich-zwischenstaatlicher bewaffneter Konflikte, zwischenstaatlicher bewaffneter Konflikte und Situationen des öffentlichen Notstandes. Die Normen in dieser Erklärung sind unter allen Umständen verbindlich.

Artikel 2
Diese Normen sind verbindlich und anwendbar auf alle Personen, Gruppen und Obrigkeiten ungeachtet ihres gesetzlichen Status.

Artikel 3
Rechtswidrige Bevölkerungstransfers umfassen eine Praxis oder Politik, die den Zweck oder das Ergebnis haben, Menschen in ein Gebiet oder aus einem Gebiet zu verbringen, sei es innerhalb internationaler Grenzen oder über Grenzen hinweg oder innerhalb eines, in ein oder aus einem besetzten Gebiet ohne die freie und informierte Zustimmung sowohl der umgesiedelten als auch jeglicher aufnehmenden Bevölkerung.

Artikel 4
1. *Jeder Mensch hat das Recht, in Frieden, Sicherheit und Würde in seiner Wohnstätte, in seiner Heimat und in seinem Land zu verbleiben.*

2. *Niemand darf dazu gezwungen werden, seine Wohnstätte zu verlassen.*
3. *Die Verbringung einer Bevölkerung oder von Bevölkerungsteilen darf nicht angeordnet, angeregt oder durchgeführt werden, es sei denn, ihre Sicherheit oder zwingende militärische Gründe verlangen es. Alle auf diese Weise verbrachten Personen haben das Recht, unmittelbar nach Beendigung der Umstände, die ihren Ortswechsel erzwungen haben, zu ihren Wohnstätten, in ihre Heimat oder an ihre Herkunftsorte zurückzukehren.*

Artikel 5
Die Besiedlung eines besetzten oder umstrittenen Gebiets durch die Besatzungsmacht bzw. die es faktisch beherrschende Macht mit Teilen ihrer eigenen Zivilbevölkerung, sei es durch Transfer oder Anreize, ist rechtswidrig.

Artikel 6
Jegliche Praxis oder Politik, die das Ziel oder den Effekt hat, die demographische Zusammensetzung einer Region, in der eine nationale, ethnische, sprachliche oder andere Minderheit oder eine autochthone Bevölkerung ansässig ist, zu ändern, sei es durch Vertreibung, Umsiedlung und/oder durch die Seßhaftmachung von Siedlern oder eine Kombination davon, ist rechtswidrig.

Artikel 7
Bevölkerungstransfers oder -austausche können nicht durch internationale Vereinbarungen legalisiert werden, wenn sie grundlegende Bestimmungen der Menschenrechte oder zwingende Normen des Völkerrechts verletzen.

Artikel 8
Jeder Mensch hat das Recht, in freier Entscheidung und in Sicherheit und Würde in das Land seiner Herkunft sowie innerhalb dessen an den Ort seiner Herkunft oder freien Wahl zurückzukehren. Die Ausübung des Rückkehrrechts

schließt das Recht der Opfer auf angemessene Wiedergutmachung nicht aus, einschließlich der Rückgabe von Gütern, die ihnen im Zusammenhang mit dem oder als Ergebnis des Bevölkerungstransfers entzogen wurden, Entschädigung für jegliches Eigentum, das ihnen nicht zurückgegeben werden kann, und allfällige andere, völkerrechtlich vorgesehene Reparationen.

Artikel 9
Die obengenannten Praktiken des Bevölkerungstransfers stellen Völkerrechtsverstöße dar, die sowohl staatliche Verantwortlichkeit als auch individuelle strafrechtliche Verantwortung begründen.

Artikel 10
Wo durch diese Erklärung verbotene Taten oder Unterlassungen begangen werden, sind die internationale Gemeinschaft als ganze und die einzelnen Staaten dazu verpflichtet: a) die durch solche Taten geschaffenen Situationen nicht als rechtmäßig anzuerkennen; b) im Falle laufender Vorgänge die sofortige Beendigung und die Rückgängigmachung ihrer schädlichen Folgen sicherzustellen; c) dem Staat, der eine solche Tat begangen hat oder noch begeht, bei der Aufrechterhaltung oder Verstärkung der dadurch geschaffenen Situation keine Hilfe, Beihilfe oder Unterstützung zu gewähren, sei es finanziell oder in anderer Form.

Artikel 11
Die Staaten sollen Maßnahmen ergreifen, die die Verhinderung von Bevölkerungstransfers und die Seßhaftmachung von Siedlern zum Ziel haben, einschließlich des Verbots der Anstachelung zum rassischen, religiösen oder sprachlichen Haß.

Artikel 12
Nichts in diesen Artikeln darf so ausgelegt werden, daß es

den Rechtsstatus irgendeiner Obrigkeit oder von Gruppen oder Personen berührt, die in Situationen von innerstaatlicher Gewalt oder von Störungen und Spannungen oder des öffentlichen Notstandes involviert sind.

Artikel 13

1. *Nichts in diesen Artikeln darf so ausgelegt werden, daß es die Anwendung der Bestimmungen gleich welcher internationaler humanitärer oder menschenrechtlicher Instrumente beschränkt oder beeinträchtigt.*
2. *Falls unterschiedliche Normen auf dieselbe Situation anwendbar sind, soll diejenige Bestimmung gelten, die den größtmöglichen Schutz für von Bevölkerungstransfers betroffene Einzelpersonen oder Gruppen bietet.*

Diese Erklärung ist eines der Ergebnisse eines Expertenseminars, das beim Hochkommissar für Menschenrechte vom 17. bis 21. Februar 1997 in Genf stattfand. Es wurde nicht nur von der Unterkommission in Resolutionen 1997/729 und 1998/27 gutgeheißen, sondern auch von der UN-Menschenrechskommission begrüßt und vom UN-Wirtschafts- und Sozialrat (ECOSOC) in seiner Entscheidung 1998/292 bestätigt. Sie könnte 2002 von der UN-Generalversammlung verabschiedet werden.[176]

D. Resolution der UN-Generalversammlung über die Rechte von Personen, die nationalen oder ethnischen, religiösen und sprachlichen Minderheiten angehören

Alle Menschen – auch die Minderheiten – haben eine Heimat. Die Rechte der Minderheiten werden durch »verbindliches Völkerrecht« geschützt, und zwar durch Artikel 27 des UN-Paktes über bürgerliche und politische Rechte. Darüber hinaus gibt es *Soft law* in der Form einer Erklärung, die die Generalversammlung am 18. Dezember 1992 verkündete.[177] Die Einhaltung dieser Erklärung wird durch eine Arbeitsgruppe der Unterkommission für die Förderung und für den Schutz der Menschenrechte beaufsichtigt.

Kollektivausweisungen von Minderheiten gehen meistens auf Intoleranz bzw. Diskriminierung aus nationalen, ethnischen, religiösen oder sprachlichen Gründen zurück. Deshalb ist es besonders wichtig, präventiv zu wirken, damit die Minderheiten respektiert werden und Missverständnisse und Spannungen nicht in Gewalt ausarten.

Besonders wichtig ist Artikel 1, der den Staaten Verpflichtungen auferlegt:

»(1) Die Staaten schützen die Existenz und die nationale oder ethnische, kulturelle, religiöse und sprachliche Identität der Minderheiten in ihrem Hoheitsgebiet und begünstigen die Schaffung von Bedingungen für die Förderung dieser Identität.
(2) Die Staaten treffen geeignete Gesetzgebungs- und sonstige Maßnahmen zur Erreichung dieser Ziele.«

Ferner statuiert Artikel 4:

»(1) Die Staaten ergreifen erforderlichenfalls Maßnahmen, um zu gewährleisten, daß Angehörige von Minderheiten alle ihre Menschenrechte und Grundfreiheiten ohne jegliche Diskriminierung und in voller Gleichheit vor dem Gesetz voll und wirksam ausüben können.«

Es liegt auf der Hand, daß eine Vertreibung von Minderheiten mit diesen staatlichen Verpflichtungen völlig unvereinbar ist. Denn, wie in Artikel 2 formuliert, haben die Minderheiten ihr gutes Recht, ihre Identität und ihre Kultur zu pflegen.

»(1) Personen, die nationalen oder ethnischen, religiösen und sprachlichen Minderheiten angehören, haben das Recht, ihr eigenes kulturelles Leben zu pflegen, ihre eige-

ne Religion zu bekennen und auszuüben und sich ihrer eigenen Sprache zu bedienen, privat und in der Öffentlichkeit, frei und ohne Einmischung oder Diskriminierung jedweder Art.
[...]
(3) Angehörige von Minderheiten haben das Recht auf wirksame Beteiligung an den auf nationaler und gegebenenfalls regionaler Ebene getroffenen Entscheidungen, welche die Minderheit betreffen, der sie angehören, oder die Regionen, in denen sie leben, in einer Art und Weise, die mit den Rechtsvorschriften ihres Landes nicht unvereinbar ist.«

Die Einhaltung dieser Verpflichtungen wäre eine effektive Garantie des Rechts auf die Heimat von Minderheiten.

Um dieser Erklärung mehr Gewicht zu verleihen, hat die Arbeitsgruppe für Minderheitenrechte der Unterkommission einen Kommentar vorgelegt.[178]

E. Resolutionen des Wirtschafts- und Sozialrates (ECOSOC)

Obwohl ECOSOC-Resolutionen und -Entscheidungen nicht verbindlich sind, stellen sie eine weitere Quelle des *Soft law* dar (siehe zum Beispiel Resolution 1988 (LIV) vom 18. Mai 1973, »Draft Principles on the Right of Everyone to Leave any Country and to Return to One's Own Country«; Resolutionen 663 C (XXIV) vom 31. Juli 1957 und 2076 (LXII) vom 13. Mai 1977, »Standard Minimum Rules for the Treatment of Prisoners«; Resolution E/Res/2000/22 vom 28. Juli 2000, »Establishment of a Permanent Forum on Indigenous Issues«; ECOSOC 1998/292 vom 31. Juli 1998, »Freedom of Movement and population Transfer«).

F. Der Entwurf der Völkerrechtskommission der Vereinten Nationen für einen Kodex über Verbrechen gegen den Frieden und die Sicherheit der Menschheit

Jahrelange Bestrebungen um ein Verbot von Bevölkerungsumsiedlungen haben in vielen Gremien zu bedeutenden Fortschritten geführt. Wie das Statut von Rom des Internationalen Strafgerichtshofes zeigt, sind nicht nur die Rechtsexperten, sondern auch die Regierungen zu dem Schluß gelangt, daß solche Praktiken Kriegsverbrechen bzw. Verbrechen gegen die Menschheit, ja sogar Völkermord darstellen.

Ein weiteres Beispiel ist der Entwurf der UN-Völkerrechtskommission (ILC) für einen Kodex über Verbrechen gegen den Frieden und die Sicherheit der Menschheit.[179] Die ILC, ein Ende der 40er Jahre von der Generalversammlung eingesetztes Expertengremium[180], wurde ersucht, einen solchen Kodex[181] auszuarbeiten und die verwandte Frage der Errichtung eines internationalen Strafgerichtshofs zu untersuchen.[182] Die ILC nahm den Wortlaut des Entwurfs dieses Kodexes 1991 auf ihrer 43. Sitzungsperiode in erster Lesung an.

Nachdem die Kommission die Anmerkungen der Regierungen zu diesem Wortlaut erhalten und geprüft hatte, wurde der Text in der 48. Sitzungsperiode der Völkerrechtskommission diskutiert und bestätigt und im Juli 1996 in zweiter Lesung endgültig angenommen.[183]

Der Text wurde an die Generalversammlung weitergeleitet, dort diskutiert und in der Resolution 51/160 vom 16. Dezember 1996 bestätigt. Dieser Kodex liegt nun wieder bei der Völkerrechskommission. Freilich dient er bereits als Hilfsmittel für Völkerrechtler und insbesondere für die Richter des Internationalen Kriegsverbrechertribunals für das ehemalige Jugoslawien, wenn diese aufgerufen sind, über Straftaten, die mit ethnischen Säuberungen zusammenhängen zu urteilen.

In Artikel 18 (g) (früher Artikel 21)[184] des Entwurfs des Kodexes wird die »Deportation oder Zwangsumsiedlung von Bevölkerungsteilen« als »Verbrechen gegen die Menschheit« angeführt, für die die Täter individuell strafrechtlich haften.

In einem Kommentar[185] der ILC von 1991 zum früheren Artikel 21 heißt es, daß

»eine derartige Straftat nicht nur während eines bewaffneten Konflikts, sondern auch in Friedenszeiten begangen werden könnte [...]. [Eine Deportation] impliziert die Ausweisung aus dem jeweiligen Staatsgebiet, wohingegen eine Zwangsumsiedlung von Bevölkerungsteilen in vollem Umfang innerhalb der Grenzen ein und desselben Staates erfolgen könnte [...]. Mit Bevölkerungsumsiedlungen sind nach dem Entwurf des Artikels Umsiedlungen gemeint, durch die zum Beispiel die Bevölkerungszusammensetzung eines Gebiets aus politischen, rassischen, religiösen oder anderen Gründen verändert werden soll, oder auch Umsiedlungen, mit denen versucht werden soll, ein Volk aus seiner angestammten Heimat zu entwurzeln. Ein Kommissionsmitglied war der Ansicht, diese Straftat könne auch unter den Oberbegriff des Völkermordes fallen«[186].

Gemäß Artikel 20 (a) (vii) (früher Artikel 22 (2) (a)) werden die »Deportation oder Umsiedlung der Zivilbevölkerung und die kollektive Bestrafung« und gemäß Artikel 20 (c) (i) (früher Artikel 22 (2) (b) die »Seßhaftmachung von Siedlern in einem besetzten Gebiet und Veränderungen der Bevölkerungszusammensetzung eines besetzten Gebiets« als »außerordentlich schwere Kriegsverbrechen« aufgeführt. In dem Kommentar der ILC heißt es erläuternd:

»Die Seßhaftmachung von Siedlern in einem besetzten Gebiet stellt einen besonders schwerwiegenden Machtmißbrauch dar, da eine solche Handlungsweise mit der verborgenen Absicht verbunden sein könnte, das besetzte

Gebiet zu annektieren. Veränderungen der Bevölkerungszusammensetzung eines besetzten Gebiets erschienen der Kommission als eine so schwerwiegende Vorgehensweise, daß sie den Schweregrad des Völkermordes erreichen könnten.«[187]

G. Hochkommissar der Vereinten Nationen für Menschenrechte

Auf ihrer 48. Sitzungsperiode im Dezember 1993 schuf die Generalversammlung der Vereinten Nationen das Amt eines Hohen Kommissars für Menschenrechte.[188] Im Februar 1994 bestätigte die Generalversammlung einstimmig die von Generalsekretär Boutros Boutros-Ghali vorgenommene Ernennung von Botschafter José Ayala Lasso, dem früheren Ständigen Vertreter Ecuadors bei den Vereinten Nationen, zum Hohen Kommissar.[189] Am 5. April 1994 übernahm der Hohe Kommissar Ayala Lasso sein Amt als Gesamtverantwortlicher des Zentrums für Menschenrechte der Vereinten Nationen in Genf und Leitender Beauftragter für sämtliche Menschenrechtsaktivitäten der Vereinten Nationen.[190]

Seitdem hat sich der Hohe Kommissar zahlreichen Herausforderungen gegenübergestellt gesehen, darunter Vertreibungen im ehemaligen Jugoslawien, in Ruanda und anderswo. Auf einer Gedenkfeier für die nach Ende des Zweiten Weltkriegs vertriebenen Deutschen stellte der Hohe Kommissar am 28. Mai 1995 in der Paulskirche zu Frankfurt fest:

»Das Recht, aus der angestammten Heimat nicht vertrieben zu werden, ist ein fundamentales Menschenrecht. [...]

Ich bin der Auffassung, daß, hätten die Staaten seit dem Ende des Zweiten Weltkriegs mehr über die Implikationen der Flucht, der Vertreibung und der Umsiedlung der Deutschen nachgedacht, die heutigen demographischen Katastrophen, die vor allem als ethnische Säuberungen be-

zeichnet werden, vielleicht nicht in dem Ausmaß vorgekommen wären.

In diesem Zusammenhang möchte ich noch auf die Charta der deutschen Heimatvertriebenen zu sprechen kommen. Es ist gut, daß Menschen, die Unrecht erlitten haben, bereit sind, den Teufelskreis von Rache und Vergeltung zu durchbrechen und sich auf friedlichen Wegen für die Anerkennung des Rechts auf die Heimat und für den Wiederaufbau und die Integration Europas zu arbeiten. Eines Tages wird dieses Opfer besser gewürdigt werden.

Es besteht kein Zweifel daran, daß unter der nationalsozialistischen Besatzung den Völkern Ost- und Zentraleuropas unermeßliches und unvergeßliches Unrecht zugefügt worden ist. Sie hatten daher einen legitimen Anspruch auf Reparation bzw. Wiedergutmachung. Jedoch dürfen legitime Ansprüche nicht durch die Verhängung von Kollektivstrafen auf der Grundlage allgemeiner Diskriminierung und ohne die genaue Untersuchung persönlicher Schuld verwirklicht werden.«[191]

Diese Haltung wurde von Ayala Lasso in späteren Erklärungen wiederholt, so zum Beispiel bei seiner Einführung zum Expertenseminar über Bevölkerungsumsiedlungen, das im Februar 1997 in Genf stattfand.[192]

Im September 1997 folgte Mary Robinson, ehemalige Präsidentin Irlands, als neue Hochkommissarin. Sie hat die Arbeit Ayalas fortgesetzt und sich unter anderem für die Opfer der »ethnischen Säuberungen« im Kosovo und für die Opfer des Terrors und Bevölkerungsverschiebungen in Osttimor eingesetzt[193]. Ein einschlägiger Artikel über das Verbot von Bevölkerungsumsiedlungen und für die Notwendigkeit des Rückkehrrechts der Opfer ist im November 1999 in der offiziellen Zeitschrift des Amtes des Hohen Kommissars, »Human Rights«, erschienen.[194]

H. Nichtstaatliche Vereinigungen

1. Institut de Droit International

Im Jahre 1952 widmete die internationale Vereinigung der Völkerrechtsgelehrten, das Institut de Droit International, einen Teil ihrer Jahrestagung in Siena der Frage von Bevölkerungsumsiedlungen. Berichterstatter für dieses Thema war der spätere Präsident des Europäischen Gerichtshofes für Menschenrechte, der Italiener Giorgio Balladore Pallieri. Die Völkerrechtler kamen einhellig zu dem Ergebnis, daß eine Bevölkerungsumsiedlung nur stattfinden könnte, wenn kein Zwang ausgeübt würde. In seinem Bericht bemerkte Pallieri:

»Die Allgemeine Erklärung der Menschenrechte schließt hinreichend klar jede Form des Zwangs oder der Drohung aus, mit der eine Bevölkerung dahin gebracht werden soll, das Gebiet zu verlassen, auf dem sie sich befindet. Noch allgemeiner möchte ich feststellen, daß das moderne Völkerrecht jede Zwangsumsiedlung oder zwangsweise Bevölkerungsverschiebung verbietet, und zwar auch dann, wenn sie äußerlich vom Willen der Einzelpersonen abhängt, in Wirklichkeit aber auf indirekten Zwangsmaßnahmen beruht, oder wenn der Wille des einzelnen sich nicht frei äußern kann, weil der einzelne seine Entscheidung nicht zurücknehmen kann oder gezwungen ist, sich einer Mehrheitsentscheidung zu beugen.«[195]

Der Franzose Georges Scelle meinte: »... die Völkerrechtsgelehrten sollten sich darum kümmern, wie die Handlungen der Regierungen unterbunden werden können, die in der Vergangenheit wie in der Gegenwart zu so katastrophalen Situationen geführt haben [...].« Er betrachtete Zwangsumsiedlungen als eine Form des Völkermordes, die es durch das internationale Strafrecht zu richten gelte.[196]

Über die Frage der Zulässigkeit von zwischenstaatlichen Vereinbarungen zu Lasten von Menschen, äußerte sich der Belgier Fernand de Visscher, daß die Potsdamer Beschlüsse über die Vertreibung der Deutschen nicht im Einklang mit dem Völkerrecht gebracht werden könnten[197].

2. International Law Association

Die International Law Association (ILA) hat die Frage der kollektiven Ausweisungen mehrfach untersucht. In einer Erklärung vom August 1986, in der Massenausweisungen verurteilt werden[198], heißt es:

»Principle 14: Compulsory transfer or exchange of population on the basis of race, religion, nationality of a particular social group or political opinion is inherently objectional, whether effected by treaties or by unilateral expulsion.

Principle 7: Where mass expulsion of nationals has occurred, the country of asylum may lodge a protest with the country of origin and require the latter:

(a) to discontinue the act;
(b) to apply remedies provided under the municipal law;
(c) to restore the situation to that which existed prior to the act;
(d) to pay appropriate compensation in the event of the impossibility of the restoration of the pre-existing situation, and
(e) to provide appropriate guarantees against the repetition or recurrence of the act.«

3. Les Droits de peuples

Im Jahre 1976 hat eine private Gruppe von Wissenschaftlern eine »Déclaration universelle des droits de peuples« angenommen, die in Artikel 3 statuiert:

»Tout peuple a le droit de conserver la possession paisible de son territoire et d'y retourner en cas d'expulsion«.[199]

Die oben ausgeführten verbindlichen Normen des Völkerrechts und das *Soft law* werden von nationalen und internationalen Gerichten angewandt, die mit ihren Urteilen und Entscheidungen wiederum neues Recht bzw. *Case law* schaffen. Dies ist Gegenstand des nächsten Kapitels.

4. Hanns-Seidel-Stiftung

Von 28. bis 30. Mai 2000 veranstaltete die Hanns-Seidel-Stiftung eine internationale Tagung in Wildbad Kreuth zum Thema Vertreibung. Ergebnis der Tagung war die »Kreuther Erklärung«, welche stipuliert:

»Vertreibung verletzt fundamental die grundlegenden Menschenrechte wie das Recht auf Leben, Freiheit und Sicherheit der Person. Sie widerspricht dem Verbot grausamer, unmenschlicher und erniedrigender Behandlung, dem Verbot der willkürlichen Ausbürgerung und stellt einen Eingriff in das Privatleben, die Familien und die Heimstätte dar. Vertreibung beinhaltet eine verbotene Diskriminierung aus rassischen oder ethnischen Gründen.

Die Vertreibung ganzer Volksgruppen ist ein Verbrechen gegen die Menschheit und erfüllt den Tatbestand des Völkermordes, wenn dadurch die durch das Volkstum bestimmte Gruppe zerstört werden soll.

Vertreibung schafft kein Recht und ändert keine Rechtspositionen. Deshalb haben die davon betroffenen Menschen ein Recht auf Rückkehr in ihre Heimat und auf Wiedergutmachung. Dieses Recht auf die Heimat ist ein fundamentales Menschenrecht, das den Genuß von bürgerlichen, politischen, wirtschaftlichen und kulturellen Rechten erst ermöglicht.«

5. Institute for German-American Relations (IGAR)

Vom 15. bis 18. November 2000 veranstaltete die IGAR eine bedeutende internationale Tagung an der Duquesne University in Pittsburgh, USA, in welcher internationale Professoren des Völkerrechts und der Geschichte über ethnische Säuberungen im 20. Jahrhundert diskutierten. Der Konsens der Tagung war, daß Vertreibung und ethnische Säuberungen völkerrechtswidrig sind und die Opfer ein Recht auf Rückkehr und auf Restitution haben. Die Ergebnisse der Tagung werden 2001 in einem Buch von Professor Hunt Tooley herausgegeben.

Der damalige Gouverneur und gerade gewählte amerikanische Präsident George W. Bush lieferte zu Beginn der Tagung ein Grußwort, in welchem er feststellte: »Ethnische Säuberung ist ein Verbrechen gegen die Menschheit, gleichgültig, wer an wem sie verübt.«

Seine Schlußfolgerung: »Wir wissen aus bitterer Erfahrung, daß kulturelle Ausrottung die moralischen Grundlagen einer ganzen Nation zerstören kann, daß Barbarei selbst in den zivilisierten Nationen vorkommen kann und daß Toleranz keine Selbstverständlichkeit ist, Sie muß erlernt werden.*

Ich unterstütze die Arbeit des Instituts für deutsch-amerikanische Beziehungen vor allem bei der Aufklärung über die Tragödie der Vertreibung von 15 Millionen schuldlosen deutschen Frauen und Kindern, die Opfer der schlimmsten Periode von ethnischen Säuberungen in der Geschichte der Welt: ›Ethnic Cleansing 1944–1950‹«.

* DoD Nr. 7 vom 16. Februar 2001, S. 2

Kapitel 4: Rechtsprechung

»Die Vertreibung von griechischen Zyprioten aus ihren Wohnstätten, einschließlich ihrer eigenen Häuser, wofür gemäß der Konvention die Türkei verantwortlich ist, stellt einen Eingriff in die Ausübung der im Artikel 8 Absatz 1 garantierten Rechte, nämlich des Rechts dieser Menschen auf Achtung ihrer Wohnungen sowie Privat- und Familienleben [...], dar.«[200]

Europäische Menschenrechtskommission,
Bericht vom 10. Juli 1976

Neben internationalen Verträgen und nationaler Gesetzgebung stellen die Entscheidungen von internationalen und nationalen Gerichten die wichtigsten Rechtsquellen dar.

Rechtsnormen werden durch Arbeitsgruppen und Kommissionen erarbeitet, durch Parlamente verkündet, aber erst durch die Gerichtsinstanzen interpretiert und in konkreten Fällen angewandt. Es entsteht dadurch Rechtsprechung, die im angelsächsischen Recht als *Case law* bezeichnet wird und eigentlich neueres Recht schafft bzw. Normen in der Gestalt von Präzedenzfällen darstellt. Somit stiften die Gerichte Jurisprudenz, die die Rechtssätze konkretisieren und erklären. Diesen Präzedenzfällen kann dann von anderen Gerichten gefolgt und aufgrund anderer Fakten weiterentwickelt werden.

Das Recht auf die Heimat als Norm des Völkerrechts würde nur Theorie bleiben, es sei denn, daß ein Gericht in einem konkreten Fall seine Verletzung feststellt und Wiedergutmachung anordnet. Die Verwirklichung des Rechts hängt von der Implementierung der richterlichen Feststellungen durch geeignete internationale und nationale Maßnahmen ab.

I. Universelle Rechtsprechung

A. Ständiger Internationaler Gerichtshof, Den Haag (1922–1946)

Drei Jahrzehnte vor der Allgemeinen Erklärung der Menschenrechte der Vereinten Nationen und fast fünf Jahrzehnte vor dem Inkrafttreten der UN-Pakte über bürgerliche und politische Rechte und über wirtschaftliche, soziale und kulturelle Rechte beschäftigten sich der Ständige Internationale Gerichtshof in den Haag und der Völkerbund in Genf mit dem Schutz der nationalen Minderheiten aufgrund einer Reihe von Minderheitenschutzverträgen, die bei der Pariser Friedenskonferenz vereinbart worden waren.[201] Man kann wohl sagen, daß der internationale Schutz der Menschenrechte beim Schutz der Rechte der Minderheiten anfing.[202]

Zwischen 1919 und 1934 haben Mitglieder der deutschen Volksgruppe in den neuen Staaten Polen und der Tschechoslowakei mehrere tausend Proteste an den Völkerbund gerichtet, die über Verletzungen der Minderheitenschutzabkommen vom 28. Juli 1919 klagten.[203] Die meisten Konflikte zwischen Mitgliedern der deutschen Volksgruppe und den polnischen Behörden entstanden über die Frage der polnischen Staatsbürgerschaft und über die weitverbreitete Enteignung deutscher Bauernhöfe und Zwangsräumung von deutschen Besitzungen; schuld war eine diskriminierende polnische Rechtsprechung. Ein typischer Fall von Zwangsräumung kam vor den Ständigen Internationalen Gerichtshof in Den Haag, der am 10. September 1923 nach dem vorliegenden Tatbestand sein Gutachten abgab. Der Gerichtshof befand,

»daß die angefochtenen Maßnahmen eine Aufhebung legaler Rechte sind, die den Bauern vertraglich zustehen. Da sie (die polnischen Maßnahmen) tatsächlich gegen eine Minderheit gerichtet sind, sie einer diskriminierenden und

ungerechten Behandlung ausliefern, der andere Bürger mit Verträgen über Kauf und Pacht nicht unterworfen sind, stellen sie einen Bruch der von Polen eingegangenen Verpflichtungen innerhalb des Minderheitenabkommens dar«[204].

Solche Fälle tauchten oft vor dem Gericht[205] oder in Petitionen auf, die dem Völkerbund bis zum Jahre 1934 zugingen, als die polnische Regierung sich schließlich von dem Minderheitenabkommen lossagte. In der Vollversammlung des Völkerbundes sagte der polnische Außenminister Josef Beck, seine Regierung sehe sich gezwungen, »von heute ab sich jede Zusammenarbeit mit den internationalen Organen zu versagen, soweit es sich um die Kontrolle der Anwendung des Systems des Minderheitenschutzes durch Polen handelt«[206].

Trotz der Urteile und Gutachten des Ständigen Internationalen Gerichtshofs und den Bemühungen des Völkerbundes, ist der Minderheitenschutz zwischen den Kriegen kaum gewährleistet worden, am besten wohl in den baltischen Staaten, am schlimmsten in Polen und in der Tschechoslowakei. Deshalb wanderten rund eine Million Deutsche[207], die vor dem ersten Weltkrieg Posen und Westpreußen ihre Heimat nannten, in den Westen zum Teil nach Amerika aus.

B. Internationaler Gerichtshof[208]

Der Ständige Internationale Gerichtshof wurde nach dem Zweiten Weltkrieg durch den Internationalen Gerichtshof ersetzt, der eines der Hauptorgane der Vereinten Nationen ist.

Am 20. März 1993 hat die Republik Bosnien-Herzegowina eine Klage gegen die Republik Jugoslawien vor dem Internationalen Gerichtshofs (IGH) wegen Verletzungen der Völkermordkonvention durch Jugoslawien erhoben. Angeklagt wurde die jugoslawische Vertreibungspolitik in

Bosnien-Herzegowina, die als »ethnische Säuberung« bezeichnet wird. Bosnien-Herzegowina verlangte die sofortige Beendigung der »ethnischen Säuberungen« und die Zahlung von Schadenersatz.

Gemäß Artikel 41 des Statuts bestimmte der Gerichtshof am 8. April 1993 und wieder am 13. September 1993 vorsorgliche Maßnahmen (einstweilige Anordnungen bzw. einstweilige Maßnahmen), in welchen die Regierung Jugoslawiens angewiesen wurde, sich zu verpflichten, das Verbrechen des Völkermordes zu verhüten. Ferner ist an beide Parteien die Anweisung ergangen, von jeder Handlung Abstand zu nehmen, die ihren Streit in bezug auf die Verhütung und Ahndung dieses Verbrechens verschärfen könnte.[209]

Durch seine Entscheidung vom 11. Juli 1996 hat der Gerichtshof die Einwände Jugoslawiens gegen seine Zuständigkeit verworfen und Bosniens Klage für zulässig erklärt.[210] Über die Sache wurde von 1997 bis 2000 weiter verhandelt, ohne daß es zu einem abschließenden Urteil gekommen wäre.

Eine Reihe anderer Fälle vor dem IGH sind einschlägig über das Recht auf die Heimat, unter anderem die Fälle Südwestafrika/Namibia, Westliche Sahara, Osttimor usw.

C. UN-Menschenrechtsausschuß

Obwohl der Menschenrechtsausschuß keine Fälle über das Recht auf die Heimat untersucht hat, gibt es eine interessante Rechtsprechung bezüglich des Selbstbestimmungsrechts und des Rechts der Minderheiten.[211]

Eine der wichtigsten Komponenten des Rechts auf die Heimat ist zweifelsohne das Recht auf die eigene Identität – auch ein komplexes Menschenrecht, das mehrere Komponenten enthält. Wenn von Menschenrechten und Menschenwürde gesprochen wird, ist meist Respekt für die Identität und alle ihre materiellen und seelischen Bedürfnisse gemeint.

Die Identität des Menschen wird zweifelsohne von seiner Heimat geprägt. Daher ist das Recht auf die Heimat ein wichtiger Wert, der den Schutz durch die Weltgemeinschaft verlangt. Das Recht auf die eigene Identität benötigt auch das Recht auf Privatleben (Artikel 17 des Paktes über bürgerliche und politische Rechte) und das Recht auf Familie (Artikel 23).

Bisher haben autochthone Gruppen ihre Rechte vor dem UN-Menschenrechtsausschuß unter den Aspekten des Selbstbestimmungsrechtes (Artikel 1) und der Minderheitenrechte formuliert.[212]

Mittlerweile entwickelt sich eine interessante Rechtsprechung über Minderheitenrechte, die auch historische Gesichtspunkte abwägt.

Lubicon Lake Band vs. Canada (Fall 167/1984)

In seiner Beschwerde machte Chief Ominayak geltend, durch Erteilung von Konzessionen zur Öl- und Gasausbeutung auf den angestammten Gebieten des Lubicon-Lake-Stammes würde die kanadische Regierung das Recht des Stammes auf Selbstbestimmung bzw. auf die Bestimmung und Verwendung seines Gebietes verletzen. Der Ausschuß ersuchte Kanada gemäß Artikel 86 der Verfahrensordnung, vorläufige Maßnahmen zu ergreifen, um nicht wiedergutzumachenden Schaden für den beschwerdeführenden Häuptling bzw. dessen Stamm zu verhindern.[213]

In dieser Beschwerde stand die Lebensweise des betroffenen Stammes bzw. das Recht auf seine Heimat zur Debatte. Aus den Unterlagen ging hervor, daß sich einerseits die Ausbeutung der Bodenschätze tatsächlich negativ auf dessen Lebensweise hätte auswirken können und sich der Stamm anderseits schon lange ohne Erfolg gegen die Konzessionspolitik der Regierung gewehrt hatte.[214]

Der Ausschuß fand in seinem abschließenden Urteil *(»Views«)*, es könne kein Zweifel bestehen, daß die Beschwerde ebenfalls unter dem Gesichtspunkt des Schutzes der Minderheiten (Artikel 27 des Paktes) untersucht werden sollte.[215] Er stellte fest, daß »historische Ungerechtigkeiten« und vor allem die fortschreitende wirtschaftliche Ausbeutung ihres angestammten Landes den Lebensstil und die Kultur des Stammes bedrohten. Sie verletzten das in Artikel 27 gewährleistete Recht einer Minderheit, ihr eigenes kulturelles Leben zu pflegen, solange die Tätigkeiten anhalten.[216]

Kitok vs. Schweden (Fall 197/1985)

Obwohl in *Kitok gegen Schweden* keine Verletzung von Artikel 27 festgestellt wurde, machte der Ausschuß Erklärungen, die für das Recht auf Identität und das Recht auf die Heimat große Relevanz haben. Ivan Kitok, ein gebürtiger Sami schwedischer Staatsangehörigkeit, beschwerte sich darüber, daß ihm durch den formellen Ausschluß aus der Sami-Gemeinschaft das von seinen Ahnen vererbte Recht der Rentierzüchtung aberkannt worden sei und er folglich in seinem Recht gemäß Artikel 27, gemeinsam mit anderen Angehörigen der Sami deren kulturelles Leben zu pflegen, verletzt worden sei. Der Ausschuß stellte fest, daß die Rentierzüchtung einen essentiellen Bestandteil der Sami-Kultur ausmacht und daß solche wirtschaftlichen Aktivitäten durchaus unter den Schutz der Minderheitenrechte der Sami fallen.[217] Im Falle des Beschwerdeführers lagen aber besondere Gründe vor.

Hopu vs. France (Fall 549/1993)

Eigentlich hätte dieser Fall unter dem Gesichtspunkt der Minderheitenrechte gemäß Artikel 27 behandelt werden können. Die Beschwerdeführer sind Autochthonen in Tahiti. Frankreich, der angeklagte Staat, erkennt aber keine Minderheiten in seinem Territorium an und hat anläßlich der Ratifizierung des Paktes über bürgerliche und politische Rechte einen Vorbehalt gegen Artikel 27 des Paktes erhoben. Sollte dies bedeuten, daß die Beschwerdeführer keine Chance hatten? Nun ist es so, daß die Menschenrechte verflochten sind und daß ein Tatbestand gleichzeitig mehrere Bestimmungen des Paktes verletzen kann. Darum hat der Ausschuß den Fall unter anderen Aspekten untersucht, nämlich bezüglich der Rechte der Autochthonen auf ihre Identität bzw. Privatsphäre (Artikel 17) und auf Familie (Artikel 23).

Der Ausschuß hat Verletzungen dieser beiden Artikel festgestellt und Frankreich aufgefordert, diese Rechte der Autochthonen in Tahiti zu gewährleisten.[218]

Simunek et al vs. The Czech Republic (Fall 516/1992)

Aspekte des Rechts auf die Heimat können auch vom Gesichtspunkt der Diskriminierung aufgrund der Nationalität untersucht werden. Im Fall Simunek gegen die Tschechische Republik ging es um Diskriminierung bei der Rückgabe von Eigentum, das durch die kommunistischen Regierungen in den Jahren 1948 bis 1989 konfisziert worden war. Zwar gibt es kein Recht auf Eigentum im Pakt über bürgerliche und politische Rechte. Andererseits gibt es ein autonomes Recht, nicht diskriminiert zu werden. Darum: Wenn es Gesetze über Eigentum gibt, dürfen diese Gesetze nicht diskriminieren.

In diesem Fall hatte die Beschwerdeführerin in Prag auf die Rückgabe ihres Eigentums ohne Erfolg geklagt. Ihre Klage vor den tschechischen Gerichten scheiterte an dem Gesetz, das verlangte, daß ein Beschwerdeführer tschechischer Staatsbürger mit tschechischem Domizil sei. Der Ausschuß hat diese Bedingungen als nicht zulässig erklärt und eine Diskriminierung im Sinne des Artikels 26 des Paktes über bürgerliche und politische Rechte festgestellt.[219]

Adam vs. The Czech Republic (586/1994)

Ein Jahr später stellte der Ausschuß eine Verletzung des Artikels 26 in einem ähnlich gelagerten Fall fest, obwohl mittlerweile die Bedingung des Domizils in der tschechischen Republik weggefallen war. Die Verweigerung der Entschädigung hing lediglich davon ab, daß der Beschwerdeführer die australische und nicht die tschechische Staatsbürgerschaft besaß. Der Ausschuß erklärte in seiner Entscheidung vom 23. Juli 1996, daß »such legislation must not discriminate among the victims of the prior confiscations, since all victims are entitled to redress without arbitrary distinctions. Bearing in mind that the author's original entitlement to his property by virtue of inheritance was not predicated on citizenship, the Committee finds that the condition of citizenship in Act 87/1991 is unreasonable.[...] In this context the Committee recalls its rationale in its views on communication No. 516/1992 (Simunek et al. vs. The Czech Republic), in which it considered that the authors in that case and many others in analogous situation had left Czechoslovakia because of their political opinions and had sought refuge from political persecution in other countries, where they eventually established permanent residence and obtained a new citizenship. Taking into account that the State party itself is responsible for the departure of the author's parents in 1949, it would be incompatible with the Covenant to require him and his brothers to obtain Czech citizenship as a prerequisite for the restitution of their property or, in the alternative, for the payment of appropriate compensation«[220].

II. Regionale Rechtsprechung

A. Europäische Menschenrechtskommission

Die Vertreibung von 175 000 Zyprioten griechischer Herkunft aus dem von der Türkei besetzten Nordzypern

Staatenbeschwerde

Zypern hat vier Staatenbeschwerden gegen die Türkei vor die Europäische Menschenrechtskommission gemäß Artikel 24 der Europäischen Menschenrechtskonvention gebracht. In einer Entscheidung vom 10. Juli 1976 betreffend der ersten zwei Staatenbeschwerden wegen der Vertreibung der griechischen Zyprioten aus Nordzypern durch die Türkei heißt es:

»The transportation of Greek Cypriots to other places, in particular the excursions within the territory controlled by the Turkish army, and the deportation of Greek Cypriots to the demarcation line [...] constitute an interference with their private life, guaranteed in article 8 (1) which cannot be justified on any ground under paragraph 8 (2).«[221]

Ferner stellte die Kommission fest, daß die Verweigerung des Rückkehrrechts der griechischen Zyprioten durch türkische militärische Kräfte eine weitere Verletzung des Artikels 8 (1) der Konvention darstellte[222] und daß eine ethnische und religiöse Diskriminierung gegen die griechischen Zyprioten vorlag.

1983 beschäftigte sich die Kommission erneut mit einer weiteren Staatenbeschwerde von Zypern und entschied, daß die Vertreibung, die Trennung der Familien und die Diskriminierung der griechischen Zyprioten gegen die Bestimmungen der Europäischen Menschenrechtskonvention verstießen.[223]

Die vierte Staatenbeschwerde Zyperns gegen die Türkei wurde am 4. Juni 1999 von der Kommission entschieden.[224] Der Bericht im Fall 25781/94 illustriert, daß die militärische Besetzung Nordzyperns durch die Türkei und die Vertreibung der ethnisch griechischen Nordzyprioten – wie bei allen Vertreibungen – ein ganzes Spektrum der Bestimmungen der Konvention verletzt. Keine bisherige richterliche Entscheidung ist so deutlich in der Behauptung sämtlicher Bestandteile des Rechts auf die Heimat trotz aller »politischen Realitäten«, die seine Verwirklichung für den Augenblick unmöglich machen. Die Tatsache, daß politische Verhandlungen auf höchster Ebene mit der Hilfe der Vereinten Nationen noch laufen[225], um eine politische Lösung der Probleme zu suchen, bedeutet keinesfalls, daß die schweren Verletzungen der Konvention durch die Türkei nicht repariert werden müssen.[226] Im Gegenteil: Die politische Lösung muß dafür sorgen, daß die Menschenrechtsverletzungen aufhören und daß die Opfer wieder zu ihren Rechten kommen.

Die Kommission stellte fest, daß Verletzungen durch die Türkei der Artikel 2, 3 und 5 vorlagen, weil die Türkei die Fälle von mindestens 1619 »Verschwundenen Personen« nicht ausreichend aufgeklärt hatte.[227] Was das Eigentum der Vertriebenen betrifft und die Verweigerung der Rückkehr in die Heimat[228], so wurde eine Verletzung der Artikel 1 und 8 der Konvention festgestellt[229], ferner eine Verletzung des Artikels 13 der Konvention, weil keine wirksame Beschwerde gegen die Konfiskationen eingelegt werden konnte, ferner eine Verletzung des Artikels 14 *juncto* Artikel 8 und Protokoll I wegen einer Diskriminierung der griechischen Zyprioten.

Bezüglich der Rechte der noch verbliebenen griechischen Zyprioten im Norden Zyperns wurden Verletzungen der Artikel 3, 8, 9, 10 und des Protokolls I festgestellt.

13 weitere Individualbeschwerden von griechischen Zyprioten gegen die Türkei sind angenommen und für zulässig erklärt worden.

B. Europäischer Gerichtshof für Menschenrechte

1. Staatenbeschwerden

Fall 25781/94 wurde gemäß Artikel 5 Absatz 4 des Protokolls XI zur Europäischen Menschenrechtskonvention von der Regierung Zyperns an den Gerichtshof für Menschenrechte weitergeleitet. In seinem Urteil vom 10. Mai 2001 werden das Rückkehrrecht und das Recht auf Restitution bestätigt.

2. Individualbeschwerden

Frau Titina Loizidou wurde in Kyrenia/Zypern geboren, in einem Gebiet, das im Juli 1974 von der Türkei besetzt wurde. Seitdem hat sie nicht mehr nach Kyrenia zurückkehren können. Ihr Haus und Eigentum wurden konfisziert. Sie versuchte mehrfach zurückzukehren. Sie nahm an verschiedenen friedlichen Demonstrationen teil und wurde am 19. März 1989 von türkischen Behörden verhaftet und einige Zeit festgehalten, als sie mit der friedlichen Bewegung »Women Walk Home« unterwegs war. Im Juli 1989 hat sie ihren Fall der Europäischen Kommission vorgelegt. Im Jahr 1993 wurde ihr Fall 40/1993/435/514 von der Kommission an den Gerichtshof weitergeleitet. Der Gerichtshof formulierte sein erstes Urteil am 23. März 1995 und das zweite Urteil am 18. Dezember 1996 und stellte fest, daß die Konfiskation des Privateigentums der Klägerin eine Verletzung des Artikels 1 des I. Protokolls der Konvention darstellte. Daraufhin entschied der Gerichtshof, daß die Konfiskationen ihres Eigentums nichtig sind, daß Frau Loizidou weiterhin die rechtmäßige Eigentümerin ist und daß die türkische Besatzungsarmee bzw. die türkische Regierung eine direkte Verantwortung für die Verletzung ihres Rechts auf Eigentum tragen.[230] Die Türkei wurde aufgefordert, Frau Loizidou wieder nach Kyrenia reisen zu lassen, um ihre Rechte gemäß Protokoll I der Konvention in Anspruch nehmen zu können.

In einem dritten Urteil vom 18. Juli 1998 entschied der Gerichtshof, daß Frau Loizidou das Recht auf Wiedergutmachung gemäß Artikel 50 der Konvention hat. Die Türkei wurde verurteilt, an Frau Loizidou Cypriot Pounds 320 000 sowie auch ihre Anwaltskosten bis zum 28. Oktober 1998 zu zahlen.

Obwohl die Urteile des Gerichtshofs zwingend sind und andere Mitgliedstaaten des Europarates bisher die Urteile respektiert haben, hat die Türkei bis Februar 2001 weder Schadenersatz geleistet noch Frau Loizidou nach Kyrenia reisen lassen. Es bleibt abzuwarten, wann und wie der Ministerrat des Europarates dafür sorgt, daß diese Urteile in die Tat umgesetzt werden. Dies ist nicht nur eine juristische, sondern auch eine politische Frage, die auch mit politischen Druckmitteln gelöst werden muß.

Jedenfalls stellen die Urteile bedeutende Rechtsprechungen dar und werden sicherlich als Präzedenzfälle verwendet und zitiert.[231] Auf weitere Urteile darf man gespannt sein.

C. Menschenrechtskammer Bosnien-Herzegowina

Gemäß Annex 6 des Dayton-Abkommens *(The Dayton Agreement)* vom Dezember 1995 wurde eine Human Rights Chamber in Sarajevo ins Leben gerufen. Diese Kammer untersucht individuelle Fälle von ethnischen Säuberungen und hat zahlreiche Urteile getroffen, wonach den Opfern das Recht auf Rückkehr und auf Restitution zugesprochen wurde.

Die Kammer hat 14 Mitglieder und tagt monatlich für eine Woche. Sie hat mehr als 1500 Fälle registriert.[232] Als Gesetz gelten die Europäische Menschenrechtskonvention und ihre Protokolle.

Viele Fälle betreffen den Verkauf von Wohnungen von Personen, die zur Flucht gezwungen worden waren. Andere Fälle betreffen die Rückgabe von Land, landwirtschaftlichen Maschinen und anderes Eigentum sowie Schadenersatz, wenn *Restitutio in integrum* nicht möglich ist.

In den 16 JNA-Fällen *Vlado Podvorac et al. vs. The Federation of Bosnia and Herzegowina* wurden Verletzungen des Artikels 6 der Europäischen Konvention und des Artikels 1 des I. Protokolls festgestellt. Im Fall *Krstan Cegar vs. The Federation of Bosnia and Herzegovina* wurden Verletzungen des Artikels 1 des I. Protokolls festgestellt.[233]

Ein bedeutendes Urteil wurde am 10. September 1999 im Fall *Pletilic vs. The Republic Srpska* gefällt. Als die Beschwerdeführer in die Heimat zurückkehrten, fanden sie ihr Land von anderen Personen bewohnt. Die Kammer entschied, daß »there has been a violation of the rights of the applicants to respect for their homes within the meaning of Article 8 of the Convention, the Republika Srpska thereby being in breach of Article 1 of the Agreement«; daß »there has been a violation of the rights of the applicants to peaceful enjoyment of their possessions within the meaning of Article 1 of Protocol No. 1 to the Convention, the Republika Srpska thereby being in breach of Article 1 of the Agreement«; daß »the impossibility for the applicants to have the merits of their civil actions against the current occupants of their property determined by a tribunal constitutes a violation of their right to effective access to court within the meaning of Article 6 of the Convention«; daß »the enactment of, and application by the authorities of the Republika Srpska of the Law on the Use of Abandoned Property in the applicants' cases constituted discrimination against them on the ground of national origin, and on the ground of association with a national minority[234] in the case of the first applicant in Case No. CH/98/1106, in the enjoyment of their rights as protected by Articles 6 and 8, and Article 1 of Protocol No. 1, to the Convention«.

Die Kammer hat entschieden, daß die Republik Srpska Schadenersatz an alle Beschwerdeführer zu zahlen hat.

Ein weiterer wichtiger Fall, *Miranda Basic vs. The Re-*

publika Srpska, wurde am 10. Dezember 1999 entschieden. Dort waren die Beschwerdeführer Bürger von Bosnien und Herzegowina, die während des Krieges fliehen mußten. Sie hatten Land und Eigentum im Bezirk Gradiska in der Republik Srpska. Zur Zeit sind ihre Ländereien und Wohnungen von anderen Flüchtlingen bewohnt. Einige der Beschwerdeführer konnten ihr Eigentum zurückerhalten. Bezüglich der anderen entschied die Kammer:

»The Chamber considers that the treatment of the applicants' properties in the majority of the cases as abandoned by the authorities of the Republika Srpska and their allocation to third parties for use constitutes or constituted an interference with the applicants rights to peaceful enjoyment of their possessions. The failure of the Republika Srpska to take the necessary steps to enable the applicants to regain possession of their properties also constitutes such an interference. In all of the cases except for the three where the applicants have regained possession of their properties [...] the interference is still ongoing [...]. The Chamber finds that there has been a violation of the rights of all of the applicants to peaceful enjoyment of their properties as guaranteed by Article 1 of Protocol No. 1 to the Convention [...]. The Chamber again notes that the new law has been adopted in order to put an end to the violations caused by the old law. The Chamber reiterates, however, that although the new law may provide an effective remedy, it has not, so far, been applied in a manner consistent with Article 1 of Protocol No. 1 in respect of the majority of the cases before it.«[235]

Die Kammer hat die Bezahlung von Schadenersatz angeordnet. Und auch wenn die Entscheidungen der Kammer nicht immer in die Tat umgesetzt werden, ist ihre Jurisprudenz und die allmähliche Implementierung von großer Bedeutung für die Verwirklichung des Rechts auf die Heimat im Balkan und sie gelten als bedeutende Präzedenzfälle für alle anderen Menschen, die aus ihrer Heimat, egal, wo in der Welt, vertrieben worden sind.

D. Inter-Amerikanische Menschenrechtskommission

1. Miskito-Indianer in Nicaragua

Im November 1983 teilte die Inter-Amerikanische Kommission für Menschenrechte Nicaragua mit, eine Weigerung, etwa 35 000 Miskito-Indianern nach dem Ausrufen des Ausnahmezustands die Rückkehr in ihre angestammten Siedlungsgebiete zu erlauben, würde auf eine unzulässige Einschränkung der Freizügigkeit und der freien Wahl des Wohnsitzes hinauslaufen[236] und einen Verstoß gegen die Amerikanische Menschenrechtskonvention bedeuten.[237]

Am 15. Dezember 1980 haben eine Reihe nichtgouvernmentale Organisationen, vornehmlich Umweltschutzorganisationen, eine Beschwerde gegen Brasilien wegen der Verletzung der Menschenrechte von etwa 12 000 Yanomani-Autochthonen in der Provinz Amazonas in Brasilien, insbesondere Verletzungen des Rechts auf Leben (Artikel 1 der Amerikanischen Erklärung der Rechte und Pflichten des Menschen), des Rechts auf Gleichheit der Behandlung (Artikel 2), des Rechts auf Ausübung der Religion (Artikel 3), des Rechts auf Domizil und Freizügigkeit (Artikel 8), des Rechts auf Gesundheit (Artikel 11) und des Rechts auf Eigentum (Artikel 23), erhoben. In den 60er Jahren waren bedeutende Mineralien in den Ländern der Yanomani entdeckt worden, große Straßen wurden gebaut, unter anderem der Trans-Amazonian Highway BR-210, und die Autochthonen wurden vertrieben. Im März 1982 entwarf die brasilianische Regierung gewisse Grenzen für einen »Yanomani Indian Park«, aber dieser wurde nicht gesetzlich verankert und die Yanomani wurden weiterhin vertrieben und getötet. In ihrem Bericht vom 5. März 1985 stellte die Kommission fest[238], daß die Rechte der Yanomani verletzt worden waren, insbesondere Artikel 1, 8 und 11 der Amerikanischen Erklärung, mit negativen Konsequenzen für ihre Kultur, Traditionen und Bräuche.[239]

2. Rechte der Autochthonen in Paraguay

In den 80er Jahren erhielt die Kommission Beschwerden über die Verletzung des Rechts auf die Heimat der 50 000 Autochthonen in Paraguay. In ihrem Bericht von 1990 forderte die Kommission die Regierung Paraguays auf, die Rechte der Autochthonen in Paraguay auf ihr Land und auf ihre Kultur und Traditionen wirksam zu schützen.[240]

III. Rechtsprechung über Kriegsverbrechen und Verbrechen gegen die Menschheit

A. Die Nürnberger Prozesse

Der Katalog der von der nationalsozialistischen deutschen Regierung begangenen Völkerrechtsverstöße war so umfangreich, und die Verbrechen waren so entsetzlich, daß 1945 in Nürnberg ein internationaler Gerichtshof einberufen wurde, um die Verantwortlichen vor Gericht zu stellen.

Dieses Internationale Kriegsverbrechertribunal war ein Novum im internationalen Recht. Nach dem Ersten Weltkrieg wurde im Versailler Vertrag die Auslieferung von deutschen Politikern und höheren Militärs verlangt[241], jedoch in Verhandlung nicht in die Tat umgesetzt, und die deutschen Angeklagten kamen vor eine nationale Instanz – den Reichsgerichtshof in Leipzig.[242] Gemäß des Vertrages von Sevres hätte die Türkei ebenfalls eine Reihe Politiker und höhere Militärs ausliefern sollen, die vor einem internationalen Tribunal gerichtet werden sollten, unter anderem wegen der Vertreibungen und Ausrottungen der Armenier in den Jahren 1914 bis 1916. Auch dort kam das internationale Kriegsverbrechertribunal nicht zustande.

Zu den hierfür bedeutsamen Anklagepunkten des Nürnberger Tribunals gehörten Zwangsausweisungen der Zivilbevölkerung, Massendeportationen mit dem Ziel, »Lebensraum« zu gewinnen sowie Zwangsarbeit.

Artikel 6 (b) des Statuts von Nürnberg zufolge schließen »Kriegsverbrechen« auch »Mord, Mißhandlungen oder *Deportationen* [...] von Angehörigen der Zivilbevölkerung«[243] ein. Punkt 3 B der Nürnberger Anklageschrift führte die »Deportation der Zivilbevölkerung von und aus besetzten Ländern zur Sklavenarbeit und für andere Zwecke«[244] an. Punkt 3 J der Anklageschrift hatte folgenden Wortlaut:

»In gewissen besetzten, als von Deutschland annektiert ausgegebenen Gebieten zielten die Bestrebungen der Angeklagten methodisch und fortgesetzt darauf ab, diese Gebiete politisch, kulturell, sozial und wirtschaftlich dem Deutschen Reich anzugleichen. Die Angeklagten bemühten sich, den bisherigen Volkscharakter dieser Gebiete zum Verschwinden zu bringen. In Verfolgung dieses Planes und Bestrebens deportierten die Angeklagten Personen gewaltsam, die überwiegend nicht deutsch waren und brachten dafür Tausende von deutschen Siedlern in die betreffenden Gebiete.«[245]

Artikel 6 (c) des Statuts von Nürnberg zufolge schließen »Verbrechen gegen die Menschheit«[246] auch »Mord, Ausrottung, Versklavung, *Deportation* und andere unmenschliche Handlungen, begangen an irgendeiner Zivilbevölkerung vor oder während des Krieges« ein.[247] Solche Verbrechen, einschließlich des Verbrechens der Massendeportation, waren Gegenstand von Punkt 4 A der Anklageschrift.[248]

Während der Prozesse wurde wiederholt die Praxis der »Germanisierung« besetzter oder »annektierter« Gebiete verurteilt, ebenso auch die Deportationen von Zivilpersonen aus einem besetzten Gebiet in ein anderes (das »Generalgouvernement«) oder in nicht besetzte Regionen (Vichy, Frankreich).

So erklärte Pierre Mounier, der stellvertretende französische Ankläger: »Solche Deportationen verletzten die internationalen Konventionen, insbesondere Artikel 46 der Haager Bestimmungen von 1907, die Kriegsgesetze und -gebräuche, die allgemeinen Grundsätze des Strafrechts, wie sie sich aus den Strafgesetzen aller zivilisierten Nationen herleiten, die Strafgesetze jener Länder, in denen solche Verbrechen verübt wurden und Artikel 6 (b) des Statuts«.[249]

Ferner zeigte es sich, daß Hindernisse, welche Flüchtlingen in den Weg gestellt wurden, die nach der Einstellung der Feindseligkeiten in ihre Heimat zurückkehren wollten, unter dem Blickwinkel des Kriegsvölkerrechts betrachtet eine gleichermaßen verbrecherische Handlung darstellten. So legte hierzu am 14. Dezember 1945 Hauptmann Samuel Harris, der stellvertretende Ankläger der Vereinigten Staaten, Beweise vor und stellte fest, daß die Ausweisungen aus dem Elsaß »in der Zeit von Juli bis Dezember 1940 durchgeführt wurden und durch sie 105 000 Personen ausgewiesen bzw. an der Rückkehr gehindert« wurden.[250] Mit anderen Worten: Nicht nur die Ausweisung, sondern auch die Verweigerung des Rückkehrrechts stellte eine Völkerrechtsverletzung dar.

Der Gerichtshof kam zu einem eindeutigen Schluß: Bevölkerungsumsiedlungen und die Besiedlung besetzten Gebiets stellten sowohl Kriegsverbrechen als auch Verbrechen gegen die Menschheit dar.[251]

Nach einer solchen eindeutigen Verurteilung und der einstimmigen Billigung der Nürnberger Prinzipien durch die Vereinten Nationen in der Resolution 95 (I) der Generalversammlung[252] aus dem Jahre 1946 konnte getrost angenommen werden, daß Zwangsverlegungen von Völkern und die Seßhaftmachung von anderen Siedlern in jenen lange Zeit von anderen Völkern besiedelten Gebieten nicht mehr vorkommen würden. Leider blieb zwischen der Normsetzung und der Verwirklichung eine tiefe Kluft bestehen. Und als die Nürnberger Prozesse noch liefen, nahm die Deportation von 15 Millionen Reichs- und Volksdeutschen ihren Lauf, auf der Grundlage von Erlassen oder zumindest mit der stillschweigenden Zustimmung derselben Mächte, deren Ankläger und Richter gerade die von den Nazis begangenen Massenvertreibungen verurteilten.

Waren Bevölkerungsumsiedlungen rechtmäßig, wenn sie von Siegermächten vorgenommen wurden, aber rechtswidrig, wenn sie von den Besiegten durchgeführt worden waren? Oder war die Vertreibung der Ostdeutschen als Maßnahme *sui generis* zu verstehen, als Ausnahme vom allgemeinen Verbot? Oder war vielmehr eine wichtige Norm des Völkerrechts verletzt, ohne jedoch internationale Sanktion gegen die Täter hervorzurufen?

B. Das Internationale Kriegsverbrechertribunal für das ehemalige Jugoslawien

Diese Straftat wird nun von dem 1993 von dem Sicherheitsrat der Vereinten Nationen eingesetzten Ad-hoc-Kriegsverbrechertribunal für das ehemalige Jugoslawien[253] untersucht und geahndet, das die Strafverfolgung von Personen übernommen hat, die für seit 1991 auf dem Boden des ehemaligen Jugoslawiens begangene schwerwiegende Verstöße gegen das humanitäre Völkerrecht verantwortlich sind.[254] Das Internationale Kriegsverbrechertribunal für das ehemalige Jugoslawien will nicht nur subalterne Soldaten, die Zufallsstraftaten begangen haben, sondern vor allem diejenigen Politiker verfolgen und bestrafen, die für die Politik und die systematische Praxis der ethnischen Säuberungen und die Terrorisierung von Hunderttausenden von Zivilisten verantwortlich sind, die gezwungen wurden, ihre Heimat zu verlassen und anderenorts Zuflucht zu suchen.

Gemäß Artikel 7 (1) des Statuts ist jede Person als einzelne strafrechtlich haftbar, die als Haupttäter oder Mittäter »eine Straftat geplant, angestiftet, angeordnet, begangen oder in anderer Form bei der Planung, Vorbereitung oder Durchführung einer Straftat Beihilfe geleistet hat«, die in die Zuständigkeit des Tribunals fällt. Entsprechend den Prinzipien von Nürnberg und Tokio legt das Statut fest, daß Weisungen von Vorgesetzten keine Rechtfertigungsgründe sind[255]; umgekehrt wird ein vorgesetzter Offizier, der wußte oder wissen mußte, daß ihm Untergebene sich anschickten, unter die Zuständigkeit des Tribunals fallende Straftaten zu begehen, oder diese bereits begangen hatten, und es unterließ, die erforderlichen und angemessenen Maßnahmen zu ergreifen, um diese Taten zu verhindern oder zu bestrafen, dafür persönlich verantwortlich gemacht.[256] Staatsoberhäupter genießen keine Immunität.[257]

Die in den Artikeln 2–5 des Statuts dargelegte sachliche Zuständigkeit schließt schwere Verletzungen der Genfer Abkommen von 1949, Verstöße gegen das Recht und die Gebräuche des Krieges, Völkermord und Verbrechen gegen die Menschlichkeit ein.[258] In Übereinstimmung mit dem Grundsatz *nullum crimen sine lege* handelt es sich ausnahmslos um Straftaten, welche durch »Vorschriften des humanitären Völkerrechts [verboten werden], die alle ohne jeden Zweifel Bestandteil des Gewohnheitsrechts sind« und für alle Seiten bindend sind.[259] Obwohl ethnische Säuberungen als solche in dem Statut nicht speziell mit strafrechtlichen Sanktionen belegt werden, lassen sich die zu ihrer Durchführung vorgenommenen Handlungen unter die obengenannten Bestimmungen subsumieren. Wie die Expertenkommission belegt hat, gehören zu diesen Handlungen Mord, Folter, Vergewaltigungen und geschlechtlicher Mißbrauch, Verschleppung der Zivilbevölkerung und viele weitere Verletzungen des völkerrechtlichen Gewohnheitsrechts, die in die Zuständigkeit des Tribunals fallen. Der Sicherheitsrat legt das Mandat des Tribunals eindeutig so aus, daß es die Verfolgung ethnischer Säuberungen einschließt. In der Resolution 941 verurteilt der Rat nachdrücklich alle Verletzungen des humanitären Völkerrechts, einschließlich der unannehmbaren Praxis der unter der Kontrolle von Streitkräften der bosnischen Serben stehenden [Gebieten in Bosnien] begangenen »ethnischen Säuberungen«, und bekräftigt, daß diejenigen, die solche Handlungen begangen oder angeordnet haben, hierfür persönlich zur Verantwortung gezogen werden.[260]

Eine gerichtliche Entscheidung des Internationalen Tribunals zur ausdrücklichen Verurteilung ethnischer Säuberungen als Verbrechen gegen die Menschlichkeit oder aufgrund einer anderen materiell-rechtlichen Bestimmung des Statuts wäre sowohl gerecht als auch für die Weiterentwicklung des Völkerrechts wünschenswert und würde das Recht auf die Heimat nachhaltig unterstreichen.

Die Anklagebehörde hat gegen viele Personen Anklage erhoben und Haftbefehle erlassen. Der erste Angeklagte war ein bosnischer Serbe, dem schwere Verstöße gegen die Genfer Abkommen, Verbrechen gegen die Menschheit und Verletzungen des Rechts und der Gebräuche des Krieges im Zusammenhang mit Morden, Folterungen, unmenschlichen Handlungen, grausamem oder unmenschlichem Verhalten und anderen Straftaten vorgehalten wurden, die dieser selbst und dessen Untergebene 1992 im Todeslager Susica gegenüber Muslimen begingen.[261] Der Angeklagte wurde dem Tribunal zunächst nicht überstellt, das daraufhin am 20. Oktober 1995 nach dem Verfahren gemäß Regel 61 der Verfahrens- und Beweisaufnahmeordnung des Tribunals einen internationalen Haftbefehl erließ.[262] Diese Bestimmung erlaubt es der Verhandlungskammer, bei »Nichtvollstreckung eines Haftbefehls« Beweismaterial zu Lasten eines Angeklagten entgegenzunehmen und einen internationalen Haftbefehl zu erlassen, wenn sie sich vergewissert hat, daß begründeter Anlaß zu der Vermutung besteht, daß der Angeklagte die ihm in der Anklageschrift zur Last gelegten Taten tatsächlich begangen hat«[263].

Die in der zweiten[264] und der dritten Anklageschrift[265] genannten Angeklagten waren serbische oder bosnischserbische Lagerkommandanten, Wachen und Besucher des Todeslagers Omarska in Bosnien. Die Opfer waren Muslime und Kroaten, die unter entsetzlichen Bedingungen von Bewaffneten bewacht wurden. Insassen wurden ermordet, vergewaltigt, sexuell mißbraucht, zusammengeschlagen und anderen schwerwiegenden Mißhandlungen ausgesetzt. Einem der Angeklagten, Dusan Tadić, wurden nicht nur Mißhandlungen innerhalb des Lagers, sondern auch die Terrorisierung und Tötung muslimischer Zivilisten außerhalb des Lagers auf der Grundlage der Politik der ethnischen Säuberungen vorgeworfen, durch die Nichtserben zur Flucht aus ihren Häusern und Wohngemeinden gezwungen werden sollten. In den Anklageschriften wurden einigen oder allen Angeklagten folgende Straftaten zur Last gelegt: Völkermord, Verbrechen gegen die Menschheit, Verstöße gegen das Recht und die Gebräuche des Krieges, schwere Verletzungen der Genfer Abkommen von 1949 und die Befehlsverantwortlichkeit für die genannten Straftaten. Gegen Tadić wurden im September 1995 weitere Anklagepunkte vorgebracht, zu denen Verbrechen gegen die Menschheit und schwere Verletzungen der Genfer Abkommen gehörten. Die Anklageerhebung beruhte auf Morden, Folterungen und Vergewaltigungen in drei Internierungslagern und der »Deportation« muslimischer und kroatischer Bewohner des Gebiets von Prijedor.[266]

Am 10. August 1995 lehnte die mit der Rechtssache Tadić befaßte Verhandlungskammer einen Antrag der Verteidigung, in dem die Zuständigkeit des Tribunals in Frage gestellt wurde, ab.[267] Diese Entscheidung wurde am 2. Oktober 1995 mit einer etwas anderen Begründung bestätigt[268] und dürfte Anfechtungen der Zuständigkeit des Tribunals für die Zukunft ausschließen.

Für den Zweck dieses Kapitels ist die gemeinsame Anklageerhebung gegen Radovan Karadzić, den damaligen Präsidenten der bosnisch-serbischen Administration in Pale, und Ratko Mladić, den Militärkommandeur der bosnischen Serben, vom 25. Juli 1995 am bedeutsamsten.[269] In den Anklagepunkten 1 und 2 werden ihnen Völkermord und Verbrechen gegen die Menschheit zur Last gelegt. Absatz 19 der Anklageschrift nennt »rechtswidrige Deportation und Umsiedlung von Zivilpersonen« als eine der klagebegründenden Straftaten, auf die sich die Anklage wegen Verbrechen gegen die Menschheit stützt. In Absatz 25 werden speziell folgende Vorwürfe geltend gemacht:

»*Tausende bosnischer Muslime und Kroaten, unter anderem aus den Gebieten von Vlasenica, Prijedor, Bosanski Samac, Brcko und Foca, wurden systematisch in Haftanstalten festgehalten und interniert, die von dem bosnischen Militär, der Polizei und ihren Beauftragten errichtet worden waren und unterhalten wurden und anschließend gesetzwidrig an Orte innerhalb und außerhalb der Republik Bosnien-Herzegowina deportiert oder umgesiedelt. Darüber hinaus wurden muslimische und bosnisch-kroatische Zivilisten, darunter auch Frauen, Kinder und alte Menschen, direkt aus ihren Wohnungen abgeholt und schließlich von dem Militär und der Polizei der bosnischen Serben und ihren Beauftragten unter der Kontrolle und der Leitung von Radovan Karadzić und Ratko Mladić beim Austausch Gefangener eingesetzt. Diese Deportationen wie auch andere wurden nicht als Evakuierungsmaßnahmen aus Sicherheitsgründen, aus militärischer Notwendigkeit oder aus einem anderen rechtmäßigen Grund durchgeführt und haben zusammen mit anderen gegen bosnisch-muslimische und bosnisch-kroatische Zivilisten durchgeführten Aktionen zu einer deutlichen Verminderung der Zahl bosnischer Muslime oder bosnischer Kroaten in bestimmten besetzten Gebieten oder zu ihrer völligen Beseitigung geführt.*«

Karadzić und Mladić wurden im Zusammenhang mit dem Angriff der bosnischen Serben auf Srebrenica im Sommer 1995 wegen Völkermords angeklagt.[270] Am 27. Juni 1996 eröffnete das Tribunal die Anhörung gegen Karadzić und Mladić, die bis zum 8. Juli andauerte. Insgesamt wurden 14 Zeugen gehört. Am 11. Juli wurde die Anklage bestätigt, und internationale Haftbefehle wurden erlassen. Die mangelnde Kooperation von der Republik Jugoslawien wurde vom Präsident des Tribunals, Antonio Cassese, moniert und dem Sicherheitsrat »zur geeigneten Entscheidung« weitergeleitet.

Ein noch wichtigerer Präzedenzfall stellt die Anklage vom 24. Mai 1999 gegen den damals amtierenden serbischen Staatspräsidenten Slobodan Milošević dar. Absatz 35 der Anklage wirft ihm vor:

»Die rechtswidrige Deportation und Zwangsumsiedlung Tausender Kosovo-Albaner aus ihren Wohnungen im Kosovo folgte wohl geplanten und koordinierten Anstrengungen durch die Führer der Föderativen Republik Jugoslawiens und Serbiens und der Streitkräfte Serbiens und des FRJ. Ähnliche Aktionen fanden während der Kriege in Kroatien und in Bosnien-Herzegowina in den Jahren 1991 bis 1995 statt. Während dieser Kriege haben das serbische Militär, paramilitärische und Polizeikräfte nichtserbische Personen aus Kroatien und aus Bosnien-Herzegowina vertrieben, und haben dabei dieselben Methoden wie 1999 im Kosovo angewandt: schwere Bombardierungen und bewaffnete Angriffe auf Dörfer; verbreitete Tötungen; Zerstörung von nichtserbischen Wohngegenden sowie kulturellen und religiösen Stätten; schließlich Zwangsumsiedlungen und Deportationen der nichtserbischen Bevölkerung.«

Die Absätze 36 bis 38 der Anklageschrift betreffen ebenfalls die Politik der ethnischen Säuberungen, die das Gericht mit der älteren völkerrechtlichen Terminologie von »Deportation« und »Transfer« umfaßt.

Obwohl unklar ist, ob Milošević, Karadzić oder Mladić jemals vor dem Tribunal erscheinen werden, ist es von beträchtlicher historischer, rechtlicher und psychologischer Bedeutung, daß das Tribunal ihre Bevölkerungspolitik als verbrecherisch gebrandmarkt hat.

C. Das Internationale Kriegsverbrechertribunal für Ruanda

Ein ähnliches Tribunal mit Sitz in Arusha, Tansania, wurde im November 1994 durch die Sicherheitsrat-Resolution 955 etabliert, mit der Zuständigkeit Völkermord, Verbrechen gegen die Menschheit und während des Blutbads in Ruanda begangene Verletzungen des allgemeinen Artikels 3 der Genfer Abkommen von 1949 und des Zusatzprotokolls II zu ahnden.[271]

Obwohl der Begriff »ethnische Säuberungen« in diesem Zusammenhang nicht verwendet wird, ist doch klar, daß die Aufstachelung zum Rassenhaß, zu bewußtem Terror und systematischem Morden durch die Hutu-Regierung gegen die Tutsi Opposition und -Zivilbevölkerung durchaus als ethnische Säuberung bezeichnet werden kann.

D. Nationale strafrechtliche Rechtsprechung

Zwangsumsiedlungen von Völkern sind bisher noch nicht durch nationale Gerichte verfolgt worden. Obwohl die Vertragsstaaten des 4. Genfer Abkommens verpflichtet sind, ihre eigenen Soldaten und Kommandeure zu verfolgen[272], die für »schwere Verletzungen« dieses Abkommens verantwortlich sind (*grave breaches*, Artikel 146/147 des 4. Genfer Abkommens von 1949), eine Kategorie, in der sich ethnische Säuberungen als Form der Bevölkerungsumsiedlung leicht unterbringen lassen, wurde bisher kein kroatischer, serbischer oder bosnischer Soldat oder Kommandeur von den Justizbehörden des eigenen Landes vor Gericht gestellt. Die neue Regierung in Belgrad hat die Möglichkeit, die geistigen Urheber von ethnischen Säuberungen, etwa Slobodan Milošević, vor die eigenen Gerichte zu bringen oder dem Tribunal in Den Haag zu überstellen.

Kapitel 5: Ubi ius, ibi remedium

»The international community has taken the desire of the displaced to return to their homeland seriously. The UN-Security Council has shown considerable respect for the right to return in its practice in the 1990s in ordering States to repatriate members of various displaced populations. While implementation has at times proved elusive, the legal principle is firmly established that members of displaced groups enjoy a right of return.«[273]

John Quigley, Mass Displacement and the Individual Right to Return, 1997

I. Rechtliche Konsequenzen von Vertreibungen

Nachdem feststeht, daß die Zwangsumsiedlung von Völkern wichtige Vorschriften und Grundsätze des Völkerrechts verletzt, ob sie nun im Kriege oder in Friedenszeiten erfolgt, lohnt es sich, die rechtlichen Konsequenzen zu untersuchen: sowohl für die Täter als auch für die Opfer. Bereits im Jahre 1646 hatte Hugo de Groot, Vater des modernen Völkerrechts, das Prinzip formuliert, daß auch im Völkerrecht »der Schuldige den Schaden wiedergutmachen muß«.

A. Täter – der Staat und seine Vertreter

Was die Täter betrifft, muß der Staat, der Vertreibungen durchführt, Wiedergutmachung leisten.[274] Dies ist eine Verpflichtung, die durch Vereinbarung von Siegerstaaten zu Lasten Dritter nicht legalisiert werden kann. So heißt es in Artikel 7 der UN-Erklärung im Bericht von Al-Khasawneh[275] vom August 1997:

»Bevölkerungstransfers oder -austausche können nicht durch internationale Vereinbarungen legalisiert werden, wenn sie grundlegende Bestimmungen der Menschenrechte oder zwingende Normen des Völkerrechts verletzen.«[276]

Andere, nichtbeteiligte Staaten dürfen die Vertreibungen bzw. Grenz- und demographische Veränderungen nicht anerkennen. So heißt es in Artikel 10:

»Wo durch diese Erklärung verbotene Taten oder Unterlassungen begangen werden, sind die internationale Gemeinschaft als Ganzes und die einzelnen Staaten dazu verpflichtet: a) die durch solche Taten geschaffenen Situationen nicht als rechtmäßig anzuerkennen; b) im Falle laufender Vorgänge die sofortige Beendigung und die Rückgängigmachung ihrer schädlichen Folgen sicherzustellen.«

Ferner besteht eine persönliche strafrechtliche Haftung seitens der Vertreter eines Staates, die Vertreibungsaktionen befohlen oder in die Tat umgesetzt haben.

Artikel 9 der UN-Erklärung besagt:

»Die obengenannten Praktiken des Bevölkerungstransfers stellen Völkerrechtsverstöße dar, die sowohl staatliche Verantwortlichkeit als auch individuelle strafrechtliche Verantwortung begründen.«

Ethnische Säuberungen im Zusammenhang mit den Konflikten im ehemaligen Jugoslawien und in Ruanda werden heute bereits verfolgt: Nun bedarf es eines Ständigen Internationalen Strafgerichtshofes, um das Recht auf die Heimat weltweit zu verteidigen, wo immer gegen es verstoßen wird.[277]

B. Opfer – Rückkehr und Entschädigung

Was die Opfer einer Vertreibung betrifft, haben sie einen Anspruch auf Wiedergutmachung: sowohl ein Recht, in die Heimat zurückzukehren, als auch ein Recht auf Restitution ihres Eigentums bzw. Entschädigung.[278] Dabei wirft jedes Modell einer *Restitutio in integrum* beträchtliche praktische und politische Schwierigkeiten auf.[279]

Wie Artikel 8 der UN-Erklärung es formuliert:

»Jeder Mensch hat das Recht, in freier Entscheidung und in Sicherheit und Würde in das Land seiner Herkunft sowie innerhalb dessen an den Ort seiner Herkunft oder freien Wahl zurückzukehren. Die Ausübung des Rückkehrrechts schließt das Recht der Opfer auf angemessene Wiedergutmachung nicht aus, einschließlich der Rückgabe von Gütern, die ihnen im Zusammenhang mit dem oder als Ergebnis des Bevölkerungstransfers entzogen wurden, Entschädigung für jegliches Eigentum, das ihnen nicht zurückgegeben werden kann, und allfällige andere völkerrechtlich vorgesehenen Reparationen.«

Für den Vertriebenen ist aber nicht die Entschädigung, sondern vielmehr das Rückkehrrecht von entscheidender Bedeutung. Gemäß Artikel 12 Absatz 4 des UN-Paktes über bürgerliche und politische Rechte darf niemandem das Recht entzogen werden, in sein eigenes Land zurückzukehren. Leider muß festgestellt werden, daß es mit der Verwirklichung dieses Rechts nicht sehr gut steht, auch wenn einige Präzedenzfälle Grund zur Hoffnung geben.

C. Besondere Fälle

1. Palästina: Flüchtlinge und Vertriebene

Bereits im Dezember 1948 entschied die Generalversammlung der Vereinten Nationen, daß palästinensischen Flüchtlingen,

»die in ihre Heimat [in Israel] zurückkehren und mit ihren Nachbarn in Frieden zu leben wünschen, dies zum frühest machbaren Zeitpunkt gestattet werden sollte, und [...] für das Eigentum derjenigen, die sich gegen eine Rückkehr entscheiden sowie für den Verlust oder die Beschädigung von Eigentum sollte eine Entschädigung gezahlt werden, die nach den Grundsätzen des Völkerrechts oder des Billigkeitsrechts (Equity) *von den zuständigen Regierungen oder Behörden aufgebracht werden sollte.«*[280]

Diese Resolution ist von der Generalversammlung für die Palästinenser[281] wiederholt bekräftigt worden.

Im August 1998 wurde der erste Bericht Israels gemäß Artikel 40 des UN Paktes über bürgerliche und politische Rechte vom UN-Menschenrechtsausschuß diskutiert. Dabei wurde festgestellt, daß das Rückkehrrecht der Palästinenser bisher nicht verwirklicht worden ist und daß generell eine ständige Verletzung des Artikels 12 des Paktes vorlag. Darum wurde eine Empfehlung zum Rückkehrrecht der Palästinenser formuliert.[282]

2. *Zypern*

Das Rückkehrrecht ist bezüglich anderer Flüchtlingsgruppen bzw. Vertriebener mit ähnlichen Formulierungen bestätigt worden, zum Beispiel in den entsprechenden Resolutionen der Generalversammlung zu Zypern.[283] Das Prinzip ist bei der UN-Menschenrechtskommission ebenfalls bekräftigt worden.[284]

Das Rückkehrrecht ist ferner von der Europäischen Menschenrechtskommission und vom Gerichtshof mehrmals bestätigt worden. Der erste einschlägige Fall betraf die Situation der 175 000 Zyprioten griechischer Herkunft, die im Juli 1974 vom Norden Zyperns in den Süden vertrieben wurden, als die Türkei eine militärische Besetzung des Nordens der Insel durchführte. Im ihrem Bericht vom

10. Juli 1976 stellte die Kommission eine Verletzung des Artikels 8 der Menschenrechtskonvention fest, unter anderem weil die türkische Armee die Rückkehr der vertriebenen griechischen Zyprioten verhindert hatte: »... by refusing to allow the return of more than 170,000 Greek Cypriot refugees to their homes in the north of Cyprus, Turkey violated, and was continuing to violate Article 8 of the Convention.«[285]

Im Jahre 1983 beschäftigte sich die Kommission erneut mit der Frage der vertriebenen Zyprioten und machte ähnliche Feststellungen in ihrem Bericht vom 4. Oktober 1983[286] (siehe Kapitel 4). Mittlerweile hat der Gerichtshof drei Urteile bezüglich der Individualbeschwerde *Loizidou vs. Türkei* gefällt, die eindeutig sind: Die Vertriebenen haben ein Rückkehrrecht. Jedoch sind bis heute, trotz Mahnungen des Ministerrates und des Europaparates die Entscheidungen der Kommission und des Gerichtshofes noch nicht in die Tat umgesetzt worden.[287]

3. *Afghanistan*

Auch im Afghanistankonflikt gab es Flüchtlinge und Vertriebene. Auch dort wurde das Rückkehrrecht bekräftigt. So bestätigte die UN-Menschenrechtskommission in der Resolution 1988/4 vom 22. Februar 1988 »das Recht der afghanischen Flüchtlinge, in Sicherheit und Würde in die Heimat zurückzukehren«. In der Tat sieht auch eines der am 14. April 1988 in Genf unterzeichneten drei Abkommen zwischen Afghanistan und Pakistan als eines seiner Kernstücke vor, daß die Flüchtlinge wieder in ihre Heimat zurückkehren dürfen.[288] Dies war auch die Haltung des Menschenrechtsausschusses, als der Bericht Afghanistans untersucht wurde.[289]

4. *Kroatien*

Das Rückkehrrecht wurde auch im Friedensplan der Vereinten Nationen für die Republik Kroatien[290], in dem Bericht des Generalsekretärs vom 1. Dezember 1994 an den Sicherheitsrat über Schutzzonen in Bosnien[291] und in zahlreichen Resolutionen des Sicherheitsrats zum ehemaligen Jugoslawien bestätigt, darunter auch in der Resolution 947, die »[...] das Recht aller Vertriebenen (bekräftigt), freiwillig, in Sicherheit und Würde mit Unterstützung der Völkergemeinschaft in ihre ursprünglichen Wohnstätten zurückzukehren«[292], und in der Resolution 1009 über die Krajina[293]. In einer späteren Resolution wiederholte der Sicherheitsrat seine Forderung an die Regierung der Krajina, »dringliche Maßnahmen (zu) ergreifen, um den Verletzungen des humanitären Völkerrechts ein Ende zu setzen« und »die Rechte der örtlichen serbischen Bevölkerung [...], einschließlich ihres Rechts, in Sicherheit zu bleiben oder zurückzukehren, uneingeschränkt [zu] achten«, und rief die Regierung auf, »alle Fristen für die Rückkehr von Flüchtlingen nach Kroatien zur Zurückforderung ihres Eigentums aufzuheben«.[294]

5. *Bosnien-Herzegowina*

In das Bosnien-Friedensabkommen von 1995[295] (Dayton-Abkommen) ist eine Vereinbarung über Flüchtlinge und Vertriebene (Anhang 7) aufgenommen worden, die das »Recht [von Personen schützt], frei zu ihren ursprünglichen Heimstätten zurückzukehren«. Es unterwirft die Parteien einer Reihe von Verpflichtungen, die die Ausübung dieses Rechts erleichtern sollen, darunter die Einsetzung »einer unabhängigen Kommission für Vertriebene und Flüchtlinge«. In Artikel 1 (1) heißt es dazu: »Die baldige Rückkehr von Flüchtlingen und Vertriebenen ist ein bedeutsames Ziel der Beilegung des Konflikts in Bosnien-Herzegowina. Die Vertragsparteien bestätigen, daß sie die Rückkehr von Personen, die ihr Hoheitsgebiet verlassen haben, hinnehmen werden.« Nach Artikel 2 (1) »[...] werden die Parteien [...] sicherstellen, daß Flüchtlinge und Vertriebene sicher und ohne Gefahr der Belästigung, Einschüchterung, Verfolgung oder Diskriminierung, insbesondere aufgrund ihrer ethnischen Herkunft, religiösen Überzeugungen oder politischen Ansichten, zurückkehren dürfen.« Durch eine besondere Menschenrechtsvereinbarung (Anhang 6) wird speziell das Recht auf Freizügigkeit und freie Wahl des Wohnsitzes geschützt und den Parteien aufgegeben, »allen ihrer Gerichtsbarkeit unterliegenden Personen« den Schutz zu gewährleisten, der von der Europäischen Konvention zum Schutze der Menschenrechte und Grundfreiheiten und ihren Protokollen, der Völkermordkonvention, den Genfer Abkommen und ihren Zusatzprotokollen I und II, dem Internationalen Pakt über bürgerliche und politische Rechte und seinen Protokollen, dem Internationalen Pakt über wirtschaftliche, soziale und kulturelle Rechte, der Internationalen Konvention über die Beseitigung aller Formen der Rassendiskriminierung und anderen Übereinkünften umrissen wird, die unmittelbar oder mittelbar ein Rückkehrrecht bestätigen. Insgesamt wird im Völkerrecht weithin anerkannt, daß die Rückkehr die angemessene Wiedergutmachung darstellt.

Das Rückkehrrecht der Bosnier aus dem Dayton-Abkommen ist bisher nur teilweise in die Tat umgesetzt worden.

Wie früher schon angemerkt wurde, ist das Rückkehrrecht sowohl von der Unterkommission für die Förderung und den Schutz der Menschenrechte als auch vom UN-Ausschuß zur Beseitigung der Rassendiskriminierung (CERD) anerkannt worden. So betonte der Ausschuß in seiner Empfehlung vom 19. August 1996 bezüglich der Rechte von Flüchtlingen und Vertriebenen:

»Alle Flüchtlinge und Vertriebene haben das Recht, in ihre angestammte Heimat unter sicheren Bedingungen zurückzukehren [...]. Nach ihrer Rückkehr haben [sie] das Recht auf Rückgabe des Eigentums, das ihnen während des Konflikts weggenommen wurde, und das Recht auf gerechte Entschädigung für das Eigentum, das nicht restitu-

iert werden kann [...]. [Sie haben] das Recht zur unbehinderten Teilnahme in öffentlichen Angelegenheiten auf allen Ebenen und gleichen Anspruch auf öffentliche Leistungen, insbesondere auf Rehabilitationshilfe.«

6. Kosovo

Noch vor der Verschärfung der humanitären Lage im Kosovo im Frühjahr 1999 und den NATO-Luftangriffen auf Serbien beschäftigte sich der Sicherheitsrat mit den Flüchtlingsbewegungen unter den Kosovo-Albanern.

Das Rückkehrrecht der Kosovo-Albaner ist in mehreren Resolutionen des Sicherheitsrates bekräftigt worden, zum Beispiel in der Resolution 1199 vom 23. September 1998, in welcher die »Erleichterung der sicheren Rückkehr der Flüchtlinge und Vertriebenen in ihre Heimat im Zusammenwirken mit dem UNHCR und dem Internationalen Komitee vom Roten Kreuz (IKRK)« verlangt wird.[296]

7. Burundi

Im Fall Burundi forderte der UN-Ausschuß zur Beseitigung der Rassendiskriminierung am 7. August 1996 in einer Resolution alle Parteien auf,

»den Flüchtlingen und Vertriebenen die Rückkehr in ihre Heimat in Freiheit und Sicherheit zu ermöglichen«[297].

Ferner wurde die internationale Gemeinschaft aufgefordert,

»die notwendige Finanzierung und logistische Unterstützung für die Repatriierung der Flüchtlinge und Vertriebenen zur Verfügung zu stellen«.

II. Das Rückkehrrecht

A. Das internationale Bemühen, freiwillige Repatriierung zu fördern

Die Vereinten Nationen bzw. das Büro des Flüchtlingshochkommissars (UNHCR), regionale Organisationen wie der Europarat und die Internationale Organisation für Migration fördern die freiwillige Rückkehr von Flüchtlingen und Vertriebenen. Die Betonung auf die »freiwillige« Rückkehr ist notwendig, denn das Recht auf die Heimat ist ein Recht, keine Zwangsmaßnahme. Deswegen werden Menschen nicht zwangsweise dorthin zurückgeführt, woher sie kamen, sollten aber die Wahl haben.

Die Hauptstrategie des UN-Hochkommissariats für Flüchtlinge um eine dauerhafte Lösung des Weltflüchtlingsproblems ist ihre freiwillige Repatriierung[298], wie im Statut des Hochkommissariats bereits festgelegt. Allerdings müssen die richtigen Konditionen geschaffen werden[299], um dieses Ziel erreichen zu können.

In den Jahren 1994 bis 1997 hat das Hochkommissariat Millionen Menschen dabei geholfen, in die Heimat zurückzukehren, unter anderem nach Afghanistan, Burma (Myanmar), Kambodscha, Äthiopien, Mosambik, Ruanda, Somalia.

Tatsächlich ist in den letzten 30 Jahren eine ausreichende Staatenpraxis und ein Brauchtum entstanden, so daß gesagt werden kann, daß inzwischen das Recht auf freiwillige Repatriierung ein Teil des Völkergewohnheitsrechts geworden ist.

Der UNHCR ist stets um die »Freiwilligkeit« der Repatriierung bemüht. So im Plan von 1993 für die Repatriierung von Bürgern Mosambiks von Malawi nach Mosambik: »The principle of the voluntary character of repatriation must be respected by the country of asylum and the country of origin.« So auch Artikel V Absatz 1 der OAU-Konvention von 1969: »The essentially voluntary character of repatriation shall be respected in all cases and no refugee shall be repatriated against his will.«

B. Fallstudien: Die Rückkehr der Krimtataren[300]

Am 18. Mai 1944 fing der Leidensweg der Krimtataren an. Opfer einer kollektiven Strafe Stalins wurden rund 200 000 Tataren innerhalb von zwei Tagen auf Eisenbahnkonvois verfrachtet und nach Usbekistan, Sibirien, Kirgisistan und an den Ural verschickt. Stalin verhängte eine ungerechte und diffamierende Strafe: Die Krimtataren hätten mit den Deutschen sympathisiert oder nicht stark genug gegen sie gekämpft. Sogar etliche Krimtataren, die in der Roten Armee gedient hatten, wurden am Ende des Krieges in die Verbannungsgebiete verschickt. Die Folgen für die »besonderen Siedler«, wie sie beschönigend genannt wurden, waren verheerend.

In den Jahren 1941 bis 1944 wurden insgesamt acht Völker innerhalb der Sowjetunion zwangsumgesiedelt: die Wolgadeutschen (September 1941), die Karatschier (November 1943), die Kalmücken (Dezember 1943), die Tschetschenen (Februar 1944), die Inguschen (Februar 1944), die Balkaren (April 1944), die Krimtataren (Mai 1944) und die Meschketen (November 1944). Außerdem wurden Polen, Balten, Finnen, Koreaner und Rußlanddeutsche zwangsumgesiedelt. Insgesamt wurden mehr als drei Millionen Menschen (davon 366 000 Wolgadeutsche und 843 000 andere Rußlanddeutsche) von diesen Maßnahmen betroffen.[301]

Im Jahre 1948 verfügte der Oberste Sowjet, die Deportationen seien endgültig. Stalins Tod im Jahre 1953 und die anschließende Hinrichtung von NKWD-Volkskommissar Lawrenti Berija beendeten die Massenvertreibungen innerhalb der Sowjetunion. Unter Chruschtschow wurden die Strafbeschränkungen, die den Zwangsdeportierten auferlegt worden waren, langsam gelockert.

Im November 1955 wurden die 5000 Griechen, die im Jahre 1949 aus Georgien vertrieben worden waren, als erste Volksgruppe von der Liste der »besonderen Siedler« gestrichen. Im Februar 1956 erwähnte Chruschtschow fünf der acht Völker (die Karatschier, Kalmücken, Tschetschenen, Inguschen und Balkaren) in seiner geheimen Rede vor dem 20. Kongreß der Kommunistischen Partei, in der er die Vertreibungen als eines der von Stalin begangenen Verbrechen aufzählte. Dennoch erhielten die »besonderen Siedler« (nur diese fünf Volksgruppen) erst 1957 das Recht auf Rückkehr in ihre angestammten Heimatländer. Die Tschetschenen kehrten umgehend zurück, gefolgt von den anderen fünf Volksgruppen.

Dagegen wurde den Krimtataren, Meschketen und Wolgadeutschen auch weiterhin das Recht auf Rückkehr verweigert. Erst im Jahre 1967 wurde der Vorwurf des Verrats aufgehoben, aber die politischen Führer wollten die Rückkehr in die Heimat keinesfalls erleichtern.

In den mehr als 40 Jahren der Verbannung gaben die Krimtataren die Hoffnung nicht auf, zurück an die Krim zu kommen. Sie pflegten ihre Sprache, Kultur und den Sinn der Ungerechtigkeit der Deportation, was für den Zusammenhalt der Volksgruppe in der Ferne sehr wichtig war. Erst in den 80er Jahren, als die Sowjetunion im Begriff war, sich aufzulösen, entwickelte sich eine Völkerwanderung in den ehemaligen Sowjetrepubliken. Im Jahre 1988 schaffte es eine kleine Anzahl Krimtataren, auf die Krim zurückzukehren und unbesetzte Ländereien in Besitz zu nehmen. Im Jahre 1990 begann dann eine große Rückkehrwelle.

Das Hochkommissariat für Flüchtlinge eröffnete 1994 ein Büro auf der Krim, jetzt zur Ukraine gehörend, um der ukrainischen Regierung bei der Eingliederung der Rückkehrenden zu helfen. Neben den 1,6 Millionen Russen und 500 000 Ukrainern machen die Krimtataren die größte Volksgruppe aus. Das Hochkommissariat hilft den Krimtataren unter anderem bei der Erstellung ihrer Anträge auf ukrainische Staatsangehörigkeit und bei der Arbeitssuche, zumal zwischen 40 und 60 Prozent der Krimtataren arbeitslos sind. Auch die UNESCO hat Mittel zur Verfügung gestellt, um die Integration der Krimtataren zu fördern, so auch um kulturelle Vorurteile bei der russischen und ukrainischen Bevölkerung abzubauen und auf diese Weise ethnische Spannungen zu verhindern.

Es wird geschätzt, daß etwa 350 000 Krimtataren auf die Krim zurückgekehrt sind (nicht nur die Stalin-Deportierten selbst, sondern auch ihre Nachkommen)[302] und daß noch weitere 200 000 kommen könnten, die noch in Zentralasien leben.[303]

Nicht nur die Krimtataren, sondern viele andere von Stalin deportierten Völker sind seit 1987 in ihre Heimat zurückgekehrt. Um dieser natürlichen Bewegung zu begegnen, haben sich mehrere internationale Organisationen damit beschäftigt, unter anderem das Büro des Hochkommissars für Flüchtlinge, die Internationale Organisation für Migrationen (IOM) in Genf und die Organisation für Sicherheit und Zusammenarbeit in Europa (OSZE). Im Mai 1996 und Juni 1999 haben diese Organisationen Tagungen in Genf durchgeführt, um Rückkehr- und Integrationsmodelle zu diskutieren und bessere Antworten zu finden.[304]

C. Meschketen

Für die 200 000 Meschketen, die im November 1944 von ihrem Heimatgebiet im südwestlichen Georgien nach Zentralasien zwangsumgesiedelt wurden, und ihre Nachkommen ist es heute noch ein langer Weg zum Ziel. Zwar wurden sie im Jahre 1968 vom Vorwurf des Staatsverrats freigesprochen. Aber bis heute haben es, hauptsächlich aufgrund der ihnen in Georgien entgegengebrachten feindseligen Haltung, nur einige hundert von ihnen geschafft, dorthin zurückzukehren und dort zu bleiben. Mehrere tausend wanderten 1956 nach Aserbaidschan aus, da dies ein Schritt in Richtung Heimat war. Im Jahre 1989 kamen weitere 44 000 von Usbekistan nach Aserbaidschan. Ihre Zukunft in Usbekistan und Kirgisistan bleibt ungewiß.

D. Rußlanddeutsche

Im Rahmen von besonderen Abkommen mit der Bundesrepublik Deutschland wurde den in der Sowjetunion und in den Nachfolgestaaten lebenden Deutschen gestattet, nach Deutschland auszuwandern. Sie erhielten eine entsprechende Unterstützung bei ihrer Ankunft. Bis Ende 1995 waren 1 376 000 Rußlanddeutsche nach Deutschland ausgewandert. Es wird geschätzt, daß immer noch über eine Million Rußlanddeutsche in den GUS-Staaten leben (hauptsächlich in Kasachstan, Kirgisistan und in der Russischen Föderation). Einige sind heute in der ehemaligen deutschen Provinz Ostpreußen (Kaliningrad) angesiedelt.

E. Ukraine

Der ukrainische Außenminister Hennadij Udowenko erklärte am 17. Mai 1996, daß die Ukraine eine Intensivierung der Bemühungen aller GUS-Mitgliedstaaten bei der Lösung der Frage der Repatriierung der Völker, die aus ihrer historischen Heimat deportiert worden waren, anstrebt. Eine diesbezügliche Vereinbarung wurde auf Initiative der Ukraine bei der Sitzung des Rats der GUS-Staatsoberhäupter unterzeichnet. Allerdings hatten zwei Staaten, von denen die Lösung des Problems teilweise abhängt, nicht unterzeichnet, nämlich Kasachstan und Usbekistan.

Das Amt des Hochkommissars für Flüchtlinge im Zusammenhang mit dem Europarat und der Organisation für Sicherheit und Zusammenarbeit in Europa hat mehrere Konferenzen zu diesem Thema in Genf veranstaltet, unter anderem im Mai 1996[305] und wieder im Juni 1999.

F. Rückkehr in den Osten für die deutschen Vertriebenen?

Politische Erklärungen zum Recht auf die Heimat

Die Verwirklichung des Rückkehrrechts hängt vom politischen Willen der ehemaligen Vertreiberstaaten ab.

Für die deutschen Vertriebenen und ihre Nachkommen ist die Frage der Rückkehr in ihre Heimat erst seit dem Zusammenbruch der Sowjetunion und dem Wiederentstehen von demokratischen Staaten in Mittel- und Osteuropa wieder denkbar. Allmählich mehren sich die Stimmen moderner Politiker, die bereit sind, die Deutschen zur Rückkehr einzuladen.

1. Baltische Staaten

Vielleicht der erste Politiker, der eine solche Erklärung aussprach, war der estnische Staatspräsident Lennart Meri. Am 3. Oktober 1995 in Berlin unterstrich Meri die bedeutenden wirtschaftlichen und kulturellen Leistungen der Volksdeutschen zugunsten der baltischen Staaten während ihrer 700jährigen Siedlungszeit in Estland, Lettland und Litauen und lud Menschen, die aufgrund des Hitler-Stalin-Pakts von 1939 vertrieben worden waren, sowie ihre Nachkommen dazu ein, sich wieder in Estland niederzulassen und die estnische Staatsangehörigkeit anzunehmen. Ferner sagte Meri:

»*Zu den europäischen Grundsätzen gehört das Recht auf die Heimat [...]. Als Präsident Estlands will ich [...] der deutschen Öffentlichkeit versichern, daß Estland ein weltoffenes Land ist, wo das Recht auf die angestammte Heimat ebenso bewahrt ist wie die sämtlichen Rechte, die eine* Conditio humana *auch in der Tat menschenwürdig gestalten. Estland ist und bleibt offen allen Deutschen, die heute willig sind, von ihrem Recht auf ihre Heimat Gebrauch zu machen.«*[306]

Lennart Meri gehört zu den Zehntausenden von Esten, die 1941 in die Sowjetunion deportiert wurden, und er durfte erst viele Jahre später in die Heimat zurück. Er war noch ein Kind, als Sowjetsoldaten seine Familie am 14. Juni 1941 verschleppten. Am 5. September 1999 wiederholte Meri in Stuttgart seine in Berlin ausgesprochene Einladung an die vertriebenen Baltendeutschen:

»Genauso aufrichtig ist unser Wunsch, die abgerissenen Fäden wieder zu knüpfen, unserer gemeinsamen Ostsee ihre alte historische Rolle wieder zu geben, diesmal aber als ein europäisches Binnenmeer, und Ihnen allen, die Sie Ihre Wurzeln in Estland haben, aufrichtig zu sagen: Von ganzem Herzen willkommen.«[307]

Ähnlich äußerte sich der litauische Präsident Brazauskas bei einem Staatsbesuch in Bonn, als er die Deutschbalten zur Rückkehr nach Litauen einlud, wo sie die Staatsbürgerschaft erlangen und noch vorhandenes Eigentum zurückerhalten könnten.[308]

2. Ungarn

Am 3. Oktober 1996 lud der ungarische Ministerpräsident Gyula Horn die Ungarndeutschen ein zurückzukehren. Er sagte beim zentralen Festakt der Bundesrepublik Deutschland anläßlich des Tages der Deutschen Einheit:

»Die ungarisch-deutschen und deutsch-ungarischen Beziehungen haben neben vielen anderen auch einen speziellen emotionalen Aspekt. Nach [osmanischer] [...] Besatzungszeit und einem über das Land fegenden Krieg wurden in den verwüsteten, entvölkerten Gebieten des

damaligen Ungarn Schwaben und Sachsen angesiedelt, damit sie das Land bevölkern und durch ihre Kultur bereichern. Nicht nur die Geschichte, auch die ungarische Literatur bezeugt, daß die Nachfahren der Ansiedler in Ungarn eine wahre Heimat gefunden haben […]. Eine verwerfliche Folge des für alle Völker verheerenden Zweiten Weltkriegs war die kollektive Brandmarkung und ungerechte Behandlung der in Ungarn lebenden deutschen Minderheit […]. Ungarn heißt die Ausgesiedelten und deren Nachfahren als Familienmitglieder willkommen. Kommen Sie und bringen Sie möglichst viele Freunde mit. Die Bürger Deutschlands können in Ungarn jederzeit mit Achtung und echter Gastfreundschaft rechnen.«[309]

Auf der wissenschaftlichen Tagung der Ungarndeutschen am 27. September 1996 in Budapest sagte der Staatspräsident der Republik:

»Der Leidensweg der Ungarndeutschen war keine isolierte Erscheinung im Nachkriegseuropa, vielmehr aber Teil und Folge des Vorpreschens des hitlerischen Wahnsinns […]. Wenn Sie mich fragen, dann hat Ungarn mit der Aussiedlung der Ungarndeutschen sehr viel verloren, vor allem in moralischer Hinsicht […]. Bis zum Auftreten Hitlers war die Heimattreue der Ungarndeutschen nicht zu bezweifeln. Sie waren stark mit der ungarischen Erde verwurzelt, ihre deutsche Identität war nie stärker als ihr Zugehörigkeitsgefühl zum ungarischen Staat. Die Arbeitskultur, der Fleiß der ungarndeutschen Bauern war beispielhaft. Ihr Fehlen ist ein Verlust für die ungarische Wirtschaft […]. Nach unserem derzeitigen Wissen sind von den Ungarndeutschen mehr als eine Viertelmillion Verluste zu beklagen: 64 000 wurden mit der deutschen Wehrmacht evakuiert und blieben im Westen; die Zwangsaussiedlung wird auf 163 000 geschätzt; die Zahl der Todesopfer beläuft sich auf ca. 27 000.«[310]

3. Rumänien

Obwohl die etwa 700 000 Rumäniendeutschen nicht dasselbe Vertreibungsschicksal erlitten wie etwa die Sudetendeutschen oder die Ungarndeutschen, wurden etwa 100 000 zu Zwangsarbeit in die Sowjetunion verschleppt und viele anschließend nicht nach Rumänien, sondern in die DDR repatriiert.[311] Die noch in der Heimat Verbliebenen litten während der Jahrzehnte des Kommunismus unter Schikanen und Diskriminierung. Deshalb haben Hunderttausende die Heimat verlassen, um in die Bundesrepublik Deutschland zu gelangen. Erst nach dem Fall des Kommunismus wurde dieser Verlust bemerkt.

Am 18. Mai 1997 richtete die rumänische Regierung durch ihren Minister für Europäische Integration, Professor Herlea, folgendes Grußwort an die Siebenbürger Sachsen bei ihrem Treffen in Dinkelsbühl 1997:

»*Die Zeit ist da, gemeinsam die Wahrheit dieser Ära aufzuklären und das Unrecht zu bemessen. Die Normalität kehrt wieder in Rumänien ein, weil der politische Wille jetzt wirksam ist, einen Rechtsstaat aufzubauen, in dem alle die gleichen Rechte und Pflichten haben. Dazu gehört, daß ihnen, die in Rumänien geboren wurden, und ihren Nachkommen, die noch starke Bindungen an ihre Herkunft haben, die Möglichkeit offensteht, wieder die Lebensfreude in ihrer ursprünglichen Heimat zu genießen. Ich grüße Ihre Versammlung von Herzen in der Hoffnung, daß Sie häufig wieder nach Siebenbürgen kommen und daß einige sich wieder ansiedeln werden.*«[312]

Im Oktober 1997 erklärte der rumänische Nationalitätenminister György Tokay vor der Arbeitsgruppe »Vertriebene und Flüchtlinge« der CDU/CSU-Bundestagsfraktion, ein geeintes Europa könne nur mit den verschiedenen Nationalitäten gemeinsam geschaffen werden. Er betonte, sein Land bedauere sehr, durch die Auswanderung der

Rumäniendeutschen in den vergangenen Jahrzehnten mehr Menschen verloren zu haben als im Krieg. Rund 450 000 Deutsche hätten Rumänien verlassen. Auf die Frage der Abgeordneten Erika Steinbach teilte Tokay mit, daß es bisher nur Einzelfälle einer Rückkehr von Rumäniendeutschen gebe – 1000 insgesamt –, die aus persönlichen Gründen zurückgekehrt seien. Mit der Annährung und Übernahme der europäischen Standards in allen Bereichen erhoffe sich Rumänien eine erhöhte Motivation der Rumäniendeutschen und sonstigen ausgewanderten Rumänen, zurückzukehren und zu investieren. Es seien Lösungen anzustreben, bei denen man Bundesbürger bleiben könne. Rumänien akzeptiere zum Beispiel die doppelte Staatsangehörigkeit.[313]

Noch deutlicher drückte es Rumäniens Präsident Emil Constantinescu aus: »Die Rückkehr der Rumäniendeutschen ist eines der wichtigsten Ziele unserer Politik.«[314]

4. Rußland/Ostpreußen

Anläßlich der Deutschlandtreffen der Ostpreußen 1997 zu Pfingsten in Düsseldorf hat der Bürgermeister der Stadt Königsberg (Kaliningrad) Igor Koschemjakin, eine bemerkenswerte Einladung ausgesprochen:

»Ich wende mich an Sie, wenn der Wiederaufbau dieser schönen Stadt Ihnen am Herzen liegt, mit aller Kraft wieder gemeinsam aufzubauen, damit Ihre und unsere Kinder wieder die Schönheit dieser Stadt sehen können.«

5. Zusammenfassung

Obwohl mehrere osteuropäische Politiker das Recht auf die Heimat anerkennen und die Deutschen einladen zurückzukehren, taten das nur wenige Deutsche. Wie bei allen Rechten ist auch das Rückkehrrecht eine Option, die das Individuum ausüben kann, aber nicht muß. Die Nichtausübung eines Rechts bedeutet aber nicht, daß das Recht verwirkt ist.

Leider haben andere osteuropäische Politiker das Rückkehrrecht nicht anerkannt. Dies ist insofern besorgniserregend, als das Recht auf die Heimat zum europäischen Mindeststandard für Menschenrechte gehört. Kein Staat, der die Europäische Menschenrechtskonvention ratifiziert hat, kann das Recht auf die Heimat ignorieren.

Das sog. Niederlassungsrecht innerhalb der Europäischen Union hat weder juristisch noch historisch etwas mit dem Recht auf die Heimat zu tun. Letzteres darf nicht mit Hinweis auf politische Abmachungen der Europäischen Union verwässert werden, denn es geht um ein Kern-Menschenrecht.

III. Entschädigung

Aus den obengenannten Gründen und gemäß Artikel 8 der Erklärung der UN-Unterkommission (Al-Khasawneh-Bericht), haben Vertriebene nicht nur einen Anspruch auf Rückkehr in die Heimat, sondern auch einen Anspruch auf eine angemessene Entschädigung:

»Die Ausübung des Rückkehrrechts schließt das Recht der Opfer auf angemessene Wiedergutmachung nicht aus, einschließlich der Rückgabe von Gütern, die ihnen im Zusammenhang mit dem oder als Ergebnis des Bevölkerungstransfers entzogen wurden.«

Entschädigung kann auf verschiedene Weise erreicht werden. Bei gutem Willen und ausreichender Entschlossenheit auf allen Seiten müssen sich die Ansprüche von Anspruchstellern, die um Grundstücke konkurrieren, vereinbaren lassen. Der Staat könnte zum Beispiel Fonds etablieren oder Gutscheine (Vouchers) ausgeben, die für Ersatzwerte eingetauscht werden könnten.

Der Sicherheitsrat der Vereinten Nationen hat mehrere Resolutionen bezüglich des Vertriebenenproblems im Gebiet des ehemaligen Jugoslawiens angenommen. Das Prinzip der Entschädigung gilt sowohl für die vertriebenen Bosnier als auch für die geflüchteten Serben aus der Krajina.[315]

A. Zypern

In seinem Urteil vom 18. Dezember 1996 stellte der Europäische Gerichtshof für Menschenrechte im Fall *Loizidou vs. Türkei* fest, daß die Konfiskation von Privateigentum im Norden Zyperns die Europäische Menschenrechtskonvention verletzt und daß Frau Loizidou, die aus dem Norden Zyperns vertrieben wurde, ein Recht auf Restitution hat: »... the denial of access to the applicant's property and consequent loss of control thereof is imputable to Turkey« und ferner: »... there has been a breach of Article 1 of Protocol 1«[316] (siehe Kapitel 4).

Es ist zu hoffen, daß der Europarat dafür Sorge tragen wird, daß dieses Urteil bald umgesetzt wird, denn die Glaubwürdigkeit des europäischen Systems zum Schutz der Menschenrechte hängt von der Respektierung der Entscheidungen seines höchsten Gerichts ab.[317] Man darf gespannt auf die Folgen dieses Urteils sein und auf die Untersuchung ähnlicher Fälle.

B. Ungarn

Als erster Staat im früheren Ostblock gewährt Ungarn Entschädigung für die Vermögensverluste der vertriebenen Ungarndeutschen. Das »Zweite Gesetz über die teilweise Entschädigung von zu Unrecht vom Staat den Staatsbürgern zugefügten Eigentumsschäden«, das am 8. Juni 1992 in Kraft trat, enthält diesbezügliche Regelungen. Danach sind ungarische Staatsangehörige sowie Personen, die im Zeitpunkt des Schadenseintritts ungarische Staatsangehörige waren und die aufgrund der Anordnung

12330/45 ME und der Regierungsanordnung 12220/1947 ausgesiedelt wurden, entschädigungsberechtigt. Wer von den deutschen Volkszugehörigen durch Anordnung 600/1945 oder aufgrund der Bodenreform enteignet wurde, enthält eine Entschädigung. Das Gesetz findet auch auf Enteignungen im Zeitraum vom 1. Mai 1939 bis 8. Juni 1949 Anwendung.

Die Antragsfrist für die Anmeldung von Ansprüchen wurde bis zum 15. März 1994 verlängert. Die Entschädigungsbehörde gibt sog. Entschädigungsscheine aus.[318] Es mag vielleicht nicht viel gewesen sein, aber das »Zweite Gesetz über die teilweise Entschädigung von zu Unrecht vom Staat den Staatsbürgern zugefügten Eigentumsschäden« erlaubte immerhin eine gewisse Entschädigung für die Ungarndeutschen. Etwas über 22 Millionen DM wurden an knapp über 10 000 Berechtigte ausbezahlt. Hinzu kamen Beteiligungen an zu privatisierenden Betrieben. Das ist mehr als nur eine symbolische Geste, wenn auch keine *Restitutio in integrum*. Jedenfalls ist es ein guter Anfang und ein Beispiel für andere Vertreibungsländer. Denn es geht nicht um die Entschädigung selbst, sondern vor allem um die Anerkennung des Unrechts.

In diesem Sinne sollte auch auf die Praxis in Estland hingewiesen werden, wo den Estlanddeutschen Naturalrestitution angeboten wird.

C. Kroatien

Obwohl keine Rechtsprechung über die Restitutionsansprüche von Jugoslawiendeuschen vorliegt, ist es angebracht, auf eine Entscheidung des kroatischen Verfassungsgerichtshofs vom 21. April 1999 hinzuweisen. Das Gericht hat nämlich jene Bestimmungen des »Gesetzes über die Entschädigung für das während der jugoslawischen kommunistischen Herrschaft entzogene Vermögen« (Entschädigungsgesetz) vom 11. Oktober 1996 aufgehoben, die vorsahen, daß ausschließlich kroatische Staatsbürger Wiedergutmachungsanträge stellen können und ausländische Staatsbürger nur dann anspruchsberechtigt sind, wenn dies durch ein zwischenstaatliches Abkommen geregelt ist. In seinem Urteil stellte das Gericht fest, daß die Bestimmungen des Entschädigungsgesetzes, die ausländischen natürlichen Personen nicht gestatten, einen Antrag auf Entschädigung oder Rückgabe ihres enteigneten Vermögens zu stellen, den in der kroatischen Verfassung garantierten Grundsatz der Gleichheit aller Bürger vor dem Gesetz verletzen. Weiterhin hob das Gericht jene Bestimmungen des Entschädigungsgesetzes auf, die das Vorkaufsrecht der früheren Eigentümer nationalisierter Wohnungen regeln. Außerdem stellte der Verfassungsgerichtshof fest, daß der Gesetzgeber innerhalb eines Jahres Vorschriften erlassen muß, die ausländischen natürlichen Personen grundsätzlich das Recht einräumen, eine Entschädigung oder die Rückgabe ihres enteigneten Vermögens zu fordern.

D. Politische Erklärungen zum Recht auf Restitution

In diesem Zusammenhang lohnt es sich, auf eine Resolution des Repräsentantenhauses des Kongresses der Vereinigten Staaten vom 13. Oktober 1998 hinzuweisen. Dort heißt es:

»Die der Organisation für Sicherheit und Zusammenarbeit in Europa beigetretenen Staaten haben vereinbart, die volle Anerkennung und den Schutz aller Arten von Eigentum sowie den Schutz des Rechts auf unverzügliche, gerechte und effektive Entschädigung im Falle einer widerrechtlichen Enteignung von Privateigentum zur Nutzung für öffentliche Zwecke zu erzielen und zu wahren […].

Die Länder Zentral- und Osteuropas, des Kaukasus und

Zentralasiens sind nach dem Kommunismus im Übergang zur Demokratie begriffen. Viele Länder begannen bereits mit dem schwierigen und schmerzlichen Versuch, das Unrecht der früheren totalitären Staaten wiedergutzumachen […].

Staaten, die dies bisher noch nicht getan haben, [werden] aufgefordert, wiederrechtlich enteigneten Besitz den rechtmäßigen Eigentümern zurückzugeben oder, wenn eine Rückgabe nicht möglich ist, unverzüglich eine rechtmäßige und rechtswirksame Entschädigung zu bezahlen in Übereinstimmung mit den Grundsätzen der Gerechtigkeit und in einer Weise, die gerecht, allgemeinverständlich und fair ist […].

Kroatien, die Tschechische Republik, Lettland, Litauen, Rumänien, die Slowakei und sonstige Nationen, deren Gesetze oder Verordnungen die Rückgabe von oder die Entschädigung für unrechtmäßig enteignetes Vermögen auf Personen beschränkt, die im Land wohnen oder Staatsangehörige des Landes sind, von dem Rückgabe oder Entschädigung verlangt wird, [werden] aufgefordert, diese Einschränkungen aufzuheben […].«

Es bleibt abzuwarten, wie politische Erklärungen wie diese auf die Vertreiberstaaten wirken, damit sie nicht nur das Rückkehrrecht, sondern auch Restitution gewähren.

Kapitel 6: Organe und ihre Verfahren

»Jeder Vertragsstaat des Paktes, der Vertragspartei dieses Protokolls wird, erkennt die Zuständigkeit des Ausschusses für die Entgegennahme und Prüfung von Mitteilungen seiner Herrschaftsgewalt unterstehenden Einzelpersonen an, die behaupten, Opfer einer Verletzung eines in dem Pakt niedergelegten Rechts durch diesen Vertragsstaat zu sein.«

Artikel 1 des Fakultativprotokolls zum Internationalen Pakt über bürgerliche und politische Rechte

Internationale Kommissionen und Ausschüsse

Um das Recht auf die Heimat wirksam zu schützen, genügen leider nicht die Normen und die Jurisprudenz. Kontrollmechanismen für die ständige Aufsicht über die Einhaltung der Normen und effektivere Implementierungsprogramme sind nötig.

Dieses Kapitel bietet einen Überblick über die bereits existierenden Aufsichtsmechanismen, die unbedingt gestärkt werden sollten. Menschenrechtsaktivisten in der ganzen Welt, *Non-Governmental Organisations (NGO)* und vor allem die Opfer und potentiellen Opfer von Diskriminierung und Vertreibung sollten diese Mechanismen kennen und einsetzen lernen. Das System des Menschenrechtsschutzes kann erst wirksam funktionieren, wenn die Opfer es in Anspruch nehmen. Somit dürfen die Opfer nicht schweigen und ihr Leiden einfach hinnehmen. Gerade im Hinblick auf weitere Opfer müssen Menschenrechtsverletzungen stets angezeigt und verurteilt werden. Es ist eine wichtige bürgerliche Pflicht, Menschenrechtsverletzungen vor nationale, regionale und internationale

Organe zu bringen, um dafür zu sorgen, daß diese Menschenrechtsverletzungen gestoppt bzw. verhindert und die Täter zur Verantwortung gezogen werden.

Vielleicht könnten bessere Mechanismen geschaffen werden, um das Recht aller Menschen und Völker dieser Erde auf die Heimat zu verwirklichen. Vor allem müßten von den Vereinten Nationen und anderen universellen und regionalen Organisationen Präventivstrategien entwickelt werden, um künftige Vertreibungen zu verhindern, und es müßten kurative Maßnahmen getroffen werden, damit Vertreibungsopfer das Rückkehrrecht ausüben sowie Schadenersatz erhalten können.

Der Sonderberichterstatter der UN-Unterkommission Awn Shawkat Al-Khasawneh, heute Richter am Internationalen Gerichtshof, hat in seinem Schlußbericht 1997[319] vorgeschlagen, eine Arbeitsgruppe zu bilden, die sowohl präventiv als auch kurativ wirken soll. Diese Arbeitsgruppe soll die Ansätze von Vertreibungen erkennen, um ihnen durch den Einsatz der Vereinten Nationen und auch der regionalen Organisationen Einhalt zu gebieten. Ferner soll sie bei der freiwilligen Repatriierung von Vertriebenen helfen, und zwar in Kooperation mit dem Büro des Hochkommissars für Flüchtlinge und mit internationalen Organisationen wie der Internationalen Organisation für Migration (IOM). Darüber hinaus soll ein Sonderfonds gebildet werden, um den Opfern von Vertreibungen eine gewisse finanzielle Hilfe zu gewähren.

Da der Al-Khasawneh-Bericht sowohl von der UN-Menschenrechtskommission als auch vom Wirtschafts- und Sozialrat (ECOSOC) angenommen worden ist, ist zu erwarten, daß früher oder später diese Arbeitsgruppe ins Leben gerufen wird.

Präventivstrategien

Da Vertreibungen eine Gefahr für den Frieden und für die Sicherheit der Welt darstellen, ist es vornehmlich die Aufgabe des UN-Sicherheitsrates, dafür zu sorgen, daß Vertreibungen nicht stattfinden.

Der Sicherheitsrat hat eine klare Position bezüglich der ethnischen Säuberungen im ehemaligen Jugoslawien bezogen, aber er hat nur reagiert, nachdem die Krise bereits entstanden war. Für die Opfer wäre es wichtiger gewesen, wenn die Vereinten Nationen die richtigen Entscheidungen und Maßnahmen getroffen hätten, um die Vertreibungen zu verhindern. Um präventiv wirken zu können, müßten die Vereinten Nationen ein besseres »early warning«- oder »Frühwarn-System« entwickeln.

Das UN-System zur Förderung der Menschenrechte verfügt über ein Hochkommissariat für Menschenrechte[320] in Genf, ein Hochkommissariat für Flüchtlinge[321], ebenfalls in Genf, sowie über Kommissionen, Ausschüsse, Arbeitsgruppen und Sonderberichterstatter, die in der Lage sind, Informationen über sich anbahnende Krisen rechtzeitig zu bekommen und Empfehlungen zu formulieren.

Das Amt des Hochkommissars für Menschenrechte und natürlich der UN-Generalsekretär können solche Informationen, verbunden mit Empfehlungen, an den UN-Sicherheitsrat weiterleiten. Gemäß Artikel 39 der UN-Charta (Kapitel VII) stellt der Sicherheitsrat fest,

»ob eine Bedrohung oder ein Bruch des Friedens oder eine Angriffshandlung vorliegt; er gibt Empfehlungen ab oder beschließt, welche Maßnahmen aufgrund der Artikel 41 und 42 zu treffen sind, um den Weltfrieden und die internationale Sicherheit zu wahren oder wiederherzustellen«.

Gemäß Artikel 41 können wirtschaftliche Sanktionen verhängt werden.[322] Gemäß Artikel 42 kann der Sicherheitsrat

»mit Luft-, See- oder Landstreitkräften die zur Wahrung oder Wiederherstellung des Weltfriedens und der internationalen Sicherheit erforderlichen Maßnahmen durchführen«[323].

Das Vetorecht[324] der fünf ständigen Mitglieder des Sicherheitsrates normiert in Artikel 27 Absatz 3 der UN-Charta, kann aber den Sicherheitsrat in vielen Fällen daran hindern, wirksame präventive Maßnahmen zu ergreifen. Deshalb haben andere internationale Organisationen wie die NATO[325] militärische Aktionen unternommen, manchmal sogar ohne Zustimmung des Sicherheitsrates, um den ethnischen Säuberungen ein Ende zu bereiten, etwa im ehemaligen Jugoslawien[326].

Kurativmaßnahmen

Auch hier hat der UN-Sicherheitsrat eine Rolle zu spielen. In etlichen Resolutionen hat der Sicherheitsrat zum Beispiel die Rückkehr von Vertriebenen gefordert, etwa die der Vertriebenen oder geflohenen griechischen Zyprioten, Afghanen, Hutus, Serben aus der Krajina, Kroaten aus Serbien und Bosnien-Herzegowina, Muslimen aus Bosnien-Herzegowina und Kroatien oder der Albaner aus dem Kosovo.

Eine behauptete »Kollektivschuld« einer Volksgruppe bedeutet nicht, daß diese Volksgruppe das Recht, in die Heimat zurückzukehren, verloren hat. Darum hat der Sicherheitsrat auch das Recht der Serben auf Rückkehr in die Krajina und der Hutus nach Ruanda anerkannt.

I. Internationaler Gerichtshof in Den Haag[327]

Individuen oder Gruppen können nicht vor dem Internationalen Gerichtshof klagen. Nach dem Statut des Gerichtshofes sind nur Staaten dazu befugt. Staaten können natürlich die Rechte ihrer Bürger vertreten, und so könnte eine Frage über das Recht auf die Heimat vor den IGH kommen. Besonders wichtig, wie im Falle der ethnischen Säuberungen im ehemaligen Jugoslawien[328], ist Artikel 41 des Statuts, welcher besagt:

»*1. Der Gerichtshof ist befugt, wenn er es nach den Umständen für erforderlich hält, diejenigen vorsorglichen Maßnahmen zu bezeichnen, die zur Sicherung der Rechte der Parteien getroffen werden müssen.*
2. Vorbehaltlich der endgültigen Entscheidung werden diese Maßnahmen den Parteien und dem Sicherheitsrat umgehend angezeigt.«

Ein weiteres Problem der Wirkungsmöglichkeit des IGH liegt darin, daß sich nicht alle Staaten der obligatorischen Gerichtsbarkeit gemäß Artikel 36 des Statuts unterworfen haben. In diesen Fällen kann eine Rechtssache gegen einen Staat nur dann verhandelt werden, wenn sich der Staat spezifisch damit einverstanden erklärt.

Gemäß Artikel 96 der UN-Charta und Artikel 65 des Statuts kann der IGH zu jeder Rechtssache auf Antrag des Sicherheitsrates, der Generalversammlung oder anderer durch die Generalversammlung ermächtigten UN-Organen (bisher sechs Organe und 17 Sonderorganisationen der UN) ein Gutachten abgeben, zum Beispiel zur Frage, ob ein bestimmter Tatbestand eine Verletzung des Selbstbestimmungsrechts der Völker darstellt. Staaten sind hingegen nicht befugt, Gutachten zu beantragen.

II. UN-Hochkommissar für Menschenrechte

Gemäß der Resolution der Generalversammlung Nr. 48/141 vom 20. Dezember 1993 soll das Amt des Hohen Kommissars für Menschenrechte sämtliche Aktivitäten der Vereinten Nationen im Bereich der Menschenrechte koordinieren. Gemäß Absatz 4 (f) der Resolution soll der Hochkommissar eine tatkräftige Rolle spielen, um Hindernisse auf dem Weg zur Verwirklichung der Menschenrechte zu beseitigen. Noch wichtiger ist, daß er gemäß Absatz 4 (g) den Dialog mit den Staaten zu suchen hat und seine Initiativen zum Schutz der Menschenrechte vorlegt. Ferner soll das Amt präventiv wirken (»preventing the continuation of human rights violations in the world«).

Somit hat dieses Amt die Aufgabe, durch die Ausübung seiner diplomatischen Vermittlerrolle dazu beizutragen, daß ethnische Spannungen nicht zu Konflikten ausarten. Das Amt kann auch seine »guten Dienste« anbieten, um die freundliche Beilegung von Konflikten zu erreichen. Die Erfolge der »guten Dienste« des Amtes werden allerdings selten bekannt, denn sie werden durch den persönlichen diplomatischen Einsatz des Hochkommissars bzw. der Hochkommissarin erzielt, der meistens diskret bleiben muß, um erfolgreich zu sein.

Die Adresse lautet: United Nations High Commissioner for Human Rights, Palais Wilson, CH-1211 Genf 10, Fax: 00 41/22/9 17 90 11.

III. UN-Hochkommissar für Flüchtlinge

Seit dem Inkrafttreten der Genfer Flüchtlingskonvention von 1951 und der Schaffung des Flüchtlingshochkommissars kommt diesem Amt eine immer wichtiger werdende Rolle zu.

In 50 Jahren ist durch das Amt des Flüchtlingshochkommissars Bedeutendes geleistet worden. Es sind nicht nur Millionen Flüchtlinge und Vertriebene mit Zelten und Nahrungsmitteln versorgt worden, sondern es wurden auch langfristige Lösungen gesucht und großangelegte Repatriierungen organisiert.

Das Exekutivkomitee des Flüchtlingshochkommissars hat viele Entscheidungen getroffen, die für diese Studie von Bedeutung sind. Immer wieder wird das Recht auf Repatriierung unterstrichen. Die Conclusion of the Executive Committee 1986, No. 40 (XXXVI) Voluntary Repatriation, bekräftigt: »... the basic rights of persons to return voluntarily to the country of origin.« Ähnlich lauten die Conclusions on International Protection and Related Issues, 45th Session of the UNHCR Executive Committee (Okt. 1994): »... calls upon countries of origin, countries of asylum, UNHCR and the international community to do everything possible to enable refugees to exercise freely their right to return home in safety and in dignity.«

Die Adresse lautet: Mr. Lubbers Rund, Hochkommissar für Flüchtlinge, P. O. Box 2500, CH-1211 Geneva Depot 2, Tel.: 00 41/22/7 39 81 11.

IV. UN-Menschenrechtsorgane mit vertraglichen Kompetenzen

Es gibt mehrere UN-Expertenkomitees, deren Kompetenzen, die sich aus ihren jeweiligen Verträgen ableiten, darin bestehen,

a) Berichte von den Staaten zu verlangen und zu beraten,
b) Staatenbeschwerden zu untersuchen und Schlichtungsempfehlungen zu unterbreiten sowie
c) Beschwerden von Individuen oder Gruppen zu untersuchen, um festzustellen, ob der Staat die Rechte dieser Menschen verletzt hat.

A. UN-Menschenrechtsausschuß

Der UN-Menschenrechtsausschuß wurde 1976 aufgrund des Internationalen Paktes über bürgerliche und politische Rechte[329] vom 19. Dezember 1966 (in Kraft seit dem 23. März 1976) geschaffen. Er ist ein Expertenkomitee mit 18 Mitgliedern, zumeist Richter oder Professoren des Völkerrechts, und hat seit 1977 eine beachtliche Anzahl von Staatenberichten beraten sowie Individualbeschwerden untersucht. Anfang 2001 gab es 148 Vertragsstaaten. Der Ausschuß tagt dreimal im Jahr jeweils für vier Wochen und hält die Frühlings-Sitzungsperiode in New York, die Sommer- und Herbst-Sitzungsperioden jeweils in Genf ab.

1. Staatenberichte

Zur Kontrolle der Einhaltung von Verpflichtungen der Staaten auf dem Gebiet der Menschenrechte sieht der Pakt über bürgerliche und politische Rechte unter anderem Berichtspflichten der Vertragspartner gemäß Artikel 40 des Paktes vor.

Die Untersuchung der Situation in einem Staat gemäß dem Berichtsverfahren kann sich als präventiv erweisen, indem die Voraussetzungen für Vertreibung bzw. ethnische Säuberung von den UN-Aufsichtsorganen frühzeitig entdeckt und verurteilt werden können. Allerdings wird kein Vertragsstaat, der eine Vertreibung im Sinn hat, einen Bericht darüber vorlegen oder sich nach Genf begeben, um mit den 18 Experten zu verhandeln.

Dennoch hat der Ausschuß versucht, die ethnischen Säuberungen im ehemaligen Jugoslawien zu verhindern. Am 7. Oktober 1992 bat der Ausschuß, unter Bezugnahme auf Artikel 40 des Paktes, die Regierungen von Bosnien-Herzegowina, Kroatien und Jugoslawien um Sonderberichte zur menschenrechtlichen Situation in der gespannten Lage. Alle drei Staaten haben Berichte vorgelegt, die am 1. bis 4. November 1992 in Genf in Anwesenheit der Delegationen diskutiert wurden.[330] Der Ausschuß hat die laufenden ethnischen Säuberungen verurteilt[331] und eine Reihe von Empfehlungen formuliert, unter anderem eine Kampagne der Sensibilisierung für die Menschenrechte, eine amtliche Absage an die Extremisten und an den Rassenhaß sowie eine Untersuchung der Verbrechen und Verurteilung der Verantwortlichen. Der nächste Bericht der Föderativen Republik Jugoslawiens liegt vor[332], aber der Ausschuß hatte noch keine Gelegenheit, ihn mit den Staatenvertretern zu beraten.

Bei der Beratung der Staatenberichte nimmt der Menschenrechtsausschuß alle verfügbaren Informationen zur Kenntnis, vor allem auch »Schattenberichte«, die seriöse *Non-Governmental Organisations (NGO)* wie Amnesty International, Equality Now, Human Rights Watch, Lawyers Committee usw. erstellen. Dies bedeutet, daß, wenn die Untersuchung eines Staatenberichts ansteht, interessierte Kreise dem Menschenrechtsausschuß einschlägige Informationen zukommen lassen können.

Adresse: c/o Hochkommissar für Menschenrechte, Palais Wilson, CH-1211 Genf 10.

Sollte ein Vertragsstaat das Recht auf die Heimat von Volksgruppen oder Minderheiten verletzt, Menschen vertrieben oder das Rückkehrrecht verweigert haben, könnten diesbezügliche Informationen an den Ausschuß gesandt werden, damit sie im Zusammenhang mit der Beratung über dem Staatenbericht diskutiert werden können.

2. *Staatenbeschwerden*

Gemäß Artikeln 41–45 des Internationalen Paktes über bürgerliche und politische Rechte[333] können Vertragsstaaten Beschwerden gegen andere Vertragsstaaten einbringen, die dann vom Ausschuß untersucht werden, allerdings nur in bezug auf jene 47 Staaten, welche die Kompetenz des Ausschusses anerkannt haben. Auch wenn bis Anfang 2001 noch keine Staatenbeschwerden eingereicht worden sind, stellt dieses Verfahren ein mögliches Druckmittel gegen Staaten dar, die das Recht auf die Heimat verletzen.

Artikel 41 normiert *inter alia:*

»Ein Vertragsstaat kann aufgrund dieses Artikels jederzeit erklären, daß er die Zuständigkeit des Ausschusses zur Entgegennahme und Prüfung von Mitteilungen anerkennt, in denen ein Vertragsstaat geltend macht, ein anderer Vertragsstaat komme seinen Verpflichtungen aus diesem Pakt nicht nach [...]. Der Ausschuß befaßt sich mit

einer ihm unterbreiteten Sache erst dann, wenn er sich Gewissheit verschafft hat, daß alle in der Sache zur Verfügung stehenden innerstaatlichen Rechtsbehelfe in Übereinstimmung mit den allgemein anerkannten Grundsätzen des Völkerrechts eingelegt und erschöpft worden sind. Dies gilt nicht, wenn das Verfahren bei der Anwendung der Rechtsbehelfe unangemessen lange gedauert hat [...]. Der Ausschuß stellt den beteiligten Vertragsstaaten seine guten Dienste zur Verfügung, um eine gütliche Regelung der Sache auf der Grundlage der Achtung der in diesem Pakt anerkannten Menschenrechte und Grundfreiheiten herbeizuführen [...].«

3. Individualbeschwerdeverfahren

Das Interessanteste in der Aktivität des Menschenrechtsausschusses ist sicherlich seine Rechtsprechung, die aus der Untersuchung von Individualbeschwerden resultiert. Anfang 2001 gab es 98 Vertragsstaaten des Protokolls. Die Urteile des Ausschusses sind zwar nicht *strictu sensu* verbindlich, aber die meisten Staaten bemühen sich, diese in die Tat umzusetzen. Um den Staaten dabei zu helfen, schuf der Ausschuß im Jahre 1990 die Funktion eines Sonderberichterstatters für die Implementierung (»Follow-up«). Der Sonderberichterstatter ist befugt, jene Staaten zu besuchen, die ihn zum Zwecke der Vermittlung bzw. der freundlichen Beilegung einladen. Solche Missionen sind mit Erfolg durchgeführt worden.[334]

Zwar sind bisher keine Fälle von laufenden Vertreibungen oder allgemein über das Recht auf die Heimat vorgelegt worden, jedoch hat der Ausschuß durchaus die Kompetenz, solche Fälle unter dem Aspekt der Verletzung des Rechts auf Leben (Artikel 6), des Rückkehrrechtes (Artikel 12), des Rechts auf ein faires Verfahren (Artikel 14), des Rechts auf Familienleben (Artikel 23), des Rechts auf Nichtdiskriminierung (Artikel 26) oder des Minderheitenrechts (Artikel 27) zu untersuchen.

Insbesondere können sich Minderheiten an den Ausschuß wenden, wenn sie Opfer einer volksverhetzenden Kampagne geworden sind. Artikel 20 des Paktes über bürgerliche und politische Rechte besagt, daß jedes Eintreten für nationalen, rassischen oder religiösen Haß, durch das zu Diskriminierung, Feindseligkeit oder Gewalt aufgestachelt wird, durch Gesetz verboten werden muß. Ferner besagt Artikel 17, daß niemand rechtswidrigen Beeinträchtigungen seiner Ehre und seines Rufes ausgesetzt werden darf. Jedermann hat Anspruch auf rechtlichen Schutz gegen solche Beeinträchtigungen.

Dringende Angelegenheiten können durch vorläufige Maßnahmen (»interim measures of protection«) behandelt werden. Artikel 86 der Verfahrensordnung besagt:

»Bevor der Ausschuß dem betroffenen Vertragsstaat seine abschließende Stellungnahme zu der Mitteilung übermittelt, kann er dem Staat mitteilen, ob seiner Auffassung nach vorläufige Maßnahmen wunschenswert sind, um nicht wiedergutzumachende Schäden für das Opfer der behaupteten Verletzung zu verhindern.«

Bisher hat der Ausschuß große Erfolge mit seinen vorläufigen Maßnahmen verbucht.

B. UN-Ausschuß zur Beseitigung aller Formen der Rassendiskriminierung (CERD)

Der der Generalversammlung der Vereinten Nationen unterstellte Ausschuß besteht aus 18 unabhängigen Sachverständigen, die sich zweimal im Jahr in Genf treffen.

Er hat Kompetenz gegenüber den 155 Staaten, die dem Internationalen Übereinkommen vom 7. März 1966 zur Beseitigung jeder Form von Rassendiskriminierung[335] beigetreten sind.

Da die Opfer von Vertreibungen meistens aus ethnischen Gründen vertrieben werden (ethnische Säuberungen!), hat CERD durchaus die Kompetenz, Vertreibungen durch das Staatenberichtsverfahren gemäß Artikel 9 sowie durch die Staatenbeschwerdeverfahren (Artikel 11–13) und Individualbeschwerdeverfahren (Artikel 14) zu prüfen.

Parallel zum Artikel 20 des Paktes über bürgerliche und politische Rechte stellt Artikel 4 des Übereinkommens gegen die Rassendiskriminierung einen Schutz gegen Rassenhetze dar. Danach verpflichten sich die Vertragsstaaten, positive Maßnahmen zu treffen, um alle rassisch diskriminierenden Handlungen zu unterbinden. Das heißt, daß eine Minderheit, die beschimpft wird, oder eine Minderheit, die einer Rufmordkampagne und einer Diskriminierung ausgesetzt ist, sich an den Ausschuß gegen die Rassendiskriminierung wenden kann.

So wie der Menschenrechtsausschuß hat der CERD bisher keine Staatenbeschwerde registriert bzw. untersucht. Was Individualbeschwerden betrifft, können sich Individuen und Gruppen an den Ausschuß wenden:

Adresse: c/o Hochkommissariat für Menschenrechte, Palais Wilson, CH-1211 Genf 10.

C. Weitere UN-Beschwerdeverfahren

Manche anderen UN-Konventionen haben die Möglichkeit der Individualbeschwerde vertraglich verankert, so zum Beispiel Artikel 22 der Konvention gegen die Folter und andere grausame, unmenschliche oder erniedrigende Behandlung und Strafe[336], beaufsichtigt vom UN-Ausschuß gegen die Folter in Genf, Artikel 24–26 der ILO-Satzung vom 20. April 1948[337], und Konvention Nr. 87, beaufsichtigt durch den ILO-Ausschuß (Committee on Freedom of Association), oder das Protokoll vom 18. Dezember 1962 über die Errichtung einer Schlichtungs- und Vermittlungskommission zum UNESCO-Übereinkommen vom 15. Dezember 1960 gegen Diskriminierung im Unterrichtswesen[338], beaufsichtigt durch eine Kommission der Organisation der Vereinten Nationen für Erziehung, Wissenschaft und Kultur in Paris.[339]

Die UNESCO wäre an sich kompetent, viele Aspekte des Rechtes auf die Heimat zu fördern. Es wäre Sache der Opfer, der Menschenrechtsaktivisten und der Vertragsstaaten, sich für die Förderung des Rechts auf die Heimat auch bei der UNESCO einzusetzen.

Hinzuweisen ist auch auf das internationale Seminar, das die UNESCO im Jahre 1981 über »Ethnozid und ethnische Entwicklung in Lateinamerika« veranstaltete. Ethnozid soll danach solche Bedingungen einschließen, die es einer ethnischen Gruppe unmöglich machte, die eigene Kultur und Sprache zu pflegen und weiterzugeben.

Die UNESCO hat auch ein Beschwerdeverfahren eingerichtet, welches vertraulich ist und worüber sehr wenige Informationen vorliegen. Beschwerdeführer können sich jedoch an die Section des Requêtes, UNESCO, Paris, wenden.

V. UN-Menschenrechtskommission

Die Menschenrechtskommission ist nicht identisch mit den obengenannten Expertenausschüssen. Sie ist das älteste UN-Organ mit Zuständigkeit für Menschenrechtsfragen und wurde 1946 in New York ins Leben gerufen. Dieses politische Organ des UN-Wirtschafts- und Sozialrates (ECOSOC) tagt einmal im Jahr für sechs Wochen (Mitte März bis Ende April) in Genf. Es hat 53 Staatenmitglieder. Das sind diejenigen Staaten, die Resolutionen über Menschen- und Volksgruppenrechte beraten, Sonderberichterstatter bestellen und Sondermissionen an Problemländer entsenden. Die Kommission arbeitet mit Unterstützung der Unterkommission für die Förderung und für den Schutz der Menschenrechte und vielen Arbeitsgruppen, wie zum Beispiel der Arbeitsgruppe über Petitionen (Working Group on

Communications), der Arbeitsgruppe über autochthone Völker (Working Group on Indigenous Populations) und der Arbeitsgruppe über die Minderheiten (Working Group on the Rights of Persons belonging to National or Ethnic, Religious or Linguistic Minorities).[340]

A. Arbeitsgruppe über Petitionen

Gemäß einer Resolution des UN-Wirtschafts- und Sozialrates (ECOSOC-Resolution 1503 (XLVIII) vom 27. Mai 1970) hat die Unterkommission für die Förderung und für den Schutz der Menschenrechte die Kompetenz, Individualbeschwerden zu prüfen, um festzustellen, ob es sich dabei um systematische Menschenrechtsverletzungen handelt (»consistent pattern or gross and reliably attested violations of human rights«). Wenn eine systematische Verletzung vorliegt, etwa in Fällen von Vertreibung oder ethnischer Säuberung, kann die Beschwerde an die UN-Menschenrechtskommission weitergeleitet werden, die dann politische Maßnahmen bestimmen kann, zum Beispiel einen Sonderberichterstatter zur weiteren Untersuchung der Situation einzusetzen.[341] Die UN-Unterkommission und die Kommission haben sich gemäß der ECOSOC-Resolution 1503 mit Hunderten von Situationen, 77 Staaten betreffend, beschäftigt.[342]

B. Arbeitsgruppe über autochthone Völker[343]

Zu den Völkern, deren Recht auf die Heimat heute am meisten bedroht wird, gehören die autochthonen Völker. Millionen sind aus ihren Ländern vertrieben worden, Millionen leben in sehr armen Verhältnissen, in ärmeren Gegenden, als es ihr angestammtes Gebiet war, andere leben sogar in sog. Reservaten.

Gemäß Resolution 48/163 vom 21. Dezember 1993 hat die Generalversammlung eine »Dekade für autochthone Völker« ausgerufen.[344] Im Rahmen dieser Dekade werden das Recht auf die Heimat der Autochthonen bekräftigt und Reparationsmaßnahmen erwogen. Eines der Ziele der Dekade ist nämlich die Verkündung einer »Declaration on the rights of indigenous people«[345] durch die Generalversammlung, die zur Zeit von einer besonderen Arbeitsgruppe der UN-Menschenrechtskommission beraten wird.[346]

1982 etablierte der Wirtschafts- und Sozialrat (ECOSOC) eine Arbeitsgruppe über autochthone Völker (Working Group on Indigenous Populations), die jedes Jahr unmittelbar vor der UN-Unterkommission für die Förderung und für den Schutz der Menschenrechte in Genf tagt. Obwohl diese Arbeitsgruppe keine Kompetenz hat, individuelle Beschwerden zu untersuchen, kann sie solche Beschwerden an den Menschenrechtsausschuß, an den Ausschuß gegen die Rassendiskriminierung oder an die Unterkommission im Rahmen des »1503-Verfahrens« weiterleiten.

1992 ernannte die Unterkommission Frau Erika Daes (Griechenland) zur Sonderberichterstatterin für die Frage der Stärkung des internationalen Respekts des kulturellen und geistigen Eigentums der autochthonen Völker. Ihr Bericht wurde im August 1993 vorgelegt.[347] Daraufhin wurden besondere Richtlinien zum Schutz des kulturellen Erbes der Autochthonen angefertigt, die zur Zeit noch nicht angenommen worden sind.

C. Arbeitsgruppe über Minderheiten

1995 wurde von der Menschenrechtskommission eine fünfköpfige Arbeitsgruppe für Minderheiten gegründet, um die Prinzipien der Erklärung über die Rechte von Angehörigen nationaler und ethischer, religiöser und sprachlicher Minderheiten zu fördern.[348] Die Arbeitsgruppe dient vor allem als Forum des Dialogs über Minderheitenfragen, in welchem Vertreter von Regierungen, Angehörige von Minderheiten und Wissenschaftler diskutieren können. Ferner bietet sie einen Mechanismus zur friedlichen und konstruktiven Lösung konkreter Konfliktsituationen und trägt so zur Konkretisierung der Prinzipien der Erklärung bei.[349]

Diese Arbeitsgruppe tagt einmal im Jahr in Genf, unmittelbar vor der Jahrestagung der Unterkommission. Sie verfaßt einen Arbeitsbericht zur Beratung in der Plenarsitzung der Unterkommission. Der derzeitige Vorsitzende der Arbeitsgruppe ist Professor Asbjorn Eide (Norwegen).[350]

VI. Europäische Konvention zum Schutz der Menschenrechte und Grundfreiheiten

A. Europäische Menschenrechtskommission

Vor dem Inkrafttreten des XI. Protokolls zur Europäischen Konvention zum Schutz der Menschenrechte und Grundfreiheiten konnten Individualbeschwerden zunächst durch die Kommission und dann durch den Gerichtshof untersucht werden. Seit dem 1. November 1998 sind die Kommission und der Gerichtshof formell zusammengefaßt worden.

Da die Kommission eine bedeutende Rechtsprechung geschaffen hat, soll an dieser Stelle nochmals auf das früher geltende Verfahren eingegangen werden.

Artikel 24 der EMRK lautete:

»Jeder vertragschließende Teil kann durch Vermittlung des Generalsekretärs des Europarates die Kommission mit jeder angeblichen Verletzung der Bestimmungen der vorliegenden Konvention durch einen anderen Hohen vertragschließenden Teil befassen.«

Dieses Verfahren wurde 1967 in bezug auf Griechenland angewandt. Ein Staatsstreich brachte im April 1967 eine

Militärjunta an die Macht. Viele Menschenrechte wurden gemäß Artikel 15 der Konvention für die »state of emergency« außer Kraft gesetzt. Menschenrechtsverletzungen, unter anderem Folter und Verhaftungen, folgten. Daraufhin haben vier Staaten, Dänemark, die Niederlande, Norwegen und Schweden, eine Staatenbeschwerde gegen Griechenland bei der Europäischen Menschenrechtskommission eingereicht.

Die Kommission befaßte sich zwei Jahre lang mit dem Fall, entschied zunächst die Zulässigkeit und befaßte sich anschließend mit den Verletzungen der Konvention. Eine Unterkommission besuchte Griechenland, um an Ort und Stelle die Situation zu klären. Am 5. November 1969 leitete die Kommission ihren Bericht an den Ministerrat des Europarates. Daraufhin kündigte Griechenland die Konvention und trat aus dem Europarat aus.[351]

Daraufhin haben europäische Banken der griechischen Regierung die Finanzierung verweigert. Erst 1974 wurde die Militärjunta von einer demokratischen Regierung abgelöst, die dem Europarat wieder beitrat und für die Untersuchung der Menschenrechtsverletzungen und für die Bestrafung einiger Militärs sorgte.[352]

Die Individualbeschwerdeverfahren der Kommission wurde im Artikel 25 verankert[353], der besagt:

»(1) Die Kommission kann durch ein an den Generalsekretär des Europarats gerichtetes Gesuch jeder natürlichen Person, nichtstaatlichen Organisation oder Personenvereinigung angegangen werden, die sich durch eine Verletzung der in dieser Konvention anerkannten Rechte durch einen der Hohen vertragschließenden Teile beschwert fühlt […].«

Mittlerweile ist eine sehr umfangreiche Jurisprudenz entstanden, die zur Unterstützung des Rechts auf die Heimat dienlich ist.

B. Der neue Europäische Gerichtshof für Menschenrechte

Der Europäische Gerichtshof für Menschenrechte wurde 1959 ins Leben gerufen. Seit dem Inkrafttreten des XI. Protokolls zur Konvention am 1. November 1998 tagt der Gerichtshof das ganze Jahr hindurch. Außerdem können nun Individuen direkt beim Gerichtshof Klage einreichen.[354]

Artikel 34 lautet:

»Der Gerichtshof kann von jeder natürlichen Person, nichtstaatlichen Organisation oder Personengruppe, die behauptet, durch eine der Hohen Vertragsparteien in einem der in dieser Konvention oder den Protokollen dazu anerkannten Rechte verletzt zu sein, mit einer Beschwerde befaßt werden. Die Hohen Vertragsparteien verpflichten sich, die wirksame Ausübung dieses Rechts nicht zu behindern.«

Bezüglich des Verfahren verweise ich auf die Website des Europäischen Gerichtshofs.

VII. Inter-Amerikanische Menschenrechtskommission und Gerichtshof

Auf der Basis der Amerikanischen Erklärung der Rechte und Pflichten der Menschen von 1948[355] können Individuen und Gruppen Beschwerden an die Inter-Amerikanische Menschenrechtskommission in Washington, D.C., richten, die darüber entscheiden kann, ob eine Verletzung der Deklaration vorliegt.

Am 22. November 1969 verkündete die O.A.S. (Organisation of American States) die Amerikanische Menschenrechtskonvention[356], die am 18. Juli 1978 in Kraft getreten ist. Für Staaten, die die Konvention ratifiziert haben, werden Beschwerden nach der Konvention beurteilt. Das Verfahren wird in den Artikeln 48–51 dargelegt. Beschwerden gegen Nicht-Vertragsstaaten werden weiterhin nach der Deklaration von 1948 beurteilt.

Die Kommission hat auch die Kompetenz, selbständige Untersuchungen durchzuführen (fact-finding) und die Staaten zu besuchen, um die Fakten festzustellen und gegebenenfalls zu versuchen, Konflikte zu schlichten und Empfehlungen zu formulieren (»gütliche Beilegung«/ »friendly settlement«, Artikel 49).

Nachdem das in den Artikeln 48–50 niedergelegte Verfahren abgeschlossen ist, kann die Kommission einen Fall an den Inter-Amerikanischen Gerichtshof in San José, Costa Rica, weiterleiten. Gemäß Artikel 61 der Amerikanischen Konvention können dem Gerichtshof nur Vertragsstaaten und die Kommission Fälle vorlegen.

VIII. Andere Organe

Aspekte des Rechts auf die Heimat können von vielen anderen universellen und regionalen Organen gefördert werden sowie dadurch an Bedeutung gewinnen, daß man sich auf internationalen Konferenzen mit ihnen beschäftigt.

A. Earth Summit, Rio de Janeiro 1992

Die United Nations Conference on Environment and Development vom Juni 1992 hat den Beitrag, den die autochthonen Völker für die Aufrechterhaltung der Umwelt geleistet haben und noch leisten, anerkannt. Darum müssen ihre Traditionen und ihr Recht auf die Heimat respektiert werden. Bei den Vereinten Nationen wurde eine Umweltkommission eingerichtet, um das Umweltprogramm (Agenda 21) in die Praxis umzusetzen. Auch dieses UN-Gremium könnte zum Schutz des Rechts auf die Heimat eingesetzt werden.

B. Die Weltbank

Auch die Weltbank kann einen Beitrag zum Recht auf die Heimat leisten, indem sie finanzielle Mittel an Staaten blockiert, die das Recht auf die Heimat verletzen. Insbesondere muß darauf geachtet werden, daß Entwicklungsprojekte, die von der Weltbank finanziert werden, nicht mit Bevölkerungsverschiebungen verbunden sind.

Im September 1991 hat die Weltbank ihre Operational Directive 4.20 angenommen, um darauf zu achten, daß autochthonen Völkern mit Entwicklungsprojekten geholfen wird, und um zu vermeiden, daß die Umwelt der Autochthonen vernichtet wird.

C. Weltkonferenzen

Das Recht auf die Heimat ist durchaus ein Thema für die Tagesordnung von Weltkonferenzen. So fanden 1978 und 1983 Weltkonferenzen gegen den Rassismus in Genf statt. Im August/September 2001 wird eine Fortsetzung in Südafrika veranstaltet. Da Vertriebene zumeist Opfer von Diskriminierung sind, können ihre Probleme solchen Konferenzen anvertraut werden.

In den Jahren 1978 (in Teheran) und 1993 (in Wien) wurden Weltkonferenzen für die Menschenrechte abgehalten. Obwohl die Frage der Vertreibung bisher von diesen Weltkonferenzen kaum zur Kenntnis genommen worden ist, müßte dies im Hinblick auf die ethnischen Säuberungen im ehemaligen Jugoslawien unbedingt auf die Tagesordnung der nächsten Weltkonferenz.

IX. Besondere Beispiele

A. Das Recht auf die Heimat der Palästinenser

Ein immer wieder angeführtes Beispiel für die Beschäftigung der Vereinten Nationen mit dem Recht auf die Heimat ist das Problem der Palästinenser.

In der Resolution 3236 (XXIX) vom 22. November 1974 erkannte die Generalversammlung das Recht der Palästinenser auf Selbstbestimmung sowie ihr Recht auf nationale Unabhängigkeit und Souveränität und die Beteiligung der Palästinenser bei der Herbeiführung eines gerechten und dauerhaften Friedens in der Region an. Die PLO wurde von den Vereinten Nationen als offizieller Vertreter der Palästinenser anerkannt und erhielt Beobachterstatus (GA-Resolution 3237 (XXIX) vom 22. November 1974). Im Jahr 1975 erließ die Generalversammlung Resolutionen, in denen es um die Unterstützung der Palästinenser bei der Ausübung ihres Rechtes auf Selbstbestimmung einschließlich der Errichtung eines unabhängigen Staates ging (GA-Resolution 3375 (XXX) vom 10. November 1975).

In der Resolution 3376 (XXX) vom 10. November 1975 wurde beschlossen, einen Sonderausschuß für die »Ausübung der unveräußerlichen Rechte des palästinensischen Volkes« zu errichten, welcher seine Arbeit am 26. Februar 1976 aufnahm. Ähnliche Initiativen im Sicherheitsrat scheiterten am Veto der Vereinigten Staaten. Um einen Schutz der Palästinenser in den von Israel besetzten Gebieten zu gewährleisten, konzentrieren sich die Bemühungen der Vereinten Nationen darauf, Israel zur vollen Anwendung der 4. Genfer Konvention zu bewegen, welche die Seßhaftmachung von eigenen Siedlern in besetzten Gebieten verbietet.[357]

Erwähnen sollte man auch die direkte Hilfe an die Opfer durch das Hilfswerk der Vereinten Nationen für Palästinaflüchtlinge im Nahen Osten (United Nations Relief and Works Agency for Palestine Refugees[358]) sowie die politischen Bemühungen für das Selbstbestimmungsrecht der Palästinenser durch den Sonderausschuß der UN-Generalversammlung zur Untersuchung israelischer Praktiken, die die Menschenrechte des palästinensischen Volkes und anderer Araber der besetzten Gebiete beeinträchtigen (Special Committee to Investigate Israeli Practices Affecting the Human Rights of the Palestinian People and Other Arabs of the Occupied Territories).

B. Menschenrechtskammer Bosnien-Herzegowina

Für die Opfer der ethnischen Säuberungen in Bosnien-Herzegowina wurde 1996 eine Human Rights Chamber in Sarajevo gemäß Annex 6 des Dayton-Abkommens ins Leben gerufen. Dabei handelt es sich um eine gerichtliche Instanz, die über die Rückkehr der Opfer und über Reparationen berät. Seit 1996 hat die Kammer über 1500 Fälle behandelt und viele Urteile veröffentlicht, in welchen die Rückgabe von Häusern, Wohnungen, Land usw. beschlossen worden ist[359] (siehe Kapitel 4).

X. Andere UN-Instanzen und regionale internationale Organisationen, die weitere Schutz- und Aufsichtsmöglichkeiten bieten

- der UN-unabhängige Experte für das Recht auf Restitution, Schadenersatz und Rehabilitierung der Opfer von Menschenrechtsverletzungen[360]
- der UN-Sonderberichterstatter über moderne Formen des Rassismus, der Rassendiskriminierung, der Fremdenfeindlichkeit und damit zusammenhängender Intoleranz (Special Rapporteur on contemporary forms of racism, racial discrimination, xenophobia and related intolerance)
- der UN-Sonderberichterstatter gegen die religiöse Intoleranz (Special Rapporteur on religious intolerance)
- der Menschenrechtskommissar des Europarates[361]
- die Organisation für Sicherheit und Zusammenarbeit in Europa (OSZE)
- der Minderheitenkommissar der Organisation für Sicherheit und Zusammenarbeit in Europa (OSZE)[362]
- die Kommission der Europäischen Union
- der Beratende Ausschuß des Rahmenübereinkommens zum Schutz nationaler Minderheiten des Europarates[363]

Das Recht auf die Heimat soll von allen diesen Organen und Verfahren geschützt werden. Je mehr diese Kontrollmechanismen in Anspruch genommen werden, um so mehr erstarkt die Kultur der Menschenrechte und um so schwerer wird es für Politiker, das Recht auf die Heimat zu mißachten.

»In schlimmster Weise vergeht man sich gegen das Recht des geschichtlich Gegebenen und überhaupt gegen jedes menschliche Recht, wenn man Völkerschaften das Recht auf das Land, das sie bewohnen, in der Art nimmt, daß man sie zwingt, sich anderswo anzusiedeln.«[364]

Albert Schweitzer, anläßlich der Verleihung des Friedensnobelpreises 1954

Schlußbemerkungen

Das völkerrechtliche Verbot des Völkermordes beruht auf der Anerkennung des Rechts auf Leben, das Folterverbot auf der Menschenwürde, das Gewaltverbot[365] auf dem Recht auf Frieden, und das Vertreibungsverbot auf dem Recht auf die Heimat.

Die Tatsache, daß sich im 20. Jahrhundert Völkermorde, Folter, Kriege und Vertreibungen ereignet haben, bedeutet nicht, daß es die positiven Rechte auf Leben, Menschenwürde, Frieden und Heimat nicht gibt. Die Rechtsprechung des Internationalen Gerichtshofes, des Nürnberger Tribunals, des Internationalen Kriegsverbrechertribunals für das ehemalige Jugoslawien, des UN Menschenrechtsausschusses und des Europäischen Gerichthofs für Menschenrechte zeigen, daß diese Rechte justitiabel sind und daß einige Verbrecher zur Rechenschaft gezogen und bestraft worden sind.

Es ist zu hoffen, daß im 21. Jahrhundert die Bemühungen der Vereinten Nationen und der regionalen Einrichtungen dazu führen, daß eine effektivere Präventivstrategie entwickelt wird und vor allem die bestehenden Mechanismen, um Opfer zu schützen und die Wiederherstellung des Rechts zu gewähren, so gestärkt werden, daß diese menschlichen Tragödien gebannt werden.

Wie in dieser Studie ausreichend gezeigt wurde, ist das Recht auf die Heimat keine Erfindung der bundesdeutschen Völkerrechtswissenschaft. Sie wird auch von nichtdeutschen Völkerrechtlern vertreten und von UN-Organen auf verschiedenste Weise bestätigt. Natürlich haben auch die deutschen Völkerrechtler dazu beigetragen, daß dieses wichtige Recht formuliert und anerkannt wird. Oft wird eine Norm positivrechtlich formuliert, wenn das zu normierende Recht in besonders krasser Weise verletzt worden ist. So wäre die Völkermordkonvention von 1948 ohne Auschwitz wahrscheinlich nicht zustande gekommen. Gleichermaßen folgte das Vertreibungsverbot des Rom-Statuts des Internationalen Strafgerichtshofs den ethnischen Säuberungen im ehemaligen Jugoslawien.

Vielleicht sollte man den deutschen Völkerrechtlern für den *terminus technicus* »Recht auf die Heimat« Anerkennung zollen, denn der deutsche Begriff »Heimat« scheint die vielen Aspekte dieses Rechts und das ihm zugrundeliegende Zugehörigkeitsgefühl am besten wiederzugeben.[366] Daher ist es durchaus denkbar, daß der deutsche Begriff international übernommen wird, so wie sich das Völkerrecht vieler anderer Termini verschiedener Sprachen bedient, wie zum Beispiel *ordre public* und *levée en masse* aus dem Französischen und *guerrilla* aus dem Spanischen. Das Wichtigste aber ist, daß dieses universelle Menschenrecht in seinem *erga omnes*-Charakter anerkannt und durch ein absolutes Vertreibungsverbot seine ihm zustehende Bedeutung bekommt.

Alle Menschen und Völker haben einen Anspruch auf die Verwirklichung ihrer Menschenrechte und nicht zuletzt des Rechts auf ihre Heimat. Diesen Anspruch haben die Deutschen nicht weniger als andere Menschen. Denn der Begriff Menschenrechte sagt schon, daß alle Menschen dieselbe Menschenwürde besitzen und daß kein einzelner und auch keine Gruppe mehr oder weniger Menschenrechte als andere hat. Eine Diskriminierung ist dabei nicht erlaubt.

Ungarn, Rumänien und die Baltischen Staaten haben das Recht auf die Heimat der vertriebenen Deutschen wiederholt anerkannt. Es wäre dem europäischen Mindeststandard der Menschenrechte angemessen, wenn dieses Beispiel von den anderen osteuropäischen Staaten befolgt würde.

Wenn der polnische Staat und der tschechische Staat in die Europäische Union wollen, dürfte man wohl erwarten, daß sie die gemeinsamen moralischen und politischen Werte der EU akzeptieren. Die Vertreibungen und Enteignungen von 1945 bis 1948 dürfen nicht mehr gutgeheißen werden, denn die EU ist eben ein kollektiver Staatenverband, der sich »zu den Grundsätzen der Freiheit, der Demokratie und der Achtung der Menschenrechte und Grundfreiheiten und Rechtsstaatlichkeit bekennt«[367].

Die deutschen Heimatvertriebenen taten recht daran, als sie sich am 5. August 1950 im Kursaal zu Bad Cannstatt bei Stuttgart versammelten, um die Charta der deutschen Heimatvertriebenen zu verkünden. Sie wollten auf das große Unrecht der Vertreibung hinweisen und eine Mahnung aussprechen in der Hoffnung, daß anderen Völkern dieses Schicksal erspart bliebe. Sie verzichteten auf Rache, verlangten aber die Anerkennung ihres Rechts auf Menschenwürde und die Verwirklichung des Rechts auf ihre Heimat.

Die Charta stellt eine außerordentlich wichtige Erklärung dar, der zweifelsohne internationale Bedeutung als Dokument des Friedens und der Menschlichkeit zukommt. Dennoch fehlt immer noch eine angemessene wissenschaftliche Würdigung der Charta.[368]

Man muß sich in die Zeit und in die Situation zurückversetzen, in der dieses gewichtige Bekenntnis abgelegt wurde, um seine geschichtliche Tragweite messen zu können: Im Ausland befürchtete man, und zwar aus gutem Grunde, daß ein zerstörtes Deutschland, in dem Millionen arbeitslose Vertriebene hungerten, eine Zeitbombe werden könnte. Und in der Tat war es das Ziel Stalins, chaotische Zustände im Westen Deutschlands herbeizuführen, indem Millionen entwurzelte, besitzlose, verzweifelte Menschen in das zerstörte Land gepreßt wurden. Nach diesem kommunistischen Kalkül sollten diese Millionen Menschen als soziale und politische Sprengkraft wirken. Diese Rechnung ist aber nicht aufgegangen. Im Gegenteil, die vertriebenen Deutschen wurden keine Terroristen. Sie integrierten sich erfolgreich in die Bundesrepublik Deutschland und trugen bedeutend zu ihrem Wiederaufbau bei.

Wenn heute über diesen Verzicht auf Rache und Vergeltung diskutiert wird, sollte jeder dabei bedenken, daß dieser Ausdruck des Verzichts nicht nur aus der Lage der damaligen Ohnmacht zu verstehen ist. Er ist beibehalten worden, als die Bundesrepublik wieder zu einer respektierten wirtschaftlichen und politischen Macht aufgestiegen war und weiterhin, als die Bundesrepublik und die Deutsche Demokratische Republik zu einem Staat wiedervereinigt wurden. Damit wurde der Teufelskreis von Ungerechtigkeit und Rache gebrochen.

Manche Beobachter haben das 20. Jahrhundert als das Jahrhundert der Vertreibungen und der Heimatlosen bezeichnet. Möge das 21. Jahrhundert das Jahrhundert der Menschenrechte sein, das Jahrhundert des Friedens zwischen den Völkern, der gegenseitigen Achtung und des Respekts des Rechts auf die Heimat. In diesem neuen Jahrhundert braucht man vor allem ethische Werte, Aufrichtigkeit im Ungang miteinander sowie mit der Geschichte.

Es ist zu hoffen, daß die neue Generation der Historiker aus Polen, der Tschechischen Republik und der Russischen Föderation die Vertreibung der Deutschen in ihrer geschichtlichen Tragweite und Tragik und damit den eigenen Teil der Verantwortung erkennt und anerkennt. Gute Nachbarschaft verlangt gegenseitige Offenheit und die Bereitschaft, die eigenen Fehler zuzugeben.

Es lohnt sich, auf das Wort des ersten UN-Hochkommissars[369] für Menschenrechte zurückzukommen. Es war anläßlich der Gedenkstunde in der Paulskirche, »Fünfzig Jahre Vertreibung«, daß Ayala Lasso sagte:

»Ich bin der Auffassung, daß, hätten die Staaten seit dem Ende des Zweiten Weltkriegs mehr über die Implikationen der Flucht, der Vertreibung und der Umsiedlung der Deutschen nachgedacht, die heutigen demographischen Katastrophen, die vor allem als ethnische Säuberungen bezeichnet werden, vielleicht nicht in dem Ausmaß vorgekommen wären [...]. Uns geht es vor allem um die allgemeine Anerkennung der Menschenrechte, die auf dem Prinzip der Gleichheit der Menschen beruht. Allen Opfern von Krieg und Gewaltherrschaft ist mit Ehrfurcht zu gedenken, denn jedes einzelne Menschenleben ist wichtig. Es gilt, sich stets für die dignitas humana *einzusetzen.«*

Zum Schluß darf man betonen, daß die Verwirklichung der Menschenrechte nicht nur Normen und Rechtsprechung benötigt, sondern vor allem einen konsequenten politischen Willen. Dieser fehlt allzuoft.

Das Erlebnis der ethnischen Säuberungen im ehemaligen Jugoslawien bedeutet einen schweren Rückschlag für die Bemühungen der Völkergemeinschaft, präventiv zu wirken und das Recht auf die Heimat rechtzeitig zu schützen. Es ist zu hoffen, daß das Friedensabkommen von Dayton dem Recht der Flüchtlinge und Vertriebenen auf Rückkehr in ihre Wohngemeinden wirksam Geltung verschaffen wird.

In größerem Zusammenhang erscheint die vertragliche Bekräftigung des Rechts auf die Heimat als grundlegendes Menschenrecht erforderlich. Die Weltgemeinschaft muß den Rückgriff auf Zwangsumsiedlungen von Bevölkerungsteilen zur Lösung von Minderheitenkonflikten oder als Mittel zur Friedensstiftung überall zurückweisen. Eine Möglichkeit wäre ein neues Protokoll zum Internationalen Pakt über bürgerliche und politische Rechte. Eine weitere Möglichkeit wäre ein Verbot von Zwangsumsiedlungen, das die Form eines multilateralen Übereinkommens annehmen könnte. Die Entwicklungen in der UN-Unterkommission für die Förderung und den Schutz der

Menschenrechte berechtigen zu einigem Optimismus, was die Abfassung eines solchen Dokuments angeht, und die von Sonderberichterstatter Al-Khasawneh vorgeschlagene Erklärung könnte einen ersten Entwurf abgeben. Ebenso ist zu hoffen, daß das Internationale Kriegsverbrechertribunal für das ehemalige Jugoslawien die Gerichtshoheit über die Personen erhalten und in einem Urteil ausüben wird, die für das Verbrechen der ethnischen Säuberungen verantwortlich sind, und zwar nicht nur über diejenigen, die Teilaspekte dieser Politik durchgeführt haben, sondern vor allem über ihre eigentlichen geistigen Urheber. Mit Spannung darf man auch erwarten, daß der Internationale Strafgerichtshof bald in Den Haag eingerichtet werden wird und daß jene Gewaltpolitiker, die Vertreibungen angeordnet haben, wegen Kriegsverbrechen und Verbrechen gegen die Menschheit gemäß den Artikeln 7 und 8 des Statuts angeklagt werden.

Die Normen sind da. Die Mechanismen auch. Allmählich werden einige Erfolge für die Opfer von Vertreibungen verbucht, etwa bei der Rückkehr der Kosovo-Albaner und der Krimtataren in ihre Heimat. Wie lange noch müssen die Millionen Vertriebenen des 20. Jahrhunderts und ihre Nachkommen auf Rückkehr in die Heimat warten?

Literaturhinweise

I. Dokumente der Vereinten Nationen

DRAFT DECLARATION ON POPULATION TRANSFER AND THE IMPLANTATION OF SETTLERS (1997), in: Refugee Survey Quarterly, Nr. 3, Bd. 16 (1997), S. 141–143. Annex 2 zum Dokument E/CN.4/Sub.2/1997/23 und Corr. 1.

THE REALIZATION OF ECONOMIC, SOCIAL AND CULTURAL RIGHTS: THE HUMAN RIGHTS DIMENSIONS OF POPULATION TRANSFER, INCLUDING THE IMPLANTATION OF SETTLERS. PRELIMINARY REPORT/Al-Khasawneh, Awn Shawkat und Hatano, Ribot (Sonderberichterstatter), Genf: UN, 6. Juli 1993, E/CN.4/Sub.2/1993/17.

THE REALIZATION OF ECONOMIC, SOCIAL AND CULTURAL RIGHTS: THE HUMAN DIMENSIONS OF POPULATION TRANSFER, INCLUDING THE IMPLANTATION OF SETTLERS. PROGRESS REPORT/Al-Khasawneh, Awn Shawkat, Genf: UN, 30. Juni 1994, E/CN.4/Sub.2/1994/18.

FINAL REPORT ON HUMAN RIGHTS AND POPULATION TRANSFERS/Al-Khasawneh, Awn Shawkat, Genf. UN, 27. Juni 1997, E/CN.4/Sub.2/1997/23 and Corr. 1.

STUDY CONCERNING THE RIGHT TO RESTITUTION, COMPENSATION AND REHABILITATION FOR VICTIMS OF GROSS VIOLATIONS OF HUMAN RIGHTS AND FUNDAMENTAL FREEDOMS/van Boven, Theo, UN Doc. E/CN.4/Sub.2/1992/8 (1992)

REVISED SET OF BASIC PRINCIPES AND GUIDELINES ON THE RIGHT TO REPARATION FOR VICTIMS OF GROSS VIOLATIONS OF HUMAN RIGHTS/van Boven, Theo, U.N. Doc. E/CN.4/Sub.2/1996/17.

REPORT OF THE INDEPENDENT EXPERT ON THE RIGHT TO RESTITUTION, COMPENSATION AND REHABILITATION FOR VICTIMS OF GRAVE VIOLATIONS OF HUMAN RIGHTS/Bassiouni, M. Cherif, U.N. Doc. E/CN.4/1999/65.

STUDY ON HUMAN RIGHTS AND MASSIVE EXODUSES/Aga Kahn, Sadruddin, Sonderberichterstatter, U.N. Doc. E/CN.4/1503 Rev. 1 (1983).

REPORT OF THE REPRESENTATIVE OF THE SECRETARY-GENERAL, SUBMITTED PURSUANT TO COMMISSION ON HUMAN RIGHTS RESOLUTION 1997/39, Addendum, Guiding Principles on Internal Displacement/Deng, Francis, E/CN.4/1998/53/Add. 2 (1998).

REPORT OF THE REPRESENTATIVE OF THE SECRETARY-GENERAL, SUBMITTED PURSUANT TO COMMISSION ON HUMAN RIGHTS RESOLUTION 1995/57, »INTERNALLY DISPLACED PERSONS«/Deng, Francis, E/CN.4/1996/52.

REPORT OF THE REPRESENTATIVE OF THE SECRETARY-GENERAL, SUBMITTED PURSUANT TO COMMISSION ON HUMAN RIGHTS RESOLUTION 1993/95 AND 1994/68, »INTERNALLY DISPLACED PERSONS«/Deng, Francis, E/CN.4/1995/50.

THE REALIZATION OF ECONOMIC, SOCIAL AND CULTURAL RIGHTS, THE RIGHT TO ADEQUATE HOUSING, SECOND PROGRESS REPORT SUBMITTED BY THE SPECIAL RAPPORTEUR/Sachar, Rajindar, E/CN.4/Sub.2/1994/20.

PREVENTION OF DISCRIMINATION AGAINST AND THE PROTECTION OF MINORITIES, REPORT OF THE WORKING GROUP ON MINORITIES ON ITS FIFTH SESSION/Eide, Asbjorn, Chairman Rapporteur, E/CN.4/Sub.2/1999/21.

DURABLE SOLUTIONS. REPORT FROM THE UNHCR EXECUTIVE COMMITTEE, 36th SESSION/UNHCR Doc. A/AC/96/663.

STUDY OF DISCRIMINATION IN RESPECT OF THE RIGHT OF EVERYONE TO LEAVE ANY COUNTRY INCLUDING HIS OWN, AND TO RETURN TO HIS COUNTRY/Ingles, J.D., Special Rapporteur, U.N. Doc. E./CN.4/Sub.2/229/Rev.1.

STUDY ON THE RIGHTS OF PERSONS BELONGING TO ETHNIC, RELIGIOUS AND LINGUISTIC MINORITIES/Capotorti, Francesco, U.N. Doc. E/CN.4/Sub.2/384/Rev.1, New York 1979, UNP Sales Nr. E. 91.XIV.2.

POSSIBLE WAYS AND MEANS OF FACILITATING THE PEACEFUL AND CONSTRUCTIVE SOLUTION OF PROBLEMS INVOLVING MINORITIES/Eide, Asbjorn, UN-Doc. E/CN.4/sub.2/1993/34.

ROME STATUTE OF THE INTERNATIONAL CRIMINAL COURT/A/Conf.183/9, 1998.

PROSECUTOR v. KARADZIC/CASE Nr. IT-95-5-1 (ICTY, 25. Juli 1995).

II. Das Recht auf die Heimat

DAS RECHT AUF DIE HEIMAT/Kimminich, Otto, 3. Aufl., Kulturstiftung der deutschen Vertriebenen, 1989.

DAS RECHT AUF DIE HEIMAT: EIN UNIVERSELLES MENSCHENRECHT/Kimminich, Otto, Bund der Vertriebenen, Bonn 1996.

DAS RECHT AUF DIE HEIMAT: EIN MENSCHENRECHT/Koschyk, Hartmut (Hrsg.), München 1992.

DAS RECHT AUF DIE HEIMAT. AUCH EIN BEITRAG ZU VERTREIBUNG UND ENTEIGNUNG IM VÖLKERRECHT/Gornig, Gilbert, IFLA – Informationsdienst für Lastenausgleich, BVFG und anderes Kriegsfolgenrecht, 1997, S. 121–128.

DAS RECHT AUF DIE HEIMAT, Neue Aspekte/Tomuschat, Christian, in: Jürgen Jekewitz (Hrsg.), Des Menschen Recht zwischen Freiheit und Verantwortung, 1989.

DAS RECHT AUF DIE HEIMAT/Rabl, Kurt (Hrsg.), Bde. 1–4, München 1958–1960.

DAS RECHT AUF DIE HEIMAT/Bülck, Hartwig, in: Jahrbuch für Internationales Recht, Bd. 3 (1950/51), S. 58–84 (erschienen 1954).

HEIMATRECHT IN POLNISCHER UND IN DEUTSCHER SICHT/Bierzanek, Remigiusz, Leer 1962.

DAS RECHT AUF DIE HEIMAT, ETHNISCHE SÄUBERUNGEN UND DAS INTERNATIONALE KRIEGSVERBRECHERTRIBUNAL FÜR DAS EHEMALIGE JUGOSLAWIEN/Alfred de Zayas, in: Archiv des Völkerrechts, Bd. 35 (1997), S. 29–72.

VERTREIBUNG – ZUFLUCHT – HEIMAT/Veiter, Theodor, Wien 1962.

THE RIGHT TO ONE'S HOMELAND, ETHNIC CLEANSING, AND THE INTERNATIONAL CRIMINAL TRIBUNAL FOR THE FORMER YUGOSLAVIA/Alfred de Zayas, in: Criminal Law Forum, Bd. 6, Nr. 2 (1995), S. 257–314.

SELBSTBESTIMMUNGSRECHT UND »RECHT AUF HEIMAT« IN OST UND WEST (II)/Menzel, Eberhard, in: Blätter für deutsche und internationale Politik 1964, S. 877 ff.

DAS RECHT DER VÖLKER AUF DIE HEIMAT IHRER VORFAHREN/Laun, Rudolf, in: Internationales Recht und Diplomatie 1958, S. 149–169.

DAS RECHT AUF DIE HEIMAT/Laun, Rudolf, Hannover 1951.

DAS HEIMATRECHT DER DEUTSCHEN AUSGETRIEBENEN; EIN ANSPRUCH DES POSITIVEN VÖLKERRECHTS/Urbaneck, Kurt, Dortmund 1959.

THE RIGHT TO STAY/McFadden, P.M., in: Vanderbilt Journal of Transnational Law 29 (1996), S. 1 ff.

THE RIGHT NOT TO BE DISPLACED/Stavropoulou, Maria, American University Journal of International Law and Policy 9 (1994), S. 689 ff.

LE DROIT DES PEUPLES A DISPOSER D'EUX MEMES ET A LEUR FOYER NATAL/Veiter, Theodor, in: Studi in Onore di Manlio Udina, Bd. 1 (1975), S. 825 ff.

Dissertationen

DAS RECHT AUF DIE HEIMAT IN DER THEORIE UND IM GELTENDEN RECHT/Habermann, Gerd, Diss., Würzburg 1959.

GIBT ES IM POSITIVEN VÖLKERRECHT EINE NORM DES INHALTS, DASS DER MENSCH IN DER HEIMAT LEBEN UND NICHT AUS IHR VERTRIEBEN WERDEN DARF?/Fukas, Dieter, Diss., Erlangen 1959.

AUSTREIBUNGSVERBOT UND RÜCKSIEDLUNGSANSPRUCH IM GELTENDEN VÖLKERRECHT/von Braunmühl, Gerold, Diss., Mainz 1966.

AUSSICHTEN FÜR DIE POSITIVIERUNG EINES MENSCHENRECHTS AUF DIE HEIMAT/Fischer, Diether, Diss., Würzburg 1966.

LE DROIT À LA HEIMAT – LA NOTION DE »DROIT À LA HEIMAT« DANS LA PENSÉE ALLEMANDE CONTEMPORAINE ET EN DROIT POSITIV/Lengerau, Marc, Diss., Grenoble 1970.

DAS RECHT AUF DIE HEIMAT IM HISTORISCH-POLITISCHEN PROZESS/du Buy, Frans, Diss., Utrecht 1974, veröffentlicht im Verlag für Zeitgenössische Dokumentation, Euskirchen 1974.

III. Völkerrecht, Selbstbestimmungsrecht, Minderheitenrecht und Vertreibung

A. Allgemein

INTERNATIONAL MIGRATION LAW/Plender, Richard, Dordrecht 1988.

L'EXPULSION ET LES DIFFICULTES INTERNATIONALES QU'EN SOULEVE LA PRATIQUE/de Boeck, Charles, in: Recueil des Cours Bd. 18 (1927), S. 447 ff.

FLUCHT UND VERTREIBUNG/Blumenwitz, Dieter (Hrsg.), Köln, Berlin 1987.

DIE VERTREIBUNG IN VÖLKERRECHTLICHER SICHT/Alfred de Zayas, in: Blumenwitz, Dieter (Hrsg.), Flucht und Vertreibung, Köln, Berlin 1987, S. 239–258.

MASSENUMSIEDLUNGEN UND DAS VÖLKERRECHT/Alfred de Zayas, in: Abhandlungen zu Flüchtlingsfragen, Bd. 10 (1975), S. 55–96.

MASS EXPULSION IN MODERN INTERNATIONAL LAW AND PRACTICE/Henckaerts, Jean Marie, in: International Studies in Human Rights, Bd. 41 (1995), S. 257 ff.

POPULATION TRANSFERS/Palley, Claire, in: Gomien, D. (Hrsg.),

Broadening The Frontiers of Human Rights: Essays in Honour of Asbjorn Eide, Oslo 1993, S. 219–254.
FORCED RESETTLEMENT/Alfred de Zayas, in: Bernhardt, R. (Hrsg.), Encyclopaedia of Public International Law, Bd. 2 (1994), Amsterdam, S. 422–425.
POPULATION, EXPULSION AND TRANSFER/Alfred de Zayas, in: Bernhardt, R. (Hrsg.), Encyclopaedia of Public International Law, Bd. 3 (1997), S. 1062–1068.
COLLECTIVE EXPULSIONS: NORMS, JURISPRUDENCE, REMEDIES/Alfred de Zayas, in: Refugee Survey Quarterly 16 (1997), S. 149–153.
DISPLACEMENT AND HUMAN RIGHTS: REFLECTIONS ON UN PRACTICE/Stavropoulou, Maria, in: Human Rights Quarterly 20 (1998), S. 515–554.
MASS EXPULSION AS VIOLATION OF HUMAN RIGHTS/Iyer, V. R. Krishna, in: Indian Journal of International Law 1974, S. 169–175 (Paper presented at the 10th Annual Conference of the I.S.I.L. held in New Delhi 10–11 March 1973).
DECLARATION OF PRINCIPLES OF INTERNATIONAL LAW ON MASS EXPULSION/International Law Association, London, 30. August 1986, S. 6, Document adopted at the 62nd Conference of the International Law Association in Seoul.
VERTREIBUNG UND STAATSANGEHÖRIGKEIT/Silagi, Michael, Bonn 1999.
LES TRANSFERS INTERNATIONAUX DE POPULATIONS/Pallieri, Giorgio Balladore, in: Annuaire de l'Institut de Droit International 1952 (Siena-Tagung), Bd. 44/II.
L'EXPULSION ET LES DIFFICULTES INTERNATIONALES QU'EN SOULEVE LA PRATIQUE/de Boeck, Charles, in: Recueil des Cours de l'Académie de Droit International, Bd. 18 (1927).
DEPORTATION AND TRANSFER OF CIVILIANS IN TIME OF WAR/Henckaerts, Jean Marie, in: Vanderbilt Journal of Transnational Law, Bd. 26, Nr. 3 (1993), S. 469–519.
HUMAN RIGHTS DIMENSIONS OF POPULATION TRANSFER: CONFERENCE REPORT ON UNPO INTERNATIONAL CONFERENCE HELD IN TALLINN, ESTONIA, JANUARY 11–13 1992/ Goldberg, D. (Hrsg.), The Hague: Unrepresented Nations and Peoples Organization, 1992, iii, S. 39.
LEGAL ISSUES SURROUNDING POPULATION TRANSFERS IN CONFLICT SITUATIONS/Meindersma, Christa, in: Netherlands International Law Review, Bd. XLI (1994), S. 31–83.
INTERNATIONAL LAW AND THE MOVEMENT OF PERSONS BETWEEN STATES/Goodwin-Gill, Guy, Oxford 1978.

THE LIMITS OF THE POWER OF EXPULSION IN PUBLIC INTERNATIONAL LAW/Goodwin-Gill, Guy, in: British Yearbook of International Law, Bd. 47 (1975), S. 55–156.

MASS EXPULSION: RESPONSE AND RESPONSIBILITY/Goodwin-Gill, Guy, Genf: United Nations High Commissioner for Refugees, 1984, S. 25.

STATE RESPONSIBILITY FOR THE PREVENTION AND RESOLUTION OF FORCED POPULATION DISPLACEMENTS IN INTERNATIONAL LAW/Beyani, C, in: International Journal of Refugee Law, Special Issue (1995), S. 130–147.

THE PROBLEM OF MASS EXPULSION/Coles, G. J., San Remo (Italien): International Institute of Humanitarian Law, Mai 1983, S. 92 (A background paper for the Working Group of Experts on the Problem of Mass Expulsion, San Remo, Italien).

THE HUMAN RIGHTS OF INDIVIDUALS WHO ARE NOT NATIONALS OF THE COUNTRY IN WHICH THEY LIVE/Coles, G. J., in: Yearbook of the International Institute of Humanitarian Law, 1985, S. 126 ff.

HOW THE INTERNATIONAL SYSTEM COPES WITH INVOLUNARY MIGRATION: NORMS, INSTITUTIONS AND STATE PRACTICE/Farer, T. J., Human Rights Quarterly 17 (1995), S. 72 ff.

TEMPORARY AND LOCAL RESPONSES TO FORCED MIGRATIONS. A COMMENT/Hailbronner, Kay, Virginia Journal of International Law 35 (1994), S. 81 ff.

A UNIFIED CONCEPT OF POPULATION TRANSFER/Goebel, C. M., in: Denver Journal of International Law and Policy, Bd. 22, Nr. 1 (1993), S. 1–27.

HUMANITÄRES VÖLKERRECHT – HUMANITÄRE AKTION/Kimminich, Otto, München 1972.

ALIENS, EXPULSION AND DEPORTATION/Doehring, Karl, in: Bernhardt, R. (Hrsg.), Encyclopaedia of Public International Law, Vol. I, Amsterdam 1992, S. 109 ff.

DIE RECHTSNATUR DER MASSENAUSWEISUNG UNTER BESONDERER BERÜCKSICHTIGUNG DER INDIREKTEN AUSWEISUNG/Doehring, Karl, Zeitschrift für ausländisches öffentliches Recht und Völkerrecht 45 (1985), S. 372 ff.

EMIGRATION AND EXPULSION IN THE THIRD WORLD/Dowty, Alan, in: Third World Quarterly, Vol. 8 (1986), S. 151 ff.

DENATIONALIZATION AND FORCED EXILE/Hofmann, Rainer, in: Bernhardt, R. (Hrsg.), Encyclopaedia of Public International Law, Bd. I, Amsterdam, S. 1001–1007.

GENOCIDE AS A PROBLEM OF NATIONAL AND INTERNATIO-

NAL LAW: THE WORLD WAR I ARMENIAN CASE AND ITS CONTEMPORARY LEGAL RAMINICATIONS/Dadrian, Valhakn N., Yale Journal of International Law 14 (1989), S. 221 ff.
DAS RECHT DES EINZELMENSCHEN AUF EINE STAATSANGEHÖRIGKEIT, ART. 15 DER ALLGEMEINEN ERKLÄRUNG DER MENSCHENRECHTE/Uibopuu, H. J., in: A. W. R. Bulletin, Vol. 10 (1978), S. 35–41.
LE PRINCIPE DES NATIONALITES/Redslob, Robert, in: Recueil des Cours, Bd. 37/III (1931), S. 1 ff.
UNO-PAKT ÜBER BÜRGERLICHE UND POLITISCHE RECHTE UND FAKULTATIVPROTOKOLL/CCPR-KOMMENTAR/Nowak, Manfred, N. P., Kehl, Straßburg 1989.
GUIDE TO THE TRAVAUX PREPARATOIRES OF THE INTERNATIONAL COVENANT ON CIVIL AND POLITICAL RIGHTS/ Bossuyt, Marc, Dordrecht 1987.
THE UNIVERSAL DECLARATION OF HUMAN RIGHTS: A COMMENTARY/Eide, Asbjorn et al. (Hrsg.), Oslo 1992.
INTERNATIONAL HUMAN RIGHTS MONITORING MECHANISMS. ESSAYS IN HONOUR OF JAKOB TH. MÖLLER/Alfredsson, Gudmundur/Ramcharan, Bertram/Alfred de Zayas (Hrsg.), Den Haag 2000.
THEORY AND PRACTICE OF THE EUROPEAN CONVENTION ON HUMAN RIGHTS/Van Dijk, P./van Hoof, G. J. H., Deventer 1990.
KEIN STILLES DULDEN. BESCHWERDEVERFAHREN VOR MENSCHENRECHTSGREMIEN DER VEREINTEN NATIONEN/ Schmidt, Markus, in: Vereinte Nationen, Bd. 42 (1994), S. 7–10.
USE OF FORCE TO PROTECT PEOPLES AND MINORITIES/Bothe, Michael, in: C. Brolmann et al., Peoples and Minorities in International Law, Dordrecht 1993.
MENSCHENRECHTE, ZENTRUM FÜR MENSCHENRECHTE/ HOHER KOMMISSAR FÜR MENSCHENRECHTE/Alfred de Zayas, in: Helmut Volger (Hrsg.), Lexikon der Vereinten Nationen, München 2000, S. 337–343.

B. Selbstbestimmungsrecht

SELF-DETERMINATION OF PEOPLES, A LEGAL REAPPRAISAL/ Cassese, Antonio, Cambridge 1995.
MODERN LAW OF SELF-DETERMINATION/Tomuschat, Christian (Hrsg.), Dordrecht 1993.
SELBSTBESTIMMUNGSRECHT/Heintze, Hans-Joachim, in: Helmut Volger (Hrsg.), Lexikon der Vereinten Nationen, München 2000, S. 472–477.

DAS SELBSTBESTIMMUNGSRECHT DER NATIONEN/Deckert, G., Göttingen 1955.
SELBSTBESTIMMUNGSRECHT DER VÖLKER – HERAUSFORDERUNG DER STAATENWELT/Heintze, Hans-Joachim (Hrsg.), Exe der Stiftung Entwicklung und Frieden, Bonn 1997.
SELBSTBESTIMMUNGSRECHT UND VEREINTE NATIONEN/ Alfred de Zayas, in: Heintze, Hans Joachim, (Hrsg), Selbstbestimmungsrecht der Völker, Bonn 1997, S. 144–176.
MENSCHENRECHTE UND SELBSTBESTIMMUNG – UNTER BERÜCKSICHTIGUNG DER OSTDEUTSCHEN/Ermacora, Felix, Bonn 1980.
DIE SELBSTBESTIMMUNGSIDEE, IHRE ENTWICKLUNG VON 1918–1974/Ermacora, Felix, Wien 1974.
DIE ENTWICKLUNG DES SELBSTBESTIMMUNGSRECHTS DER VÖLKER UNTER BESONDERER BERÜCKSICHTIGUNG SEINES INNERSTAATLICH-DEMOKRATISCHEN ASPEKTS UND SEINER BEDEUTUNG FÜR DEN MINDERHEITENSCHUTZ/ Brühl-Moser, Denise, Basel 1994.
SELBSTBESTIMMUNGSRECHT IM WANDEL, ÜBERLEGUNGEN ZUR DEBATTE UM SELBSTBESTIMMUNG, SEZESSIONSRECHT UND »VORZEITIGE« ANERKENNUNG/Oeter, Stefan, in: Zeitschrift für ausländisches öffentliches Recht und Völkerrecht, Bd. 52 (1992), S. 741–780.
SELBSTBESTIMMUNGSRECHT UND MINDERHEITENRECHTE IM VÖLKERRECHT/Heintze, Hans-Joachim, Baden-Baden 1994.
AUTONOMY, SOVEREIGNTY AND SELF-DETERMINATION. THE ACCOMMODATION OF CONFLICTING RIGHTS/Hannum, Hurst, Philadelphia 1990.
POPULATION TRANSFER: THE EFFECTS OF SETTLER INFUSION POLICIES ON A HOST POPULATION'S RIGHT TO SELF-DETERMINATION/Kolodner, E., in: New York University Journal of International Law and Politics, Bd. 27, Nr. 159 (1994), S. 159–225.

C. Minderheitenrechte

INTERNATIONAL LAW AND THE RIGHTS OF MINORITIES/ Thornberry, Patrick, Oxford 1991.
MINDERHEITEN- UND VOLKSGRUPPENRECHT. AKTUELLE ENTWICKLUNG/Blumenwitz, Dieter, Bonn 1992.
VOLKSGRUPPEN UND MINDERHEITEN, POLITISCHE VERTRETUNG UND KULTURAUTONOMIE/Blumenwitz, Dieter, Berlin 1995.
VOLKSGRUPPEN IM SPANNUNGSFELD VON RECHT UND SOUVERÄNITÄT IN MITTEL- UND OSTEUROPA/Ermacora, Felix et al. (Hrsg.), Wien 1993.

DAS MINDERHEITNRECHT EUROPÄISCHER STAATEN/Frowein, Jochen et al. (Hrsg.), Bde. 1–2, Berlin 1993–1994.

DIE UN-DEKLARATION ZUM MINDERHEITENSCHUTZ/Dicke, Klaus, in: Europa Archiv 48 (1993), S. 107–116.

SPÄTE EINSICHTEN – DER ENTWURF DER UN-ERKLÄRUNG ZUM MINDERHEITENSCHUTZ/Ermacora, Felix, Vereinte Nationen, Bd. 40 (1992), S. 149–153.

MINDERHEITENSCHUZ IN EUROPA, VÖLKER- UND STAATSRECHTLICHE LAGE IM ÜBERBLICK/Hofmann, Reiner, Berlin 1995.

MINDERHEITENSCHUTZ IN DER INTERNATIONALEN POLITIK, VÖLKERBUND UND KSZE/OSZE IN NEUER PERSPEKTIVE/ Bartsch, Sebastian, Opladen 1995.

MINORITY RIGHTS: A GUIDE TO UNITED NATIONS PROCEDURES AND INSTITUTIONS/Alfredsson, Gudmundur/Ferrer, Erika, Minority Rights Group International, 1998.

DIE ROLLE DES HOHEN KOMMISARS DER OSZE FÜR NATIONALE MINDERHEITEN BEI DER KONFLIKTPRÄVENTION/Zaagmann, R./Blöd, A., in: Institut für Friedensforschung und Sicherheitspolitik an der Universität Hamburg (Hrsg.), OSZE-Jahrbuch 1995, Bd. 1, Baden-Baden 1995, S. 225–240.

DIE KONFLIKTVERHUTUNGS-AKTIVITÄTEN DES HOHEN KOMMISSARS FÜR NATIONALE MINDERHEITEN DER OSZE/Timmermans, F., in: Institut für Friedensforschung und Sicherheitspolitik an der Universität Hamburg (Hrsg.), OSZE-Jahrbuch 1996, Bd. 2, Baden-Baden 1996, S. 405–408.

ETHNISCHE KONFLIKTE UND HOHER KOMMISSAR DER OSZE FÜR NATIONALE MINDERHEITEN/Roschke, Brigitte, in: Heintze, Hans Joachim, Selbstbestimmungsrecht der Völker, Bonn 1997, S. 200–221.

PEOPLES AND MINORITIES IN INTERNATIONAL LAW/Brölmann, Catherine/Lefeber, René/Zieck, Marjoleine (Hrsg.), Dordrecht 1993.

THE INTERNATIONAL JUDICIAL PROTECTION OF PEOPLES AND MINORITIES/Alfred de Zayas, in: Brölmann et al.(Hrsg.), Peoples and Minorities in International Law, Dordrecht 1993, S. 253–287.

SYSTEM EINES INTERNATIONALEN VOLKSGRUPPENRECHTS/ Veiter, Theodor (Hrsg.), Bde. 1–3, Wien 1970, 1972, 1978.

REPORT ON THE DEFINITION OF MINORITIES/Andrysek, Oldrich, Utrecht 1989.

IV. Historischer und politischer Überblick

AKTUELLE VERTREIBUNGSFÄLLE WELTWEIT/Veiter, Theodor, in: Blumenwitz, Dieter (Hrsg.), Flucht und Vertreibung, Köln, Berlin 1987, S. 207–228.

AFTERMATHS OF EMPIRE AND THE UNMIXING OF PEOPLES: HISTORICAL AND COMPARATIVE PERSPECTIVES/Brubaker, R., in: Ethnic and Racial Studies, Bd. 18, Nr. 2 (1995), London, S. 189–218.

ETHNIC CLEANSING/Bell-Fialkoff, A., New York (NY) 1996, S. 346 ff.

ETHNIC CLEANSING: AN ATTEMPT AT METHODOLOGY/Petrović, D., in: European Journal of International Law 5, (1994), S. 342 ff.

ETHNIC CLEANSING AS AN INSTRUMENT OF NATION-STATE CREATION: CHANGING STATE PRACTICE AND EVOLVING LEGAL NORMS/Preece, J. J., Human Rights Quarterly 20 (1998), S. 817 ff.

FORCED MIGRATION: THE TRAGEDY OF MASS EXPULSIONS/ Teitelbaum, M. S., in: Glazer, N. (Hrsg.), Clamor at the Gates: The New American Migration, San Francisco (California) 1985, S. 261–283.

A HISTORICAL SURVEY OF TWENTIETH CENTURY EXPULSIONS/ Alfred de Zayas, in: Bramwell, A. C. (Hrsg.), Refugees in the Age of Total War, London 1988, S. 15–37.

HITLER'S TRANSFERS OF POPULATION IN EASTERN EUROPE/ Wachenheim, Hedwig, in: Foreign Affairs, Bd. 20 (1942), S. 705 ff.

MASS EXPULSION OF MINORITIES: AN OVERVIEW/Van Hear, N., in: Journal of Refugee Studies, Bd. 6, Nr. 3 (1993), Oxford (United Kingdom), S. 275–285.

IDEOLOGICAL ROOTS OF POPULATION TRANSFER/Schechla, Joseph, in: Third World Quarterly, Bd. 14 (1993), S. 239–275.

POSSIBLE AND IMPOSSIBLE SOLUTIONS TO ETHNIC CIVIL WARS/Kaufmann, C., in: International Security, Bd. 20, Nr. 4 (1996), Boston (Massachusetts), S. 136–175.

EUROPEAN POPULATION TRANSFERS/Schechtman, Joseph, London 1946.

EUROPE ON THE MOVE/Kulisher, Eugene, London 1948.

EUROPEAN REFUGEES: 1939–1952. A STUDY IN FORCED POPULATION MOVEMENT/Proudfoot, Malcolm, London 1956.

DIE UMSIEDLUNGSVERTRÄGE DES DEUTSCHEN REICHES WÄHREND DES ZWEITEN WELTKRIEGES/Hecker, Hellmuth, Hamburg 1972.

V. Vertreibung und Strafrecht

MASSENAUSTREIBUNG UND VÖLKERMORD/Kraus, Herbert, Kitzingen 1953.

DIE BESTRAFUNG VON VERTREIBUNGSVERBRECHEN/Triffterer, Otto, in: Blumenwitz, Dieter (Hrsg.), Flucht und Vertreibung, Köln, Berlin 1987, S. 259–295.

VERTREIBUNG UND VERTREIBUNGSVERBECHEN VOR DEM FORUM DER VEREINTEN NATIONEN/Ermacora, Felix, in: Blumenwitz, Dieter (Hrsg.), Flucht und Vertreibung, Köln, Berlin 1987, S. 229–237.

FORCED DISPLACEMENT IN THE FORMER YUGOSLAVIA: A CRIME UNDER INTERNATIONAL LAW?/Roch, M. P., in: Dickinson Journal of International Law, Bd. 14, Nr. 1 (1995), Carlisle (Pennsylvania), S. 1–29.

THE STATUTE OF THE INTERNATIONAL CRIMINAL COURT. A DOCUMENTARY HISTORY/Bassiouni, M. Cherif (Hrsg.), New York 1998.

CRIMES AGAINST HUMANITY IN INTERNATIONAL CRIMINAL LAW/Bassiouni, M. Cherif, Dordrecht 1992.

VIOLATIONS OF HUMAN RIGHTS IN TIME OF WAR AS WAR CRIMES/Levie, Howard, in: Dinstein, Yoram (Hrsg.), War Crimes in International Law, Den Haag, 1996, S. 123–139.

DER NÜRNBERGER PROZESS/Alfred de Zayas, in: Demandt, A. (Hrsg.), Macht und Recht, 1996, S. 249–270.

DIE KALSHOVEN COMMISSION/Alfred de Zayas, in: Leiden Journal of International Law, Bd. 6 (1993), S. 131 ff.

VI. Wiederherstellung des Rechts auf die Heimat

A. Rückkehrrecht

A POLITICAL AND LEGAL ANALYSIS OF THE PROBLEM OF RETURN OF FORCIBLY TRANSFERRED POPULATIONS/Beyani, Chaloca, in: Refugee Survey Quarterly, Bd. 16, Nr. 3, (1997), S. 1–25.

THE RIGHT TO LEAVE, THE RIGHT TO RETURN AND THE QUESTION OF A RIGHT TO REMAIN/Goodwin-Gill, Guy, Genf: Graduate Institute of International Studies, UNHCR, August 1994, S. 12, Revised version of a paper prepared for the colloquium »The Problem of Refugees in the Light of Contemporary International Law Issues« (26.–27. Mai 1994, Genf).

MASS DISPLACMENT AND THE INDIVIDUAL RIGHT TO RETURN/Quigley, John, in: British Yearbook of International Law 68 (1997), S. 65–125.

THE RIGHT TO RETURN HOME/Nsereko, Daniel, in: Indian Journal of International Law, Bd. 21 (1981), S. 335 ff.

THE RIGHT IN INTERNATIONAL LAW OF AN INDIVIDUAL TO ENTER, STAY IN AND LEAVE A COUNTRY/Higgins, Rosalyn, International Affairs 49, S. 341 ff.

WHO'S LIVING IN MY HOUSE? OBSTACLES TO THE SAFE RETURN OF REFUGEES AND INTERNALLY DISPLACED PEOPLE/ Amnesty International 19 (March 1997), S. 27, AI Index: EUR 63/01/97.

THE RIGHT TO RETURN/Frelick, William, in: International Journal of Refugee Law, Bd. 2 (1990), S. 442–447.

UNHCR AND VOLUNTARY REPATRIATION OF REFUGEE. A LEGAL ANALYSIS/Zieck, Marjoleine, Den Haag 1997.

VOLUNTARY REPATRIATION AND THE MEANING OF RETURN TO HOME: A CRITIQUE OF LIBERAL MATHEMATICS/Warner, Daniel, in: Journal of Refugee Studies, Bd. 7, Nr. 2/3 (1994), S. 160–174.

VOLUNTARY REPATRIATION: LEGAL AND POLICY ISSUES/ Goodwin-Gill, Guy, in: Löscher, G. und Monahan, L. (Hrsg.), Refugee and International Relations, Oxford 1990.

ERLÄUTERUNGEN ZUM IPBPR/Hofmann, R., Das Deusche Bundesrecht, Teil I A 10 c, S. 21, 36.

THE RIGHT TO LEAVE AND RETURN IN INTERNATIONAL LAW AND PRACTICE/Hannum, H., 1987.

B. Kompensation

THE RIGHT TO COMPENSATION: REFUGEES AND COUNTRIES OF ASYLUM/Lee, L. T., American Journal of International Law 80 (1986), S. 532 ff.

THE HUMAN RIGHTS CHAMBER FOR BOSNIA AND HERCEGOVINA/Berg, L. und Strauß, E., Sarajevo 2000.

INDIVIDUAL REPARATION CLAIMS UNDER THE INTERNATIONAL COVENANT ON CIVIL AND POLITICAL RIGHTS/Klein, Eckart, in: Randelzhofer, A. und Tomuschat, C. (Hrsg.), State Responsibility and the Individual, Amsterdam 1999, S. 27–41.

REMEDIES IN INTERNATIONAL LAW/Shelton, Dinah, Oxford 1999.

RESTITUTION OF PROPERTY AND COMPENSATION TO VICTIMS/ Malmström, S., in: R. May et al. (Hrsg.), Essays on ICTY Procedure, Amsterdam 2001, S. 373–384.

VII. Fallstudien

A. Zypern

LOIZIDOU VS. TURKEY (Merits), European Court of Human Rights, Judgement, 18. Dezember 1996 (40/1993/435/514), ILR 108.

CYPRUS AND INTERNATIONAL PEACEMAKING/Mirbagheri, Farid, New York 1998.

THE CYPRUS QUESTION: ITS DIMENSIONS, IMPLICATIONS AND PROSPECTS FOR A SOLUTION/Jacovides, Andreas, Washington D.C., Centre for Mediterranean Studies, 1980.

THE CYPRUS QUESTION AND THE TURKISH POSITION IN INTERNATIONAL LAW/Necatigil, Zaim, 2. Aufl., Oxford 1993.

L'AFFAIRE LOIZIDOU DEVANT LA COUR EUROPEENNE DES DROITS DE L'HOMME: QUELQUES OBSERVATIONS/Cohen-Jonathan, G., in: Revue Generale de Droit International Public 102 (1998), S. 123 ff.

EXPULSION OF SETTLERS FROM OCCUPIED TERRITORIES: THE CASE OF TURKISH SETTLERS IN CYPRUS/Loukaides, L. G., Essays on the Developing Law of Human Rights, (1995), S. 108 ff.

THE GREEK-CYPRIOT REFUGEES: PERCEPTIONS OF RETURN UNDER CONDITIONS OF PROTRACTED EXILE/Zetter, Roger, in: International Migration Review, 1994, S. 307–322.

REFUGEES AND FORCED MIGRANTS AS DEVELOPMENT RESOURCES: THE GREEK-CYPRIOT REFUGEES FROM 1974/Zetter, Roger, in: Cyprus Review 4 (1), S. 7–39.

A »GERMAN SOLUTION« FOR CYPRUS' REUNIFICATION OR UNITED NATIONS »ENFORCEMENT« OF A PEACE/Theophylactou, Demetrios, in: Mediterranean Quarterly, Bd. 6 (1995), S. 39–51.

B. Exjugoslawien/Bosnien-Herzegowina, Kosovo

THE DAYTON AGREEMENT IN BOSNIA AND HERZEGOVINA. A STUDY OF IMPLEMENTATION STRATEGIES/Cox, M., British Yearbook of International Law 69 (1998), S. 201 ff.

THE RIGHT TO RETURN UNDER INTERNATIONAL LAW FOLLOWING MASS DISLOCATION: THE BOSNIA PRECEDENT/ Rosand, Eric, in: Michigan Journal of International Law 19 (1998), S. 1091–1139.

BOSNIA AFTER DAYTON: YEAR TWO/Woodward, S. L., in: Current History: A Journal of Contemporary World Affairs, Bd. 96, Nr. 608 (1997), S. 98–103.

HALFWAY DOWN THE ROAD FROM DAYTON/Kaufman, M. T. (Hrsg.), Transition: Events and Issues in the Former Soviet Union and East-Central and South-eastern Europe. Special Balkan Peace Issue/Kaufman, M. T. (Hrsg.), Bd. 2, Nr. 14 (12. Juli 1996).

AMERICA'S BOSNIA POLICY: THE WORK AHEAD/Woodward, S. L., in: Brookings Policy Brief, Nr. 2 (1997), S. 9.

ETHNISCHE SÄUBERUNG: VÖLKERMORD FÜR GROSSSERBIEN – EINE DOKUMENTATION DER GESELLSCHAFT FÜR BEDROHTE VÖLKER/Zülch, Tilman (Hrsg.), Hamburg 1993.

ETHNIC CLEANSING/Lerner, Natan, in: Dinstein, Yoram (Hrsg.), War Crimes in International Law, Den Haag 1996.

GENOCIDE IN BOSNIA: THE POLICY OF ETHNIC CLEANSING/ Cigar, N. L., in: Eastern European Studies, Nr. 1995, College Station (Texas).

MAKING PEACE WITH THE GUILTY: THE TRUTH ABOUT BOSNIA/Boyd, C. G., in: Foreign Affairs, Bd. 74, Nr. 5 (1995), S. 22–38.

U.S. POLICY IN BOSNIA: RETHINKING A FLAWED APPROACH/ Glitman, M., in: Survival, Bd. 38, Nr. 4 (1996), S. 67–83.

WAR CRIMES IN BOSNIA-HERCEGOVINA/Helsinki Watch, New York (NY), Washington (D. C.), London, in: Human Rights Watch, August 1992, S. 359.

C. Ehemalige UdSSR/GUS-Staaten

FORCIBLE POPULATION TRANSFERS, DEPORTATIONS AND ETHNIC CLEANSING IN THE CIS: PROBLEMS IN SEARCH OF RESPONSENS/Nahajlo, Bohdan, in: Refugee Survey Quarterly, Bd. 16, Nr. 3 (1997), S. 26–76.

AZERBAIJAN: SEVEN YEARS OF CONFLICT IN NAGORNO-KARABAKH/Human Rights Watch/Helsinki – New York (NY). Washington (D. C.): Human Rights Watch, Dezember 1994. – 118 Seiten. – (Human Rights Watch/Helsinki).

BLOODSHED IN THE CAUCASUS: VIOLATIONS OF HUMANITARIAN LAW AND HUMAN RIGHTS IN THE GEORGIA-SOUTH OSSETIA CONFLICT/Human Rights Watch, Helsinki, New York (NY), Human Rights Watch 1992, S. 53.

THE DYNAMICS AND CHALLENGES OF ETHNIC CLEANSING: THE GEORGIA-ABKHAZIA CASE/Dale, Catherine, in: Refugee Survey Quarterly, Bd. 16, Nr. 3 (1997), S. 77–109.

CASE STUDY IN ETHNIC STRIFE/Rieff, D., in: Foreign Affairs, Bd. 76, Nr. 2 (1997), S. 118–132.

THE CRIMEAN TATARS: A SITUATION REPORT ON THE CRIMEAN TATARS FOR INTERNATIONAL ALERT/Wilson, A., Cambridge 1994.

DIE RÜCKKEHR-BEWEGUNG DER KRIMTATAREN: VORAUSSETZUNGEN, GREMIEN UND AKTUELLE ENTWICKLUNGEN/ Sasse, Gwendolyn, in: Osteuropa, Bd. 45 (1995), S. 338–348.

CRIMEAN TATARS: REPATRIATION AND CONFLICT PREVENTION/Open Society Institute. Forced Migration Projects, New York (NY) 1996, S. 95.

THE CRIMEAN TATARS, VOLGA GERMANS AND MESKHETIANS: SOVIET TREATMENT OF SOME NATIONAL MINORITIES/ Sheehy, A./Nahaylo, Bohdan, 3. Aufl., London 1981.

THE CRIMEAN TATARS AND VOLGA GERMANS/Sheehy, A., London 1971.

DEMOGRAPHIC MANIPULATION IN THE CAUCASUS (WITH SPECIAL REFERENCE TO GEORGIA)/Hewitt, B. G., in: Journal of Refugee Studies, Bd. 8, Nr. 1 (1995), S. 49–74.

AN EARLY SOVIET ETHNIC DEPORTATION: THE FAR-EASTERN KOREANS/Gelb, M., in: The Russian Review, Bd. 54 (1995), S. 390–412.

ETHNICITY, NATIONALISM AND CONFLICT IN AND AFTER THE SOVIET UNION: THE MIND AFLAME/Tishkov, V., London 1997.

FAULTLINESS OF NATIONALITY CONFLICT: REFUGEES AND DISPLACED PERSONS FROM ARMENIA AND AZERBAIJAN/ Frelick, Bill – Washington (D. C.): U.S. Committee for Refugees, März 1994, S. 44 (USCR's Issue Paper/Hamilton, V., Argent, T. (Hrsg.).

FORCED MIGRATION: REPATRIATION IN GEORGIA/Open Society Institute, New York (NY) 1995, S. 45.

THE INGUSH-OSSETIAN CONFLICT IN THE PRIGORODNYI REGION/Human Rights Watch, Helsinki, New York (NY), Washington (D. C.) 1996, S. 100.

INTERNAL DISPLACEMENT AND THE CONFLICT IN ABKHAZIA/ Mooney, E. D., in: International Journal on Group Rights, Bd. 3, Nr. 3 (1996), S. 197–226.

THE NATION KILLERS: THE SOVIET DEPORTATION OF NATIONALITIES/Conquest, R., London 1970.

THE NATIONALITIES QUESTION IN THE POST-SOVIET STATES/ Smith, G. (Hrsg.), 2. Aufl., Essex (United Kingdom) 1996.

THE NORTH CAUCASUS: MINORITIES AT A CROSSROADS/ Krag, H./Funch, L., in: Minority Rights Group International Report, Bd. 5 (1994).

LES PEUPLES DEPORTES D'UNION SOVIETIQUE/Marie, J. J., Brüssel 1995.

RUSSIA'S TINDERBOX: CONFLICT IN THE NORTH CAUCASUS AND ITS IMPLICATIONS FOR THE FUTURE OF THE RUSSIAN FEDERATION/Hill, F., Cambridge (Massachusetts) 1995.

THE SOVIET DEPORTED NATIONALITIES: A SUMMARY AND AN UPDATE/Kreindler, I., in: Soviet Studies, Bd. 38, Nr. 3 (1986), S. 388–405.

THE UNMIXING OF PEOPLES IN THE POST-COMMUNIST WORLD/Zolberg, A. R., in: Zolberg, A. R./Suhrke, A., Le grand exode, Paris 1997, S. 55 ff.

THE WESTERN FINNIC MINORITIES AND THE ORIGINS OF THE STALINIST NATIONALITIES DEPORTATIONS/Gelb, M., in: Nationalities Papers, Bd. 24, Nr. 2 (1996), S. 238–267.

D. Afrika

THE UGANDAN CRISIS AND THE RIGHT OF EXPULSION UNDER INTERNATIONAL LAW/Plender, Richard, in: Review of the International Commission of Jurists, Vol. 9, S. 9 ff.

EXPULSION OF A MINORITY: ESSAYS ON UGANDAN ASIANS/ Twaddle, M. (Hrsg.), in: Commonwealth Papers, Nr. 18 (1975), S. 233.

EXPULSION OF ASIAN INDIANS FROM UGANDA: OR THE COLOR OF AFRICAN RACISM/Jain, S., in: Migration World, Bd. 18, Nr. 3/4 (1990), S. 27–29.

FORCED REMOVAL: THE DIVISION, SEGREGATION AND CONTROL OF THE PEOPLE OF SOUTH AFRICA/Unterhalter, E. – London: International Defence and Aid Fund for Southern Africa, 1987, S.177 ff.

GOVERNMENT-INDUCED TRANSFERS OF FOREIGN NATIONALS/Addo, N. O., in: Clarke, J. I. /Kosinski, L. A. (Hrsg.), Redistribution of Population in Africa, London 1982, S. 31–38.

MASISI, DOWN THE ROAD FROM GOMA: ETHNIC CLEANSING AND DISPLACEMENT IN EASTERN ZAIRE/Yett, S., Washington (D. C.) 1996, S. 22.

MAURITANIA – THE OTHER APARTHEID?/Diallo, G., in: Scandinavian Institute of African Studies 1993, Uppsala (Schweden), S. 57.

MAURITANIA'S CAMPAIGN OF TERROR: STATE-SPONSORED REPRESSION OF BLACK AFRICANS/Human Rights Watch/Africa, New York (NY), Washington (D. C.), April 1994, S. 156.

THE SURPLUS PEOPLE: FORCED REMOVALS IN SOUTH AFRICA/ Platzky, L./Walker, C., Johannesburg 1985, S. 446.

TRIBUS, ETHNIES ET POUVOIR EN MAURITANIE/Marchesin, P., Paris 1992, S. 409.

TWENTY YEARS AFTER THE EXPULSION OF ASIANS FROM UGANDA: THEME PAPERS/Robinson, V. et al., in: Journal of Refugee Studies Bd. 6, Nr. 3 (1993), S. 226–285.

REPATRIATION DURING CONFLICT IN AFRICA AND ASIA/Cuny, F. C./Stein B. N./Reed, P. (Hrsg.), Dallas, Centre for the Study of Societies in Crisis.

E. Asien

ADDRESSING THE CHALLENGE OF BURMA/MYANMAR: THE BOSNIA OF ASIA/Diller, J. M./Adams, J. S., International Human Rights Law Group, Washington (D. C.), Oktober 1993, S. 22.

BHUTAN: HUMAN RIGHTS VIOLATIONS AGAINST THE NEPALI-SPEAKING POPULATION IN THE SOUTH/Amnesty International, London, Dezember 1992, S. 26, AI ASA 14/04/92.

RETURN TO CAMBODIA, THE SIGNIFICANCE AND IMPLICATIONS OF PAST, PRESENT AND FUTURE SPONTANEOUS REPATRIATIONS/Rogge, J., in: Cuny et al (Hrsg.), Repatriation during Conflict in Africa and Asia, Dallas, Centre for the Study of Societies in Crisis, 1992, S. 103–195.

ETHNIC NATIONALISM, REFUGEES AND BHUTAN/Hutt, M., in: Journal of Refugee Studies, Bd. 9, Nr. 4 (1996), S. 397–420.

POPULATION TRANSFERS IN ASIA/Schechtman, J. B., New York (NY) 1949, S. 149.

F. Naher Osten

THE RIGHT TO RETURN OF THE PALESTINIAN PEOPLE/United Nations Publication ST/SG/SER.F/2 (1978).

THE PALESTINIAN REFUGEES' RIGHT TO RETURN AND THE PEACE PROCESS/Weiner, J. R., in: Boston College Quarterly 20 (1997), S. 9 ff.

THE ISRAELI SUPREME COURT AND THE DEPORTATIONS OF PALESTINIANS: THE INTERACTION OF LAW AND LEGITIMACY/Dayanim, B., in: Stanford Journal of International Law 30 (1994), S. 115 ff.

THE ISRAEL SUPREME COURT AND THE LAW OF BELLIGERENT OCCUPATION: DEPORTATIONS/Dinstein, Y., in: Israel Yearbook of Human Rights 23 (1993), S. 1 ff.

THE RIGHT TO RETURN IN INTERNATIONAL LAW, WITH SPECIAL REFERENCE TO THE PALESTINIAN REFUGEES/Lapidoth, R., in: Israel Yearbook on Human Rights 1986, S. 16 ff.

THE PALESTINIAN REFUGEES: THE RIGHT TO RETURN IN INTERNATIONAL LAW/Radley, K. N., in: American Journal of International Law, Bd. 72 (1978), S. 586–614.

THE RIGHT TO RETURN OF PALESTINIANS IN INTERNATIONAL LAW/Lawand, Kathleen, in: International Journal of Refugee Law, Bd. 8, Nr. 4 (1996), S. 532–568.

DISPLACED PALESTINIANS AND A RIGHT TO RETURN/Quigley, John, in: Harvard International Law Journal 39 (1998), S. 171 ff.

THE RIGHT TO RETURN/Mallison, W. T., in: Journal of Palestine Studies, Bd. 9 (1980), S. 125–136.

THE PALESTINIAN REFUGEES: THE RIGHT TO RETURN IN INTERNATIONAL LAW/Radley, K. R., in: The American Journal of International Law, Bd. 72 (1978), S. 586–614.

THE RIGHT TO RETURN OF PALESTINIANS IN INTERNATIONAL LAW/Lawand, K., in: International Journal of Refugee, Bd. 8, Nr. 4 (1996), S. 532–568.

FORCED EVICTION AS AN INCREMENT OF DEMOGRAPHIC MANIPULATION/Schechla, J., in: Environment and Urbanisation, Bd. 6, Nr. 1 (1994), S. 89–105.

MASS EXODUS AND MASS DISPLACEMENT IN THE MIDDLE EAST, 1990–91/Van Hear, N. – Oxford (United Kingdom), Juni 1991, S. 34 (Text of a lecture in the Refugee Studies Programme Seminar series on forced migration, Oxford, United Kingdom).

REFUGEES INTO CITIZENS: PALESTINIANS AND THE END OF THE ARAB-ISRAELI CONFLICT/Arzt, Donna A., Council on Foreign Relations, New York (NY) 1997 xv, S. 223.

RETURN OR COMPENSATION: THE LEGAL AND POLITICAL CONTEXT OF THE PALESTINIAN REFUGEE ISSUE/Dowty, A., in: World Refugee Survey 1994. – Washington (D. C.), U.S. Committee for Refugees, S. 26–32.

PRIVATE CLAIMS TO PROPERTY RIGHTS IN THE FUTURE ISRAELI-PALESTINIAN SETTLEMENT/Benvenisti, E./Zamir, E, in: American Journal of International Law, Bd. 89 (1995), S. 295–340.

PLANNING IN WHOSE INTEREST?: LAND USE PLANNING AS A STRATEGY FOR JUDAIZATION/Rishmawi, Mona, in: Journal of Palestine Studies, Bd. 16, Nr. 2 (1987), S. 105–118.

THE ILLEGALITY OF POPULATION TRANSFERS AND THE APPLICATION OF EMERGING INTERNATIONAL NORMS IN THE PALESTINIAN CONTEXT/Alfred de Zayas, in: The Palestine Yearbook of International Law, Vol. 6 (1990/1991), S. 17.

G. Europa

THE COMPULSORY EXCHANGE OF POPULATIONS BETWEEN GREECE AND TURKEY: THE SETTLEMENT OF MINORITY QUESTIONS AT THE CONFERENCE OF LAUSANNE, 1923, AND ITS IMPACT ON GREEK-TURKISH RELATIONS/Koufa, K. K./Svolopoulos, C., in: Smith, P. (Hrsg.), Ethnic Groups in International Relations: Comparative Studies on Governments and Non-Dominant Ethnic Groups in Europe, 1850–1940, New York (NY) 1990.

THE CYPRUS QUESTION AND THE TURKISH POSITION IN INTERNATIONAL LAW/Necatigil, Z. M., 2. Aufl., Oxford (United Kingdom) 1993.

L'ECHANGE GRECO-BULGARE DES MINORITES ETHNIQUES/ Wurfbain, A. Lausanne (Schweiz) 1930.

DER LAUSANNER VERTRAG UND DER GRIECHISCH-TÜRKISCHE BEVÖLKERUNGSAUSTAUSCH/Streit, Georg, Berlin 1930.

ETHNIC CLEANSING IN EASTERN EUROPE: POLES AND UKRAINIANS BESIDE THE CURZON LINE/Hann, C. M., in: Nations and Nationalism, Bd. 2, Nr. 3 (1996), S. 389–406.

EUROPEAN REFUGEES 1939–1952: A STUDY IN FORCED POPULATION MOVEMENT/Proudfoot, M. J., London 1957.

THE EXCHANGE OF MINORITIES: BULGARIA, GREECE AND TURKEY/Ladas, S. P, New York (NY) 1932.

IN TURKEY'S IMAGE: THE TRANSFORMATION OF OCCUPIED CYPRUS INTO A TURKISH PROVINCE/Ioannides, C. P., New Rochelle (New York) 1991.

RESETTLING DISPLACED PERSONS IN NORTH AND SOUTH CYPRUS: A COMPARISON/Kliot, N./Mansfeld, Y., in: Journal of Refugee Studies, Bd. 7, Nr. 4 (1994), S. 329–359.

H. Die Vertreibung der Deutschen

DIE DEUTSCHEN VERTREIBUNGSVERLUSTE/Statistisches Bundesamt, Wiesbaden 1958.

DIE VERTREIBUNG DER DEUTSCHEN AUS OST-MITTELEUROPA/Schieder, Th./Diestelkamp, A./Laun, R./Rassov, P./Rothfels, H. (Hrsg.), Bd. 8, dtv, 1984.

THE GERMAN EXODUS: A SELECTIVE STUDY ON THE POST-WORLD WAR II EXPULSION OF GERMAN POPULATIONS AND ITS EFFECTS/Paikert, G. C., in: Beijer, G. (Hrsg.), Publications of the Research Group for European Migration Problems, Bd. 12, Den Haag 1962, S. 99.

NEMESIS AT POTSDAM: THE ANGLO-AMERICANS AND THE EXPULSION OF THE GERMANS: BACKGROUND, EXECUTION, CONSEQUENCES/Alfred de Zayas, London 1977.

THE GERMAN EXPELLEES: VICTIMS IN WAR AND PEACE /Alfred de Zayas, London 1993.

LE TRANSFERT DE LA POPULATION ALLEMANDE, ETAIT IL CONFORME AU DROIT INTERNATIONAL?/Skubiszewski, K., in: Cahiers Pologne-Allemagne (1959), S. 42 ff.

DIE SUDETENDEUTSCHEN FRAGEN/Ermacora, Felix, München 1992.

ZUR FRAGE DES BESTEHENS VON RECHTSANSPRÜCHEN DER VERTRIEBENEN SUDETENDEUTSCHEN GEGEN DIE TSCHECHISCHE REPUBLIK, GEGEN EINZELPERSONEN IN DER TSCHECHISCHEN REPUBLIK UND GEGEN DIE BUNDESREPUBLIK DEUTSCHLAND (Rechtsgutachten)/Tomuschat, Christian, Bonn 1995.

DIE VERTREIBUNG DER SUDETENDEUTSCHEN. ZUR FRAGE DES BESTEHENS VON RECHTSANSPRÜCHEN NACH VÖLKERRECHT UND DEUTSCHEM RECHT/Tomuschat, Christian, in: Zeitschrift für ausländisches öffentliches Recht und Völkerrecht, Bd. 56 (1996), S. 1–69.

VÖLKERRECHTSWIDRIGKEIT VON VERTREIBUNG UND ENTSCHÄDIGUNGSLOSER ENTEIGNUNG DER SUDENTENDEUTSCHEN/Gornig, Gilbert, in: Deutschland und seine Nachbarn, Forum für Kultur und Politik, Nr. 16 (1996), S. 3–44.

DIE GEPLANTE SCHLUSSSTRICHERKLÄRUNG UND DIE LÖSUNG OFFENER AUS FLUCHT UND VERTREIBUNG RESULTIERENDER FRAGEN/Blumenwitz, Dieter, in: Deutschland und seine Nachbarn, Forum für Kultur und Politik, Nr. 16 (1996), S. 45–68.

INTERESSENAUSGLEICH ZWISCHEN DEUTSCHLAND UND DEN ÖSTLICHEN NACHBARSTAATEN. Die deutsch-tschechische Erklärung vom 21. Januar 1997 und die Ansprüche der deutschen Heimatvertriebenen/Blumenwitz, Dieter, Köln 1998.

DAS SELBSTBESTIMMUNGSRECHT DER VÖLKER UND DIE DEUTSCHE FRAGE/Klein, Eckart, Berlin 1990.

OSTWÄRTS DER ODER UND NEISSE/Seraphim, Peter-Heinz/Maurach, Reinhard/Wolfrum, Gerhard, Hannover 1949.

KEHREN DIE DEUTSCHEN IN DEN OSTEN ZURÜCK?/Schlau, Wilfried, in: AWR-Bulletin, Nr. 4, 1994, S. 201–207.

OFFENE FRAGEN IN DAS DEUTSCH-POLNISCHE GESPRÄCH EINBRINGEN/Hupka, Herbert, in: Rocznik Polskonimiecki, 1999, S. 45–54.

Anmerkungen

1 Es ist mir ein Bedürfnis und ein Vergnügen, der Kulturstiftung der deutschen Vertriebenen zu danken, insbesondere Herrn Professor Dieter Blumenwitz, Herrn Professor Gilbert Gornig und Herrn Dr. Hans-Jakob Tebarth. Ich möchte auch dem Bibliothekar der juristischen Bibliothek der Vereinten Nationen in Genf, Herrn Dr. Werner Simon, für seinen wertvollen Rat herzlich danken. Ebenfalls möchte ich den Herren Dr. Jean Marie Henckaerts und Dr. Knut Dörmann von der juristischen Abteilung des Internationalen Komitees des Roten Kreuzes in Genf für nützliche Gespräche danken. Ein Teil dieses Buches entstand während eines Forschungsaufenthalts am Max-Planck-Institut für ausländisches öffentliches Recht und Völkerrecht in Heidelberg. Ich möchte Herrn Professor Dr. Rüdiger Wolfrum für die Gelegenheit danken, in seinem Institut zu forschen.

2 Alfred de Zayas, Selbstbestimmungsrecht und Vereinte Nationen, in: H. J. Heintze (Hrsg.), Selbsbestimmungsrecht der Völker, Bonn 1997, S. 144–176; Reinhard Müller, Der »2 plus 4«-Vertrag und das Selbstbestimmungsrecht der Völker, Frankfurt/M. 1997.

3 UN-Charta, Artikel 2 (4).

4 Siehe unter anderem Jean Marie Henckaerts, Mass Expulsion in International Law, Martinus Nijhoff, Dordrecht 1995; ders., Deportation and Transfer of Civilians in Times of War, in: Vanderbilt Journal of Transnational Law, Bd. 26, 1993, S. 469–519; Christa Meindersma, Legal Issues Surrounding Population Transfers in Conflict Situations, in: Netherlands International Law Review, Bd. XLI, 1994, S. 31–83; Joseph Schechla, Ideological roots of population transfer, in: Third World Quarterly, Bd. 14, Nr. 2, 1993, S. 239–275; Alfred de Zayas, Das Recht auf die Heimat, ethnische Säuberungen und das Internationale Tribunal für das ehemalige Jugoslawien, in: Archiv des Völkerrechts, Bd. 35, März 1997, S. 29–72; ders., Population, Expulsion and Transfer, Forced Resettlement, in: R. Bernhardt, Encyclopedia of Public International Law, Bde. 2/3, 1994, S. 422–425; 1997, S. 1062–1068.

5 Alfred de Zayas, Der Nürnberger Prozess, in: Alexander Demandt (Hrsg.), Macht und Recht, München 1996, S. 239–270; ders., Die Vertreibung in völkerrechtlicher Sicht, in: Dieter Blumenwitz (Hrsg.), Flucht und Vertreibung, Carl Heymanns Verlag, Köln, 1987, S. 239–258; ders., Massenumsiedlungen und das Völkerrecht, in: Abhandlungen zu Flüchtlingsfragen, Bd. 10 (1975), S. 55–96.

6 Erklärung über die Rechte von Personen, die nationalen oder eth-

nischen, religiösen und sprachlichen Minderheiten angehören. UN General Assembly Resolution 47/135 vom 18. Dezember 1992, abgedruckt in Vereinte Nationen 41 (1993), 5, S. 190 f.

7 Alfred de Zayas, Population Transfers and the UN Sub-Commission on Promotion and Protection of Human Rights, in Office of the High Commissioner for Human Rights, Human Rights Quarterly, Nr. 1, 1999, S. 30–33.

8 U.N. Doc. E/CN.4/Sub.2/1993/17.

9 U.N. Doc. E/CN.4/Sub.2/1994/18.

10 U.N. Doc. E/CN.4/Sub.2/1997/23.

11 Eine deutsche Übersetzung wurde in der Sudetendeutschen Zeitung vom 1. März 1997 veröffentlicht.

12 Otto Triffterer, Die Bestrafung von Vertreibungsverbrechen, in: Dieter Blumenwitz (Hrsg.), Flucht und Vertreibung, S. 259–295.

13 Siehe Artikel 7 des Statuts des Internationalen Strafgerichtshofes; M. Cherif Bassiouni, The Statute of the International Criminal Court, Artikel 7 Absatz 1 (d), S. 41. Siehe auch die Praxis des Internationalen Kriegsverbrechertribunals für das ehemalige Jugoslawien, das vor kurzem den Geltungsbereich seines Statuts kommentierte, insbesondere Artike 5, und erklärte, dem völkerrechtlichen Gewohnheitsrecht zufolge sei es »mittlerweile eine feste Regel«, daß »Verbrechen gegen die Menschheit [...] nicht im Zusammenhang mit einem internationalen bewaffneten Konflik stehen (müssen) und [...] unter Umständen überhaupt nicht mit einem Konflikt zusammenhängen (müssen)«. Siehe Ankläger gegen Tadić, Rechtssache Nr. IT-94-1-AR72, ICTY Tadić App. Dec., Punkt 141.

14 Alfred de Zayas, The Right to One's Homeland, Ethnic Cleansing and the International Criminal Tribunal for the former Yugoslavia, Criminal Law Forum, Vol. 6 (1995), S. 257–315.

15 Karel Bartosek, Europe centrale et du Sud-Est, in: Stéphane Courtois (Hrsg.), Le Livre noir du Communisme, Paris 1997, S. 434.

16 Robert Redslob, Académie de Droit International, Den Haag, in: Recueil des Cours, Bd. 47/III (1931), S. 45.

17 Annuaire de l'Institut de Droit International, Session de Siena, 1952, Quatrième Commission, Les Transferts internationaux de populations, Bemerkung von Max Huber (Schweiz), S. 165.

18 Christian Tomuschat, Das Recht auf die Heimat: Neue rechtliche Aspekte, in J. Jekewitz (Hrsg.), Des Menschen Recht zwischen Freiheit und Verantwortung, Festschrift für Karl Josef Partsch (1989), S. 183–212, insbesondere S. 186; auch Rudolf Laun, Das Recht der Völker auf die Heimat ihrer Vorfahren, Internationales Recht und Diplomatie, 1958, S. 149–169.

[19] Rudolf Laun, Naturrecht und Völkerrecht, 4. Jahrbuch für Internationales Recht, (1952), S. 5 ff.; Alfred Verdross, Völkerrecht (5. Aufl., 1964), der sich zum Teil auf die spanische Völkerrechtslehre von Francisco Suarez stützt; siehe auch P. Jean, Le Contenu de la liberté de circulation, in: M. Flory und R. Higgins (Hrsg.), Liberté de circulation des personnes en droit international, Paris 1988: »La posibilité de rentrer chez soi, de retrouver son foyer, ses racines, est évidemment un droit naturel.«

[20] Internationaler Pakt über bürgerliche und politische Rechte, Artikel 12 (4) und General Comment Nr. 27 des UN-Menschenrechtsausschusses (Artikel 12) vom November 1999.

[21] Christian Tomuschat, a. a. O.

[22] José Ayala Lasso, Grußwort, in: Dieter Blumenwitz (Hrsg.), 50 Jahre Flucht, Deportation, Vertreibung. Dokumentation der Gedenkstunde in der Paulskirche zu Frankfurt am Main am 28. Mai 1995, Bonn 1995, S. 4–5; auch bei Alfred de Zayas, Die Anglo-Amerikaner und die Vertreibung der Deutschen, Ullstein, Berlin 1997, S. 390–391; englische Fassung bei de Zayas, Nemesis at Potsdam, Picton Press, Rockport, Maine 1998.

[23] Final Report of Mr. Awn Shawkat Al-Khasawneh, Special Rapporteur of the Sub-Commission on the Promotion and Protection of Human Rights, U.N. Doc. E/CN.4/Sub.2/1997/23, S. 26; siehe auch Bd. 16 (1997) des Refugee Survey Quarterly, hrsg. vom UN-Hochkommissar für Flüchtlinge, der vollständig der Thematik »Forcible Population Transfer« gewidmet ist; siehe dort Alfred de Zayas, Collective Expulsions: Norms, Jurisprudence, Remedies, S. 149–153.

[24] Marjoleine Zieck, UNHCR and Voluntary Repatriation of Refugees. A Legal Analysis, Den Haag 1997.

[25] Gervaise Coles, Study on Voluntary Repatriation, UNHCR 1985, S. 185–186: »The human need to belong is more than one for protection or for the means of individual development: it is also a need to be among one's own. Although this latter need varies in strength according to individual circumstances and to such factors as age (it seems to become stronger as a person grows older), it is normally a strong human need, the satisfaction of which is conducive to individual and social well-being and the denial of which is conducive to suffering and to social disorder.

Belonging also relates not only to a community of people but, normally, also to a land (the ›motherland‹ or the ›fatherland‹ or the land of one's ancestors). Man is not an ethereal spirit living outside space or time but a terrestrial creature with roots in a land and its history. A ›people‹ is formed by physical propinquity, a native soil and a shared history that has formed common beliefs and values (i. e. its culture or civilisation) and conferred on it an identity. The link between a people and a land is a profound one.«

26 Stepun, Fedor, Heimat und Fremde, in: Kölner Zeitschrift für Soziologie, 1950/51, S. 149.

27 Friedrich Bülow, in: Wörterbuch der Soziologie, 2. Aufl., Stuttgart 1969, S. 415.

28 Carl Jacob Burckhardt, Über den Begriff der Heimat, Rede anläßlich der Verleihung des Friedenspreises des deutschen Buchhandels 1954, Neue Zürcher Zeitung vom 27. September 1954, Fernausgabe Nr. 265.

29 Siehe zum Beispiel Rainer Maria Rilkes Gedichte »Das Heimatlied« und »Kajetan Tyl«, beide mit Verweisen auf Tyls Gedicht »Kde domov muj«, der späteren Nationalhymne der Tschechischen Republik.

30 William Frelick, The Right of Return, International Refugee Law 2 (1990), S. 442 (444).

31 Annuaire de l'Institut de Droit International, Bd. 44, 1952; Bd. 46, 1956; Jean Marie Henckaerts, Mass Expulsion in Modern International Law and Practice, Dordrecht 1995; Christa Meindersma, Legal Issues Surrounding Population Transfers in Conflict Situations, in: Netherlands International Law Review, Vol. 41 (1994), S. 31–83; Marc Lengerau, La notion de ›Recht auf die Heimat‹ dans la pensée allemande contemporaine, in: Revue d'Allemagne, Paris 1971, S. 490–523; Marc Lengerau, Le droit à la Heimat, These de doctorat, Université de Grenoble, 1970. F. H. E. W. du Buy, Das Recht auf die Heimat, Realität oder Fiktion?, Dissertation an der Juristischen Fakultät der Universität Utrecht (Niederlande), 1975.

32 K. Bartosek, a. a. O., in deutscher Übersetzung: »Letztendlich gehört ja auch das ›Recht auf die Heimat‹ zu den fundamentalen Menschenrechten.« Schwarzbuch des Kommunismus, Piper Verlag, München, S. 436.

33 Deutschland – Eine Republik der Reue, Der Tagesspiegel (Berlin), 5. Oktober 1995, S. 7.

34 Lennart Meri, Ich bin einer von Ihnen, in: Bund der Vertriebenen (Hrsg.), Menschenrechte sind unteilbar, Bonn 1999, S. 33.

35 Crimean Tatars: Repatriation and Conflict Prevention, hrsg. von The Forced Migration Project of the Open Society Institute, New York 1996; Bohdan Nahajlo, Forcible Population Transfers, Deportations and Ethnic Cleansing in the CIS: Problems in Search of Responses, in: Refugee Survey Quarterly, Bd. 16, Nr. 3, S. 26–76; UNHCR (United Nations High Commissioner for Refugees – Ab-

teilung für Presse- und Öffentlichkeitsarbeit), GUZ-Konferenz, Flüchtlinge und Migranten, 30.–31. Mai 1996; Robert Conquest (Hrsg.), Soviet Nationalities Policy in Practice, London 1967.

36 Artikel 49 der 4. Genfer Rotkreuz-Konvention und Artikel 85 des I. Zusatzprotokolls verbieten zwar die Seßhaftmachung fremder Völker in besetzten Gebieten, jedoch muß immer bedacht werden, daß diese Menschen oft ebenfalls Opfer sind und daß ihre Menschrenrechte und Menschenwürde respektiert werden müssen.

37 Dieter Blumenwitz, Die geplante Schlußstricherklärung und die Lösung offener aus Flucht und Vertreibung resultierender Fragen, in: Deutschland und seine Nachbarn. Forum für Kultur und Politik, Nr. 16, Mai 1996, S. 45–68, auf S. 68.

38 Ich danke Herrn Konrad Badenheuer für ein sehr anregendes Gespräch über kollidierende Heimatrechte.

39 Foreign Relations of the United States, Bd. 1, S. 112 (Supp. I, 1918).

40 Art. III 1 des Friedens von Osnabrück, Artikel III 7 Absatz 5 des Friedens von Münster 1648; Robert Redslob, Le Principe des Nationalités, Recueil des Cours de l'Académie de Droit International, Bd. 47, 1931, III, S. 47; Rudolf Laun, Die Lehren des Westfälischen Friedens, Hamburg 1949, S. 42; Rudolf Laun, das Recht auf die Heimat, Hannover 1951, S. 32; Alfred de Zayas, Westfalia, Peace of, in: R. Bernhardt (Hrsg.), Encyclopaedia of Public International Law, Vol. IV, Amsterdam 2000. Eine traurige spätere Ausnahme war die Aufhebung des Edikts von Nantes, die die große Auswanderung der Hugenotten auslöste, die dann meistens in Preußen siedelten.

41 R. Billington, Westward Expansion, 1949, S. 312 ff.

42 Am 30. November 1973 verkündeten die Vereinten Nationen das Internationale Übereinkommen über die Bekämpfung und Bestrafung des Verbrechens von Apartheid. U.N.T.S., Bd. 1015, S. 243. In ihre Resolution 3068 (XXVIII) vom 30. November 1973 hat die Generalversammlung Apartheid als ein Verbrechen gegen die Menschheit eingestuft.

43 Alfred de Zayas, Forced Resettlement, in: R. Bernhardt, Encyclopedia of Public International Law, Bd. 2, 1995, S. 422–425; J. Dugard, South Africa's »Independent« Homelands: An Exercise in Denationalization. Denver Journal of International Law and Policy, Bd. 10 (1980), S. 11–36.

44 ORGA, Bericht des Menschenrechtsausschusses 1999, A/54/40, Bd. 1, S. 48 ff.: »The Committee commends the Government of Canada in Regard to the Nunavut Land and Governance Agreement of the Eastern Arctic«, S. 49.

[45] Alfred de Zayas, A Historical Survey of Twentieth Century Expulsions, in: Anna Bramwell (Hrsg.), Refugees in the Era of Total War, London 1988, S. 15–38.

[46] Anerkannt vom Französischen Parlament am 18. Januar 2001. League of Nations, Scheme for the Settlement of Armenian Refugees. Council of the League of Nations Doc. C.699.M.264.1926.IV., Genf 1927; Christopher Walker, Armenia, The Survival of a Nation, New York 1980; Ronald Grigor Suny, Looking towards Ararat. Armenia in Modern History, Bloomington, Indiana; Paul Henze, Turkey and Armenia: past problems and future prospects. Rand Corporation, 30. Mai 1996; Ein Völkermord-Bekenntnis Ankaras sollte nach einer Entschließung des Europäischen Parlaments vom 18. Juni 1987 für eine politische Lösung der Armenischen Frage eine Bedingung für den EU-Beitritt der Türkei sein; R. G. Hovanissian, The Armenian Genocide: History, Politics, Ethics, London, New York 1992; Y. Ternon, Enquête sur la Négation d'un Génocide, Marseille 1989; ders., Der verbrecherische Staat. Völkermord im 20. Jh., Hamburg 1996, S. 139 ff.

[47] Sabrina Petra Ramet, War in the Balkans, in: Foreign Affairs, Herbst 1992, S. 79, 81.

[48] Abkommen und Protokoll betreffend den Austausch griechischer und türkischer Bevölkerungsteile, 30. Januar 1923, Griechenland–Türkei, 32 L.N.T.S. 75; Friedensvertrag (Lausanne), 24. Juli 1923, 28. L.N.T.S. (League of Nations Treaty Series), S. 11 ff.

[49] Friedensvertrag a. a. O., Artikel 142, nahm unter entsprechender Bezugnahme die bilaterale Vereinbarung über den Bevölkerungsaustausch in seinen Wortlaut auf.

[50] Der französische Völkerrechtsprofessor Robert Redslob schrieb in seiner Haager Vorlesung 1931 vor der Académie de Droit International: »Quand on réfléchit à toutes les conséquences graves et desastreuses de cet échange forcé de populations grecques et turques, on ne saurait admettre que pareille methode doit être reconnue comme une solution normale du problème des nationalités [...]. La transplantation forcée d'un peuple ne peut-être approuvée parce qu'elle est en contradiction avec un droit primordial [...]. Le droit a la terre, c'est un droit de l'homme.«, in: Recueil des Cours Bd. 47/III, S. 45.

[51] Zitiert nach Georg Streit, Der Lausanner Vertrag und der griechisch-türkische Bevölkerungsaustausch, Berlin 1929, S. 9.

[52] Zitiert nach Lord Noel Buxton in 130 Parliamentary Debates, House of Lords (5th ser.) Bd. 130, Spalte 1120 (1944), 9. März 1944; siehe auch G. Streit, Der Lausanner Vertrag, 1929, S. 24.

[53] 139 Parl. Deb., H. L. (5th ser.) 68 (1946).

[54] Sogar noch in den 40er Jahren äußerte sich Winston Churchill zustimmed über diese Regelung, 406 Parl. Deb., House of Commons (5th ser.) 1484 (1944).

[55] Siehe hierzu allgemein Stephen P. Ladas, The Exchange of Minorities: Bulgaria, Greece and Turkey (1932); Kalliopi A. Koufa und Constantinos Svolopoulos, The Compulsory Exchange of Populations between Greece and Turkey: The Settlement of Minority Questions at the Conference of Lausanne, 1923, and Its Impact on Greek-Turkish Relations, in: Paul Smith et al. (Hrsg.), Ethnic Groups in International Relations (1991).

[56] Einen Überblick über diese Ereignisse geben Alfred de Zayas, Massenumsiedlungen und das Völkerrecht, in: Abhandlungen zu Flüchtlingsfragen, Bd. 10 (1975), S. 55–96; auch Alfred de Zayas, Die Anglo-Amerikaner und die Vertreibung der Deutschen, 11. Aufl., 1999, S. 94 ff.; ders., Anmerkungen zur Vertreibung (4. Aufl., 1995, S. 52 ff.).

[57] Eugene M. Kulischer, Europe on the Move, 1948, S. 282–286.

[58] Jean Pictet (Hrsg.), Commentary to the 4th Geneva Convention of 12 August 1949, S. 279.

[59] Statut von Nürnberg, Artikel 6 (b)–(c); Urteil in: IMT, Bd. XXII; Astrid Becker, Der Tatbestand des Verbrechens gegen die Menschlichkeit. Überlegungen zur Problematik eines völkerrechtlichen Strafrechts, Berlin 1996, S. 35 ff., 200 ff.

[60] 4. Haager Abkommen betreffend die Ordnung der Gesetze und Gebräuche des Landkrieges und Anlage zum Abkommen (Haager Landkriegsordnung), 18. Oktober 1907, 205 Consol. T.S. 227, abgedruckt in: Adam Roberts und Richard Guelff (Hrsg.), Documents on the Laws of War, 2. Aufl., 1989, S. 44.

[61] Protocol of Proceedings of the Berlin (Potsdam) Conference, 2. August 1945, Artikel IX, 3 Bevans 1207.

[62] Ebenda, Artikel XIII.

[63] Statistisches Bundesamt der Bundesrepublik Deutschland, Die deutschen Vertreibungsverluste 38, 46–47 (1958); Alfred de Zayas, Die Anglo-Amerikaner und die Vertreibung der Deutschen, S. 28 f.; Alfred Bohmann, Menschen und Grenzen 1–4 (1969–1975).

[64] Victor Gollancz, Unser bedrohtes Erbe, Zürich 1947, S. 156 f.

[65] Theodor Veiter, Aktuelle Vertreibungsfälle weltweit, in: Dieter Blumenwitz (Hrsg.), Flucht und Vertreibung, 1987, S. 207–228; Felix Ermacora, Vertreibung und Vertreibungsverbrechen vor dem Forum der Vereinten Nationen, in: Dieter Blumenwitz (Hrsg.), Flucht und Vertreibung, S. 229–237.

[66] Rocznik Statystycznz, 1947, S. 29. Etwa eine Million Polen blieben jedoch als eine ethnische und religiöse Minderheit östlich der

Curzon-Linie; vgl. Angela Nacken, 1 167 000 vergessene Polen, in: Frankfurter Allgemeine Zeitung, 3. Februar 1979, S. 12.; Alfred de Zayas, Curzon Line, in: R. Bernhardt, Encyclopaedia of Public International Law, Bd. 1, 1992, S. 897–898. Die russisch-polnische Grenze wurde durch Vertrag vom 16. August 1945 festgelegt noch mit ausdrücklichem Friedensvertragsvorbehalt (UNTS, Bd. 10, S. 193) und modifiziert in den Verträgen vom 8. Juli 1948 und 15. Februar 1951 (U.N.T.S., Bd. 37, S. 25; Bd. 432, S. 199).

67 Bohdan Nahajlo, Forcible Population Transfers, Deportations and Ethnic Cleansing in the CIS: Problems in Search of Responses, in: Refugee Survey Quarterly, Bd. 16, Nr. 3, 1997, S. 26–76; Catherine Dale, The Dynamics and Challenges of Ethnic Cleansing: The Georgia-Abkhazia Case, in: Refugee Survey Quarterly, Bd. 16, S. 77–109.

68 Applications Nos. 6780/74 and 6950/75 Cyprus vs. Türkei, Beschluß der Europäischen Menschenrechtskommission vom 10. Juli 1976, Fall 8007/77, Beschluß vom 4. Oktober 1983; EGMR, Fall Loizidou vs. Türkei, Urteil vom 18. Dezember 1996 (40/1993/435/514), S. 23, in dem die Türkei wegen einer Verletzung des Artikels 1 zum Protokoll I zur Europäischen Menschenrechtskonvention verurteilt wird.

69 Case 7964, Inter-American Commission on Human Rights, Report on the Situation of a Segment of the Nicaraguan Population of Miskito Origin, OEA/Ser.L/VII.62, Doc. 26, S. 118 (1984); Thomas Buergenthal und Dinah Shelton, Protecting Human Rights in the Americas, Cases and Materials, 4. Aufl. 1995, S. 347–353.

70 Bis Dezember 1999 waren es ca. 104 Resolutionen des Sicherheitsrates, 13 der Generalversammlung, vier der Menschenrechtskommission, vier des Ausschusses gegen die Rassendiskriminierung.

71 Vgl. zum Beispiel SC Res. 353 (1974) von 20 Juli 1974.

72 Siehe die Berichte von Tadeusz Mazowiecki, des Sonderberichterstatters der Kommission für Menschenrechte der Vereinten Nationen über »The Situation of Human Rights in the Territory of the Former Yugoslavia«, U.N. Doc. E/CN.4/1992/S-1/9 (1992); U.N. Doc. E/CN.4/1992/S-1/10 (1992); U.N. Doc. A/47/666 (U.N. Doc. S/24809) (1992); U.N. Doc. E/CN.4/1992/S-2/6 (1992); U.N. Doc. E/CN.4/1993/50 (1993); U.N. Doc. E/CN.4/1994/3 (1993) (erster regelmäßiger Bericht); U.N. Doc. E/CN.4/1994/4 (1993) (zweiter regelmäßiger Bericht); U.N. Doc. E/CN.4/1994/6 (1993) (dritter regelmäßiger Bericht); U.N. Doc. E/CN.4/1994/8 (1993) (vierter regelmäßiger Bericht); U.N. Doc. E/CN.4/1994/47 (1993) (fünfter regelmäßiger Bericht); U.N. Doc. E/CN.4/1994/110 (1994) (sechster

regelmäßiger Bericht); U.N. Doc. E/CN.4/1995/4 (1994) (siebter regelmäßiger Bericht); U.N. Doc. E/CN.4/1995/10 (1994) (achter regelmäßiger Bericht); U.N. Doc. A/49/641 (U.N. Doc. S/1994/1252) (1994) (neunter regelmäßiger Bericht); U.N. Doc. E/CN.4/1995/54 (1994) (Sonderbericht über die Medien); U.N. Doc. E/CN.4/1995/57 (1995) (zehnter regelmäßiger Bericht). Am 27. Juli 1995 trat Mazowiecki aus Protest gegen die Untätigkeit der Vereinten Nationen und der Welt angesichts der Angriffe der bosnischen Serben auf die UNO-Schutzzonen von Srebrenica und Zepa von seinem Amt zurück. Seine Nachfolgerin, Elisabeth Rehn, hat mehrere Berichte vorgelegt, in denen die Entwicklung vor und nach Dayton kommentiert wird (U.N. Doc. A/50/727-S/1995/933 und E/CN.4/1996/63).

73 UNHCR, GUS-Konferenz Flüchtlinge und Migranten, 30.–31. Mai 1996, S. 6.

74 Isabelle Kreindler, The Soviet Deported Nationalities: A Summary and Update, in: Soviet Studies, Bd. 38, Nr. 3, Juli 1986, S. 398; Abdruck der Beschlüsse und Anordnungen von Berija und Stalin, in: N. F. Bugaj (Hrsg.): Iosif Stalin – Lavrentiju Berii: Ich nado deportirovat. Dokumenty, fakty, kommentarii. Moskau 1992, S. 129–150.

75 Robert Redslob, Académie de Droit International, in: Recueil des Cours, Bd. 37/III (1931), Den Haag, S. 1 ff. »La transplantation forcée d'un peuple ne peut-être approuvée parce qu'elle est en contradiction avec un droit primordial [...][et] sacrifie un bien suprême que l'homme revendique au nom d'un droit non moins sacré: ce bien, c'est la terre. Elle aussi, la terre, est l'objet d'une revendication initiale qui plonge ses racines dans des croyances de justice. Il est un droit a la terre, c'est un droit de l'homme. Or, à regarder le fond des choses, le droit de l'homme est de la même famille que le droit des nationalités. Tous deux procedent d'une même croyance: l'autodétermination. Il n'y a entre eux qu'une différence de style: le droit de l'homme incarnant l'autodétermination individuelle, le droit des nationalités l'autodétermination collective.«, S. 45.

76 Der französische Völkerrechtler Georges Scelle, in: Annuaire de l'Institut de Droit International, Bd. 44/II (1952), S. 176 ff.: »Tout transfert de populations constitue une négation de l'ethique internationale moderne, base première de l'ordre juridique international. Tout transfert collectif constitue une violence contraire aux principes generaux du Droit, qu'il s'agisse de transfert interne ou international.«

77 Siehe unter anderem die Berichte des UN-Sonderberichterstat-

ters über Bevölkerungsumsiedlungen, unter anderem Final Report of Mr. Awn Shawkat Al-Khasawneh, Human Rights and Population Transfers, E/CN.4/Sub.2/1997/23/Corr.; des Vertreters des UN-Generalsekretärs zur Frage der Bevölkerungsverschiebungen innerhalb eines Staates, Report of the Representative of the Secretary-General, Mr. Francis Deng, E/CN.4/1996/52; des UN-Sonderberichterstatters über das Recht auf Behausung, unter anderem Second progress report by Mr. Rajindar Sachar, Special Rapporteur, E/CN.4./Sub.2/1994/20.

78 Anscheinend wurde dieser Begriff Anfang der 80er Jahre von dem ultranationalistischen Serbenführer Vojislav Seselj geprägt. Erst nach dem Ausbruch der Feindseligkeiten im Jahre 1991 erlangte dieses Wort jedoch seine traurige Berühmtheit. Eine gute Analyse des Begriffs und seiner Geschichte findet sich bei Drazen Petrović, Ethnic Cleansing – An Attempt at Methodology, 5 European Journal of International Law, S. 342 ff.; siehe auch Naan Lerner, Ethnic Cleansing, in: Yoram Dinstein (Hrsg.), War Crimes in International Law, Den Haag 1996, S. 107 ff.

79 Die internationale Bill of Rights umfaßt die Allgemeine Erklärung der Menschenrechte, G.A. Res. 217A (III), U.N. Doc. A/810, S. 71 (1948) [im folgenden Allgemeine Erklärung]; den Internationalen Pakt über wirtschaftliche, soziale und kulturelle Rechte, verabschiedet am 19. Dezember 1966, 993 U.N.T.S. (United Nations Treaty Series) 3 (in Kraft seit 3. Januar 1976) [im folgenden IPWSKR] und den Internationalen Pakt über bürgerliche und politische Rechte, verabschiedet am 19. Dez. 1966, 999 U.N.T.S. 171 (in Kraft seit 23. März 1976) [im folgenden IPBPR]. Hierzu ließe sich die Auffassung vertreten, dieses Recht sei in ebenda, Artikel 12 (4), enthalten, der das Recht schützt, in das eigene Land »einzureisen«.

80 Unterstützt wird diese Auffassung in: Ian Brownlie, Principles of Public International Law 515, 4. Aufl., Oxford 1990; Hector Gros-Espiell, Self-determination and jus cogens, in: Antonio Cassese (Hrsg.), U.N. Law/Fundamental Rights 167 (1979); Eckart Klein, Das Selbstbestimmungsrecht der Völker und die deutsche Frage, Berlin 1990. Sie hat allerdings auch ihre Kritiker. Eine gute Erörterung der Diskussion und Literaturhinweise findet sich bei Ralph Steinhardt, Book Review, in: AJIL 88 (1994), S. 831 (mit einer Besprechung mehrerer neuerer Veröffentlichungen über Selbstbestimmung).

81 Die meisten polnischen und tschechischen Völkerrechtler bestreiten die Existenz dieses Rechts. Das bundesdeutsche Auswärtige Amt hat mehrfach parlamentarische Anfragen wie folgt beantwortet: »Die Bundesregierung hält an der Auffassung fest,

daß die Vertreibung der Deutschen nach dem Zweiten Weltkrieg völkerrechtswidrig war.« Jedoch: »Ein ›Menschenrecht auf die Heimat‹ ist im Völkerrecht umstritten.« Kleine Anfrage der Abgeordneten Ulla Jelpke und der Fraktion der PDS – Drucksache 14/1792 – Antwort der Bundesregierung vom 18. November 1999, Drucksache 14/2159. Die Antwort des Auswärtigen Amtes vom 18. Februar 1998 auf die Frage der Abgeordneten Erika Steinbach über den Stellenwert des Berichts des Sonderberichterstatters Al-Khasawneh: »Die Bundesregierung begrüßt die Bemühungen der Unterkommission um einen sich in der Staatengemeinschaft herausbildenden Konsens der umfassenden Ächtung von Vertreibung, auch wenn ihr keine rückwirkende Bedeutung bezüglich der im Zusammenhang mit dem Zweiten Weltkrieg stehenden Vertreibungsereignisse zukommt.« Drucksache 13/9962. Ähnlich lautete ein Brief des Auswärtigen Amtes vom 14. Dezember 1998: »Ein ›Recht auf Heimat‹ ist im Völkerrecht umstritten. Selbst wenn man heute von dem Bestehen dieses Rechts ausginge, so hätte es sich erst nach 1960 herausgebildet und wäre auf die Vertreibungen im Zusammenhang mit dem Zweiten Weltkrieg nicht anwendbar.« Allerdings sollten diese Stellungnahmen mit denen der 50er Jahre verglichen werden, wie der von Staatssekretär Prof. Dr. W. Hallstein: »Das Recht auf die Heimat, das untrennbar mit dem in den verschiedenen völkerrechtlichen Akten begründeten Selbstbestimmungsrecht verbunden ist, gehört zu den unverletzlichen und unveräußerlichen Menschenrechten, die als wesentlicher Ausdruck wahrer Demokratie in der gesamten freien Welt – um mit Artikel 1 Absatz 2 des Grundgesetzes für die Bundesrepublik Deutschland zu reden – ›die Grundlage jeder menschlichen Gemeinschaft des Friedens und der Gerechtigkeit‹ bilden. Bei der internationalen Vertretung des Rechts auf die Heimat auf der Grundlage des Selbstbestimmungsrechts stützt sich die Bundesregierung insbesondere auf die im Geiste dieses Ordnungsprinzips formulierten Bestimmungen der Atlantik-Charta vom 12. August 1941, der Satzung der Vereinten Nationen vom 26. Juni 1945, der Allgemeinen Erklärung der Menschenrechte vom 10. September 1946 und der Europäischen Konvention zum Schutze der Menschenrechte und Grundfreiheiten vom 4. November 1950 mit ihrem Zusatzprotokoll vom 26. März 1952.« Vgl. Sitzungsberichte des Deutschen Bundestages, 28. September 1958, S. 8951.

82 Das Standardwerk zum Recht auf die Heimat ist Otto Kimminich, Das Recht auf die Heimat (3. Aufl., 1989); siehe auch Albertus Magnus Kollegs (Hrsg.), Das Recht auf die Heimat: Fachtagung, Königstein 1965; Christian Tomuschat, Das Recht auf die Heimat,

neue rechtliche Aspekte, in: Jürgen Jekewitz (Hrsg.), Des Menschen Recht zwischen Freiheit und Verantwortung (1989), S. 183; Kurt Rabl (Hrsg.), Das Recht auf die Heimat, Bde. 1–5 (1959–1965); Hartmut Koschyk (Hrsg.), Das Recht auf die Heimat: Ein Menschenrecht (1992); Felix Ermacora, Die sudetendeutschen Fragen (1992); F. H. E. W. du Buy, Das Recht auf die Heimat im historisch-politischen Prozeß (1974).

83 Verabschiedet am 21. Dezember 1965, 660 U.N.T.S. 195 (in Kraft seit 4. Januar 1969).

84 Verabschiedet am 9. Dezember 1948, 78 U.N.T.S. 277 (in Kraft seit 12. Januar 1951).

85 1992 verabschiedete die Generalverstammlung der Vereinten Nationen eine Deklaration über die Rechte von Angehörigen nationaler, ethnischer, religiöser oder sprachlicher Minderheiten (G.A. Res. 47/135 U.N. GAOR, 47. Sitzungsperiode, Suppl. 49, S. 210, U.N. Doc. A/47/49 (1922); auch U.N. Doc. E/CN.4/1992/48 Annex I). Danach sind die Mitgliedstaaten der Vereinten Nationen verpflichtet, »die Existenz und die nationale oder ethnische, kulturelle, religiöse und sprachliche Identität von Minderheiten zu schützen und geeignete gesetzliche und andere Maßnahmen zu ergreifen, um diese Ziele zu erreichen« (Artikel 1); vgl. HRLJ 14 (1993), S. 54–56; Vereinte Nationen 1993, S. 190 f.

86 Genfer Konvention zum Schutze von Zivilpersonen in Kriegszeiten, verabschiedet am 12. August 1949, Artikel 49, 75 U.N.T.S., S. 287 (in Kraft seit 21. Oktober 1959) [im folgenden 4. Genfer Konvention].

87 Zusatzprotokoll zu den Genfer Abkommen vom 12. August 1949 über den Schutz der Opfer internationaler Konflikte (Protokoll I), Artikel 85; Über den Schutz der Opfer nicht internationaler Konflikte (Protokoll II), verabschiedet am 8. Juni 1977, Artikel 17, 1125 U.N.T.S., S. 609 (in Kraft seit 7. Dezember 1978).

88 Haager Landkriegsordnung, dritter Abschnitt, Militärische Gewalt auf besetztem feindlichem Gebiete. Artikel 43: Nachdem die gesetzmäßige Gewalt tatsächlich in die Hände des Besetzenden übergegangen ist, hat dieser alle von ihm abhängenden Vorkehrungen zu treffen, um nach Möglichkeit die öffentliche Ordnung und das öffentliche Leben wiederherzustellen und aufrechtzuerhalten, und zwar, soweit kein zwingendes Hindernis besteht, unter Beachtung der Landesgesetze.
Artikel 46: Die Ehre und die Rechte der Familie, das Leben der Bürger und das Privateigentum sowie die religiösen Überzeugungen und gottesdienstlichen Handlungen sollen geachtet werden. Das Privateigentum darf nicht eingezogen werden.

Artikel 50: Keine Strafe in Geld oder anderer Art darf über eine ganze Bevölkerung wegen der Handlungen einzelner verhängt werden, für welche die Bevölkerung nicht als mitverantwortlich angesehen werden kann.

Artikel 56: Das Eigentum der Gemeinden und der dem Gottesdienste, der Wohltätigkeit, dem Unterrichte, der Kunst und der Wissenschaft gewidmeten Anstalten, auch wenn diese dem Staate gehören, ist als Privateigentum zu behandeln. Jede Beschlagnahme, jede absichtliche Zerstörung oder Beschädigung von derartigen Anlagen, von geschichtlichen Denkmälern oder von Werken der Kunst und Wissenschaft ist untersagt und soll geahndet werden.

89 Das Internationale Militärtribunal in Nürnberg wurde aufgrund des Abkommens über die Bestrafung der Hauptkriegsverbrecher der Europäischen Achsenmächte vom 8. August 1945, 82 U.N.T.S., S. 279 [im folgenden Londoner Abkommen], eingesetzt. Das Statut des Internationalen Militärtribunals in Nürnberg ist ebenda, S. 284, zu finden [im folgenden Nürnberger Statut]. Kriegsverbrechen wurden nach Artikel 6 (b), Verbrechen gegen die Menschheit nach Artikel 6 (c) des obigen Statuts geahndet. Zum Urteil des Internationalen Militärtribunals, Nürnberg, 14. Oktober 1945 bis 1. Oktober 1946, Bd. XXII (1948), S. 466 ff.

90 Siehe Artikel 7 und 8 des Statuts des Internationalen Strafgerichtshofes, verkündet in Rom am 18. Juli 1998; M. Cherif Bassiouni, The Statute of the International Criminal Court, New York 1998; siehe auch Howard Levie, Violations of Human Rights in Time of War as War Crimes, in: Yoram Dinstein (Hrsg.), War Crimes in International Law, Den Haag 1996, S. 123–139.

91 Siehe auch Artikel 38 des Statuts des Internationalen Gerichtshofes, der die folgenden Völkerrechtsquellen nennt:

(a) internationale Übereinkünfte allgemeiner oder besonderer Natur, in denen von den streitenden Staaten ausdrücklich anerkannte Regeln festgelegt sind;

(b) das internationale Gewohnheitsrecht als Ausdruck einer allgemeinen, als Recht anerkannten Übung;

(c) die von den Kulurvölkern anerkannten allgemeinen Rechtsgrundsätze;

(d) vorbehaltlich des Artikels 59 richterliche Entscheidungen und die Lehrmeinung der fähigsten Völkerrechtler der verschiedenen Nationen als Hilfsmittel zur Feststellung von Rechtsnormen.

Artikel 59 besagt: »Die Entscheidung des Gerichtshofs ist nur für die Streitparteien und nur in bezug auf die Sache bindend, in der entschieden wurde.«

92 Bruno Simma, Charta der Vereinten Nationen. Kommentar, Mün-

chen 1991; Manfred Knapp, Charta der UN, in: Helmut Volger (Hrsg.), Lexikon der Vereinten Nationen, S. 35–39.

[93] Otto Kimminich, Das Recht auf die Heimat, Ein universelles Menschenrecht, Bonn 1996, S. 9.

[94] Völkermordkonvention, a. a. O., ausgelegt in Reservations to the Convention on the Prevention and Punishment of the Crime of Genocide, 1951 I.C.J. 15, 23 (28. Mai) (enthält die Aufassung, die der Konvention zugrundeliegenden Prinzipien begründeten ein Gewohnheitsrecht); Theodor Meron, Human Rights and Humanitarian Norms as Customary Law 20 (1989) (mit der Auffassung, die Völkermordkonvention enthalte Gewohnheitsrecht); Fall Bosnien vs. Jugoslawien vor dem Internationalen Gerichtshof.

[95] Statistisches Bundesamt, Die Deutschen Vertreibungsverluste, Wiesbaden 1958; Gerhard Reichling, Die Deutschen Vertriebenen in Zahlen, T. 1, 1986; Alfred de Zayas, International Law and Mass Population Transfers, Harvard ILJ 16 (1975), S. 228.

[96] Theodor Schieder (Hrsg.), Die Vertreibung der Deutschen aus Ost- Mitteleuropa, Bde. 1–5, Bonn 1953–1960; Felix Ermacora, Die sudetendeutschen Fragen, München 1992. Der US-amerikanische Staatsmann George Kennan schrieb hierüber: »Die Katastrophe, die über dies Gebiet mit dem Einzug der sowjetischen Truppen hereinbrach, hat in der modernen europäischen Geschichte keine Parallele. Es gab weite Landstriche, in denen, wie aus den Unterlagen ersichtlich, nach dem ersten Durchzug der Sowjets von der einheimischen Bevölkerung kaum noch ein Mensch – Mann, Frau oder Kind – am Leben war, und es ist einfach nicht glaubhaft, daß sie allesamt in den Westen entkommen wären.«; George F. Kennan, Memoiren eines Diplomaten (1967), Bd. I, S. 269; Alfred de Zayas, Die Anglo-Amerikaner und die Vertreibung der Deutschen, Kapitel 4, Ullstein Taschenbuch, 1999; siehe auch die Anklageschriften des Internationalen Kriegsverbrechertribunals für das ehemalige Jugoslawien gegen Radovan Karadzić, Slobodan Milošević, und Ratko Mladić.

[97] György Konrad, Mensch und Haus darf man nicht trennen, FAZ, 14. November 1998, S. 35.

[98] »All measures taken by Israel to change the physical character, demographic composition […] of the Palestinian or other Arab territories occupied since 1967 […] have no validity.«; siehe auch Resolutionen der Generalversammlung 2949 (XXVII), 3092B (XXVIII) 33/113, 47/70C.

[99] Kathlen Lawand, The Right to Return of Palestinians in International Law, in: International Journal of Refugee Law, Bd. 8 (1996), S. 532 (539).

[100] G.A. Res. 3236 (XXIX) vom 22. November 1974, 3376 (XXX) vom 10. November 1975: »Expresses grave concern that no progress has been achieved towards: (a) The exercise by the Palestinian people of its inalienable rights in Palestine, including the right to self-determination without external interference and the right to national independence and sovereignty; (b) The exercise by the Palestinians of their inalienable right to return to their homes and property from which they have been displaced and uprooted [...]«.

[101] Mehrere Resolutionen der Generalversammlung verlangen die »voluntary return of the refugees to their homes in safety«; siehe 33/15, 34/30, 37/253.

[102] S.C. Res. 941, U.N. SCOR, 49. Jg., 3428 Sitzung, S. 1, Punkt 2, U.N. Doc. S/RES/941 (1994).

[103] Peter Opitz, Menschenrechte, Allgemeine Erklärung, in: Helmut Volger (Hrsg.), Lexikon der Vereinten Nationen, S. 331–336.

[104] Obwohl die Allgemeine Erklärung nur »Soft law« darstellt, es war in bestem Sinne des Wortes »Lex ferenda«, denn daraus entwickelte sich »Lex lata« in Form internationaler Verträge: der Pakt über bürgerliche und politische Rechte und der Pakt über wirtschaftliche, soziale und kulturelle Rechte.

[105] Annuaire de l'Institut de Droit International, 1952, Session de Siena, S. 165–166: »Si le ›droit au sol natal‹ ne figure pas dans la longue liste des ›Droits de l'Homme‹ de 1948 [...] c'est pour la raison qu'a l'époque où l'idée des Droits de l'homme a commencé à pénétrer dans le droit positif, l'idée de transferts massifs de populations était inconcevable. Les droits de l'homme étaient nés, pour une grande partie, du désir d'empêcher les ›transferts‹ qui étaient du XVIme au XVIIIme siècles la conséquence de l'intolerance religieuse. La philosophie abstraite et individualiste de l'époque des Lumières avait peut-être peu de sens pour l'attachement de l'homme au sol natal et cette question n'était pas d'actualité alors, mais les epoques du romantisme et du nationalisme ont fait comprendre l'importance du sentiment d'attachement au sol natal, a un paysage et a un milieu de traditions.«

[106] Einen Eindruck von der Diskussion über den Stellenwert der Erklärung in: Frederic Kirgis, Appraisals of the ICJ's Decision: Nicaragua vs. United States (Merits), AJIL 81 (1987), S. 146 ff.; Theodor Meron, On a Hierarchy of International Human Rights, AJIL 80 (1986), S. 1 ff.; Jonathan L. Charney, Universal International Law, AJIL 87 (1993), S. 529 ff.; Christian Tomuschat, Das Recht auf die Heimat, a. a. O.

[107] IPBPR, a. a. O.; es sei darauf hingewiesen, daß die Republik Bosnien-

Herzegowina (1. September 1993), Kroatien (12. Oktober 1992) und (das ehemalige) Jugoslawien (8. August 1967) dem Pakt beigetreten sind. Mit 145 Vertragsparteien kann diesem Vertrag der Status internationalen Gewohnheitsrechts zugesprochen werden.

108 Daniel Thürer, Self-determination, in: Encyclopedia of Public International Law, Bd. 8 (1985), S. 470 ff.; Antonio Cassese, The Self-Determination of Peoples, in: Louis Henkin (Hrsg.), The International Bill of Rights, 1981, S. 92 ff.; Alfred de Zayas, Selbstbestimmungsrecht und Vereinte Nationen, in: H. J. Heintze (Hrsg.), Selbstbestimmungsrecht der Völker, Bonn 1997.

109 Diane Bartz, Ethnic Cleansing Goal Being Achieved, Agence France Presse, 27. September 1995. Schätzungsweise weitere 400 000 Menschen wurden verwundet; Bosnian Health Conditions Improved But Still Poor: WHO. Agence France Presse, 13. April 1995 (zitiert Bericht der Weltgesundheitsorganisation).

110 Siehe allgemein: Letter from the Secretary-General to the President of the Security Council, 24. Mai 1994, U.N. Doc. S/1994/674 (1994), zur Weiterleitung des Berichts Final Report of the Commission of Experts Established pursuant to Security Council Resolution 780 (1992) [im folgenden Final Report]; CSCE Rapporteurs (Corell-Turk-Thune), Moscow Human Dimension Mechanism to Bosnia, Herzegovina, and Croatia, Proposal for an International War Crimes Tribunal for the Former Yugoslavia (1993); Amnesty International, Bosnia-Herzegovina: Rape and Sexual Abuse by Armed Forces (1993); Helsinki Watch, War Crimes in Bosnia-Herzegovina (1992).

111 Kurt Boehme, Gesucht wird. Die dramatische Geschichte des Suchdienstes, Süddeutscher Verlag, München 1965, S. 275.

112 Diesen offiziellen Begriff verwendeten Premierminister Winston Churchill, Präsident Franklin D. Roosevelt und Josef Stalin in Jalta. Protocol of the Crimea Conference (11. Februar 1945), Artikel 1 (c), 3 Bevans 1020 (»Naturalreparationen sind von Deutschland in folgenden drei Formen zu fordern: [...] (c) Einsatz deutscher Arbeitskräfte.«); Alfred de Zayas, Anmerkungen zur Vertreibung, S.118 und 166–173.

113 Kurt Boehme, Gesucht wird, Die dramatische Geschichte des Suchdienstes, Süddeutscher Verlag, München 1965, S. 264.

114 Report of the Secretary-General pursuant to Security Council Resolution 1019 (1995) on Violations of International Humanitarian Law in the Areas of Srebrenica, Zepa, Banja Luka, and Sanski Most, Punkt 70–72, U.N. Doc. S/1995/988 (1995) [im folgenden Srebrenica Report]; Chris Hedges, 2 Officials Report New Mass Killings by Bosnian Serbs, New York Times, 20. Oktober 1995,

S. A1; Mike O'Connor, Bosnian Village Fears 500 Captives Were Killed by Serbs, New York Times, 16. Oktober 1995, S. A3; davor Huic, Serb Expulsions of Muslims Go into High Gear, Reuters, 3. September 1994.

115 International Committee of the Red Cross, Report on Activities during the Second World War, September 1, 1939 to June 30, 1947, S. 675 (1948); Senate, U.S., Evacuation and Concentration Camps in Silesia, 92 Cong. Rec. A4778 (1946); H. G. Adler, Theresienstadt, 1941–1945, S. 214 (1955); Alfred de Zayas, Anmerkungen zur Vertreibung, S.140–142; John Sack, Auge um Auge (1993); Theodor Schieder, Dokumentation der Vertreibung, Bd. IV (1959).

116 Ankläger gegen Nikolić, Rechtssache Nr. IT-94-2-I (ICTY 4. November 1994), abgedruckt in: 34 I.L.M. 996 (Lager Susica); Ankläger gegen Tadić, Rechtssache Nr. IT-94-I-T (ICTY 13. Februar 1995), abgedruckt in: 34 I.L.M. 1011 (Lager Omarska) (zusätzliche Anklageerhebungen am 26. September 1995 in bezug auf die Lager Omarska, Keraterm und Trnopolje); Ankläger gegen Meakić, Rechtssache Nr. IT-95-4-I (ICTY 13. Februar 1995), abgedruckt in: 34 I.L.M. 1011 (Lager Omarska); Ankläger gegen Karadzić, Rechtssache Nr. IT-95-5-I (ICTY 25. Juli 1995) (die Anklagepunkte 3 und 4 betreffen die »rechtswidrige Inhafthaltung von Zivilpersonen« in verschiedenen Lagern, die von »unter der Kontrolle« des Angeklagten stehendem Personal errichtet und betrieben wurden); Ankläger gegen Sikirica, ICTY-Pressemitteilung, Nr. CC/PIO/013-E (25. Juli 1995) (Lager Keraterm); Ankläger gegen Jelisić, ICTY Pressemitteilung, Nr. CC/PIO/013-E (25. Juli 1995) (Lager Luka). Weitere Einzeldarstellungen in: Report of the Secretary-General pursuant to Security Council Resolution 1019 (1995) on Violations of International Humanitarian Law in the Areas of Srebenica, Zepa, Banja Luka and Sanski Post. U.N. Doc. S/1995/988 (1995), Punkt 56, S.168–173, 216–231.

117 Delgado Paez vs. Colombia, Fall Nr. 195/1985, Jahresbericht des Menschenrechtsausschusses an die Generalversammlung A/45/40. Bd. II. Annex IX, Sect. D, Absatz 5.5.; siehe auch Frederic Kirgis, International Organizations, 1993, S. 946–953.

118 Siehe Awn Shawkat Al-Khasawneh, Sonderberichterstatter, UN-Unterkommission für die Förderung und für den Schutz der Menschenrechte, The Human Rights Dimensions of Population Transfers, Including the Implantation of Settlers: Abschlußbericht August 1997, U.N. Doc. E/CN.4/Sub.2/1997/23 und Corr. l. Progress Report Punkt 17, U.N. Doc. E/CN.4/Sub.2/1994/18 (1994) (verweist darauf, daß jede »Form der Zwangsverschickung von

Bevölkerungsteilen von einem gewählten Wohnort, ob durch Verschleppung, Ansiedlung, Verbannung im Inland oder Evakuierung, unmittelbar den Genuß oder die Ausübung des Rechts auf Freizügigkeit und Wahl des Wohnorts innerhalb von Staaten beeinträchtigt und eine Einschränkung dieses Rechts darstellt«); siehe auch Report of the Special Committee to Investigate Israeli Practices Affecting the Human Rights of the Palestinian People and Other Arabs of the Occupied Territories, S. 139–143, 154–164, U.N. Doc. A/47/509 (1992); Alfred de Zayas, Die Anglo-Amerikaner und die Vertreibung der Deutschen, Kap. 6; Alfred de Zayas, The Illegality of Population Transfers and the Application of Emerging International Norms in the Palestinian Context, 6 Palestine Yearbook of International Law 17 (1990), S. 34.

119 General Comment Nr. 27, CCPR/C/21/Rev. 1/Add. 9: »The right of a person to enter his or her own country recognizes the special relationship of a person to that country. The right has various facets. It implies the right to remain in one's own country. I includes not only the right to return after having left one's own counry; it may also entitle a person to come to the country for the first time if he or she was born outside the country (for example, if that country is the person's State of nationality). The right to return is of the utmost importance for refugees seeking voluntary repatriation. It also implies prohibition of enforced population transfers or mass expulsions to other countries.«

120 Charles de Boeck, L'expulsion et les difficultes inernationales qu'en souleve la pratique«, in: Recueil des Cours Bd. 18 (1927/III), S. 447: »Le regle de non-expulsion des nationaux est incontestée: elle est sous-entendue quand elle n'est pas exprimee.«

121 Alfred Verdross und Bruno Simma, Universelles Völkerrecht: Theorie und Praxis, 3. Aufl., 1984, S. 800 ff.

122 Guy Goodwin-Gill, International Law and the Movement of Persons between States, 1978, S. 217 ff.

123 Der UN-Menschenrechtsausschuß hat eine Verletzung des Artikels 17 im Fall 549/1993 (Hopu vs. France) festgestellt, wo der Umgang der Nachkommen mit den Ländern und Friedhöfen ihrer Ahnen beeinträchtigt wurde. Entscheidung vom 29. Juli 1997. Bericht des UN-Menschenrechtsausschusses an die Generalversammlung, 1997, G.A.O.R., Suppl. 40 (A/52/40); siehe auch Palley, Claire, Population Transfers, in: Gomien, Donnà, Broadening the Frontiers of Human Rights, S. 219–254, insbesondere S. 247.

124 In S.C. Res. (Resolution des Sicherheitsrats) 607, U.N. SCOR, 43. Jg., 1988 S.C. Res. & Dec. (Resolutionen und Beschlüsse des

Sicherheitsrats), S. 1, U.N. Doc. S/INF/44 (1988); S.C. Res. 608, U.N. SCOR, 43. Jg., 1988 S.C. Res. & Dec., S. 2, U.N. Doc. S/INF/44 (1988); S.C. Res. 636, U.N. SCOR, 44. Jg., 1989 S.C. Res. & Dec., S. 14, U.N. Doc. S/INF/45 (1989); S.C. Res. 641, U.N. SCOR, 44. Jg., 1989 S.C. Res. & Dec., S. 14, U.N. Doc. S/INF/45 (1989); S.C. Res. 681, U.N. SCOR, 45. Jg., 1989 S.C. Res. & Dec., S. 8, U.N. Doc. S/INF/46 (1990); S.C. Res. 694, U.N. SCOR, 46. Jg., 1991 S.C. Res. & Dec., S. 2, U.N. Doc. S/INF/47 (1991); S.C. Res. 726, U.N. SCOR, 47. Jg., 1992 S.C. Res. & Dec., S. 5, U.N. Doc. S/INF/48 (1992); S.C. Res. 799, U.N. SCOR, 47. Jg., 1992 S.C. Res. & Dec., S. 6, U.N. Doc. S/INF/48 (1992), brachte der Sicherheitsrat seine Verurteilung der Deportation palästinensischer Zivilpersonen aus den besetzten Gebieten zum Ausdruck.

125 Henry Kamm, Serb-Croat Rivalry Is Again Shaking Yugoslavia, New York Times, 30. Januar 1986, S. A2; David Binder, Serbian Offical Declares Part of Croatia Separate, New York Times, 18. März 1991, S. A3; Robert Wright, How Kosovo Set the Serbian Agenda, The Scotsman, 18. August 1995, S. 13.

126 Serbia vs. the New World Order, New York Times, 14. August 1991, S. A18; Raymond Bonner, In Reversal, Serbs of Bosnia Accept Peace Agreement, New York Times, 24. November 1995, S. A1.

127 Selbst in Kriegszeiten gilt noch Artikel 46 der Haager Landkriegsordnung: »Die Ehre und die Rechte der Familie, das Leben der Bürger und das Privateigentum sowie die religiösen Überzeugungen und gottesdienstlichen Handlungen sollen geachtet werden.«

128 Der amerikanische Dichter Henry Wadsworth Longfellow (1807–1882) machte in seinem Epos Evangeline die Vertreibung von 15 000 akadischen Bauern französischer Abstammung im Jahre 1755 unsterblich, deren Treue zur britischen Krone der britische Gouverneur von Neuschottland (Kanada), Charles Lawrence, bezweifelte. Diese friedlichen Bauern, deren Vorfahren sich ein Jahrhundert zuvor in Akadien angesiedelt hatten, wurden auf Schiffe geladen, die Männer von ihren Frauen und Kindern getrennt und in andere französische oder britische Kolonien deportiert, die einen nach Louisiana, die anderen in die Karibikinseln.

129 Überlebende erzählten, wie Männer und Jungen während der unter VN-Geleit erfolgenden Räumung [von Srebrenica] aus ihren Familien herausgerissen wurden. Eine Frau [...] sagte, serbische Soldaten hätten ihr ihren Sohn aus den Armen gerissen und ›ihm einfach die Kehle durchgeschnitten‹. Sie brachten ihn um. Elizabeth Neuffer, Groups Say U.N. failed to protect Bosnia Haven, Boston Globe, 10. Oktober 1995, S. 9 (zitiert einen Bericht

der Human Rights Watch/Helsinki Watch, wonach 8500 Männer und Knaben aus Srebrenica vermißt werden, seit sie von ihren Familien getrennt wurden); Stephen Engelberg et al., Srebrenica: The Days of Slaughter, New York Times, 29. Oktober 1995, S. 1.

130 Rechtssache Nr. IT-95-18-I (ICTY, 16. November 1995).

131 Srebrenica-Report, a. a. O., Punkt 8–31, 55–62. Am 9. November 1995 verurteilte der Sicherheitsrat scharf Berichte über »schwere Verletzungen des internationalen humanitären Rechts und der Menschenrechte in und um Srebrenica sowie in den Gebieten von Banja Luka und Sanski Most, darunter auch Berichte über Massenmord, rechtswidrige Inhaftierung und Zwangsarbeit, Vergewaltigung und Deportation von Zivilpersonen« und bat den Generalsekretär um die Vorlage eines Berichts darüber. S.C. Res. 1019, U.N. SCOR, 50. Jg., 3591. Sitzung, S. 1, U.N. Doc. S/RES/1019 (1995).

132 Rainer Hofmann, Denationalization and Forced Exile, in: R. Bernhardt, Encyclopedia of Public International Law, Bd. 3, Amsterdam 1992, S. 1001–1007; F. A. Mann, Ausbürgerung und Wiedereinbürgerung nach Artikel 116 Absatz 2 GG in der Rechtsprechung des Bundesverfassungsgerichts und des Auslands, in: Europäisches Rechtsdenken in Geschichte und Gegenwart, Festschrit für Helmut Coing, Bd. 2 (1982), S. 323–340. Gemäß einem »Benesch-Dekret« vom 2. August 1945 wurden die Deutschen und Ungarn in der ČSR kollektiv ausgebürgert und dann vertrieben.

133 Die Minderheitenerklärung, a. a. O., geht weiter als der IPBPR. In ihrer Präambel erkennt die Erklärung an, daß die Förderung und der Schutz der Minderheitenrechte zur politischen und sozialen Stabilität der Staaten, in denen solche Menschen leben, sowie zur Festigung der Freundschaft und Zusammenarbeit zwischen den Völkern und Staaten beitragen. Die Erklärung fordert die Staaten auf, zur Schaffung von Bedingungen für die Förderung der nationalen oder ethnischen, kulturellen, religiösen und sprachlichen Identität von Minderheiten beizutragen und alle notwendigen Maßnahmen zu ergreifen, um dafür Sorge zu tragen, daß Minderheiten alle ihre Menschenrechte und Grundfreiheiten ohne jede Diskriminierung und in voller Gleichheit vor dem Gesetz voll und wirksam ausüben können. 1995 setzte der Wirtschafts- und Sozialrat der Vereinten Nationen (ECOSOC) eine Minderheitenarbeitsgruppe aus fünf Mitgliedern ein, der die Unterkommission für die Förderung und für den Schutz der Menschenrechte (früher Unterkommission für die Verhütung von Diskriminierung und für Minderheitenschutz) unterstellt ist. E.S.C. Res. 1995/31 und E.S.C. Res. 1995/32, U.N. ESCOR 1995, U.N. Doc. E/1995/INF/4/Add. 2 (1995). Die Arbeitsgruppe hielt im August 1995 ihre erste Sitzung

ab. Report of the Commission on Human Rights on Its Fifty-first Session, U.N. ESCOR 1995, Suppl. Nr. 4, S.19, U.N. Doc. E/1995/23 (1995). Sie hielt ihre zweite Sitzung im August 1996 ab, U.N. Doc. 4/1996 (1995).

134 U.N. Doc. HRI/GEN/1/Rev. 2.; Manfred Nowak, CCPR-Kommentar, Kehl 1989.

135 Danilo Türk, Sonderberichterstatter, UN-Unterkommission für die Förderung und für den Schutz der Menschenrechte, The Realization of Economic, Social, and Cultural Rights: Progress Report, U.N. Doc. E/CN. 4/Sub.2/1990/19 (1990); Final Report, U.N. Doc. E/CN.4/Sub.2/1992/16 (1992); Angesichts der 140 Vertragsparteien kann davon ausgegangen werden, daß dieser Vertrag den Status internationalen Gewohnheitsrechts erlangt hat.

136 Zum Beispiel Israeli Human Rights Practices, a. a. O., S.165–171. Ein Teil der psychischen Spätfolgen des Holocaust für Überlebende und ihre Angehörigen hängt mit dem Umstand zusammen, daß die Überlebenden nach dem Krieg zumeist nicht in die Wohngemeinden zurückkehren konnten, aus denen sie deportiert worden waren. Siehe allgemein Yael Danieli, Differing Adaptational Styles in Families of Survivors of the Nazi Holocaust (1981); Abraham J. Peck, The Children of Holocaust Survivors (1983).

137 U.N. Doc. E/C.12/1997/4.

138 Rassendiskriminierungskonvention, a. a. O. Angesichts der 155 Vertragsparteien kann davon ausgegangen werden, daß dieser Vertrag den Status internationalen Gewohnheitsrechts erlangt hat.

139 Report submitted by Bosnia and Herzegovina pursuant to a Special Decision Taken by the Committee on the Elimination of Racial Discrimination, U.N. Doc. CERD/C/247/Add. 1 (1993).

140 Report of the Committee on the Elimination of Racial Discrimination, U.N. GAOR 50. Sitzungsperiode, Suppl. Nr. 18, Punkt 219, U.N. Doc. A/50/18 (1995).

141 Ebenda, Punkt 26.

142 Fall L. K. vs. The Netherlands. Committee on the Elimination of Racial Discrimination, Forty-second Session, CERD/C/42/D/4/1991. Opinion angenommen am 16. März 1993. Im Absatz 6.3 bemerkte der Ausschuß: »The Committee finds on the basis of the information before it that the remarks and threats made on 8 and 9 August 1989 to L. K. constituted incitement to racial discrimination and to acts of violence against persons of another colour or ethnic origin, contrary to article 4 (a) of the International Convention on the Elimination of All Forms of Racial Discrimination, and that the

investigation into these incidents by the police and prosecution authorities was incomplete.«

143 Konvention zum Schutze der Menschenrechte und Grundfreiheiten, 4. November 1950, Eur. T.S. 5 (in Kraft seit 3. September 1953).

144 Protokoll Nr. 4 zur Konvention zum Schutze der Menschenrechte und Grundfreiheiten, 16. September 1963, Eur. T. S. 46 (in Kraft seit 2. Mai 1968), BGBl. 1968 II, S. 423.

145 Bundestagsdrucksache V/1679, S. 8.

146 BGBl. 1956 II, S. 1880.

147 BGBl. 1964 II, S. 1261.

148 BGBl. 1970 II, S. 909.

149 Amerikanische Menschenrechtskonvention, zur Unterzeichnung vorgelegt am 22. November 1969, 1144 U.N.T.S. 123 (in Kraft seit 18. Juli 1978). Wie immer muß auf das Recht auf menschenwürdige Behandlung hingewiesen werden. Artikel 5 (1) besagt: »Jede Person hat das Recht auf Achtung ihrer körperlichen, geistigen und moralischen Unversehrtheit.«

150 Banjul-Charta der Menschenrechte und Rechte der Völker, verabschiedet am 27. Juni 1981, Artikel 12 (2) und (5), O.A.U. Doc. CAB/LEG/67/3/Rev.5, abgedruckt in: 21 I.L.M. 59 (in Kraft seit 21. Okt. 1986). Siehe auch Artikel 5, der durch eine Vertreibung notwendigerweise auch verletzt werden würde: »Jedes Individuum hat ein Recht auf Achtung seiner Menschenwürde und auf Anerkennung seiner Rechtspersönlichkeit. Alle Formen der Ausbeutung und Erniedrigung des Menschen, insbesondere Sklaverei, Sklavenhandel, Folter, grausame, unmenschliche oder erniedrigende Bestrafung oder Behandlung, sind verboten.«

151 R. C. Chhangani, Expulsion of Benin Nationals and International Law, in: Indian Journal of International Law, Bd. 21 (1981) S. 21 ff.

152 Richard Plender, The Ugandan Crisis and the Rights of Expulsion under International Law, Review of the International Commission of Jurists, Bd. 9, S. 19 ff.

153 4. Haager Abkommen betreffend die Ordnung der Gesetze und Gebräuche des Landkriegs und Anlage zum Abkommen (Haager Landkriegsordnung), 18. Oktober 1907, 205 Consol. T.S. 227, abgedruckt in: Documents on the Laws of War 44 (Adam Roberts und. Richard Guelff, (Hrsg.), 2. Aufl., 1989).

154 4. Genfer Abkommen zum Schutze von Zivilpersonen in Kriegszeiten, verabschiedet am 12. August 1949, Artikel 49, 75 U.N.T.S. 287 (in Kraft seit 21. Oktober 1959) [im folgenden 4. Genfer Abkommen]. Das Rote Kreuz hat diese Vorschrift oft bestätigt, unter anderem auf seiner 26. Internationalen Konferenz Ende 1995 in Genf, FAZ, 8. Dezember 1995, S. 6, sowie auf seiner 27. Interna-

tionalen Konferenz im Oktober/November 1999 in Genf; siehe Jean Pictet (Hrsg.), Commentary to the Fourth Geneva Convention of 1948, Geneva 1956; Claude Pilloud et al. (Hrsg.), Commentaire des Protocoles additionnels du 8 juin 1977, Genève, 1986.

155 Yves Sandoz, Christophe Swinarski, Bruno Zimmermann (Hrsg.), Commentary on the Additional Protocols of 8 June 1977 to the Geneva Conventions of 12 August 1949, Genf 1987, S. 1000, Rdnr. 3504.

156 Report of the Secretary General Pursuant to Paragraph 2 of Security Council Resolution 808 (1993), U.N. Doc. S/25704 & Add. 1 (1993), Absatz 35; Jordan J. Paust, Applicability of International Criminal Laws to Events in the Former Yugoslavia, 9 Am. U.J. Int'l L. & Pol'y 449, 512 Nr. 43 (1994) (enthält die Aussage, die meisten Bestimmungen der Genfer Abkommen würden heute als Gewohnheitsrecht betrachtet). Es ist zu beachten, daß die rechtswidrige Verschleppung oder rechtswidrige Überführung von Bevölkerungsteilen auch eine schwer(wiegend)e Verletzung des Zusatzprotokolls zu den Genfer Konventionen vom 12. August 1949 über den Schutz der Opfer internationaler bewaffneter Konflikte (Protokoll I), verabschiedet am 8. Juni 1977, Artikel 85 (4) (a), 1125 U.N.T.S., S. 3 (in Kraft seit 7. Dezember 1978), darstellt.

157 Zusatzprotokoll zu den Genfer Abkommen vom 12. August 1949 über den Schutz der Opfer nicht internationaler bewaffneter Konflikte (Protokoll II), verabschiedet am 8. Juni 1977, Artikel 17 (1), 1125 U.N.T.S., S. 609 (in Kraft seit 7. Dez. 1978) [im folgenden Zusatzprotokoll II]; zur Geschichte dieses Artikels siehe Howard Levie, The Law of Non-international Armed Conflict, Protocol II to the 1949 Geneva Conventions, 529–543, 1987.

158 Siehe Ankläger gegen Tadić, Rechtssache Nr. IT-94-1-AR72, Punkte 98, 102, 110–112, 117, 127–129, 134 (ICTY App. 2., Oktober 1995) [im folgenden ICTY Tadić App. Dec.]; Ankläger gegen Nikolić, Rechtssache Nr. IT-94-2-R61, Punkt 31 (Nachprüfung der formellen Anklageschrift gemäß Vorschrift 61) (ICTY 20. Oktober 1995); Ankläger gegen Tadić, Rechtssache Nr. IT-94-I-T, Punkte 65–74 (ICTY 10. August 1995); Claude Pilloud et al., International Comm. of the Red Cross, Commentary on the Additional Protocols of 8 June 1977 to the Geneva Conventions of 12 August 1949, S. 1340–1342 (Yves Sandoz et al. (Hrsg.), 1987).

159 Rome Statute for the International Criminal Court (A/Conf.183/9, 1998); siehe auch M. Cherif Bassiouni (Hrsg.), The Statute of the International Criminal Court. A Documentary History. Transnational Publishers, 1998, S. 41 ff.

160 Commission preparatoire de la Cour penale internationale, 14 juillet 1999, PCNICC/1999/WGEC/INF.2.

[161] ICTY, Prosecutor vs. Karadzić and Mladić, IT-95-5-R61 und IL-95-18-R61, ILR 108, Absätze 60 ff., 115 ff.

[162] Milch Trial, U.S. Military Tribunal, in: UN War Crimes Commission, Law Reports of Trials of War Criminals, Bd. VII, S. 45–46, 55–56, Krupp Trial, U.S. Military Court, a. a. O., Bd. X, S. 144 ff.

[163] Vom 26. November 1968, in Kraft seit 11. November 1970, U.N.T.S. Bd. 754, S. 73.

[164] Sub-Commission Resolution 1994/24, U.N. Doc. E/CN.4/Sub.2/1994/L.11/Add.3, S. 4 (1994).

[165] Sub-Commission Res. 1995/13, U.N. Doc. E/CN.4/Sub.2/1995/L.11/Add.3, S. 20 (1995).

[166] Vienna Declaration and Programme of Action, U.N. Doc. A/CONF.157/24 (Teil I), S. 20 (1993), abgedruckt in: 32 ILM, S. 1661. Das Rückkehrrecht wird in der Wiener Erklärung, a. a. O., Punkt 23, dargelegt.

[167] UN Commission on Human Rights Res. 1995/88; 1995 Commission Report, a. a. O., S. 259.

[168] Resolution 1996/9 und 1997/29.

[169] Sub-Comm. Res 1992/28, U.N. Doc. E/CN.4/1992/2, S. 70 (1992).

[170] CHR Dec. 1993/104. Report of the Commission on Human Rights on its Forty-ninth Session, U.N. ESCOR 1993, Suppl. Nr. 3, S. 282, U.N. Doc. E/1993/23 (1993) [48 Ja-Stimmen, Nein-Stimme der USA, keine Enthaltungen].

[171] Awn Shawkat Al-Khasawneh und Ribot Hatato, Sonderberichterstatter, Sub-Comm. The Human Rights Dimensions of Population Transfer Including the Implantation of Settlers; Preliminary Report, U.N. Doc. E/CN.4/Sub.2/1993/17 und Corr. 1 (1993).

[172] Al-Khasawneh, a. a. O., Punkte 18–21.

[173] Ebenda, Punkt 131.

[174] Ebenda, Punkt 142. Sonderberichterstatter Hatato trat 1993 zurück und Al-Khasawneh wurde zum alleinigen Berichterstatter ernannt.

[175] »Freizügigkeit/Menschenrechte und Bevölkerungstransfers/Abschlußbericht des Sonderberichterstatters Al-Khasawneh«, Unterkommission für die Förderung und für den Schutz der Menschenrechte (49. Sitzung), E/CN.4/Sub. 2/1997/23.

[176] Mit einer Verabschiedung durch die UN-Generalversammlung »nur« als Deklaration wäre das Dokument noch nicht zwingendes Völkerrecht. Von der Unterkommission bzw. der von ihr eingesetzten Arbeitsgruppe wird aber die Verabschiedung dieser Deklaration als Zusatzprotokoll (zum Beispiel) zum Pakt über bürgerliche und politische Rechte von 1966 oder als eigenständige Konvention angestrebt. In diesen beiden Fällen wären die Be-

stimmungen dieser Deklaration über die Beschwerdemechanismen der Vereinten Nationen durchsetzbar. Das Dokument enthält geringfügige Kompromisse, beispielsweise werden Bevölkerungstransfers nicht grundsätzlich und explizit als (unverjährbare) internationale Verbrechen qualifiziert, auch wenn die Erwägungen in Ziffer 16 des Berichts von Al-Khasawneh sehr deutlich in diese Richtung gehen. Außerdem wird das Recht auf die Heimat nicht explizit aus dem Selbstbestimmungsrecht der Völker abgeleitet, sondern in Artikel 8 sogar in die Nähe des Rechts auf Freizügigkeit gerückt (»Rückkehrrecht an den Ort der freien Wahl«, gemeint offenbar: an den vor der Vertreibung frei gewählten Ort und nicht unbedingt an den eigentlichen Herkunftsort). Dies ist rechtssystematisch nicht exakt, liegt aber auf der Linie der einschlägigen Entschließungen der Jahre 1994, 1995 und 1996 der Unterkommission. Hinweise von Konrad Bodenhauer, München.

177 Resolution 47/135 vom 18. Dezember 1992, abgedruckt in Vereinte Nationen 41 (1993), S. 5 (190 f.).

178 Commentary to the Declaration on the Rights of Persons belonging to National or Ethnic, Religious and Linguistic Minorities. U.N. Doc. E/CN.4/Sub.2/AC.5/1998/WP.1.; siehe auch Patrick Thornberry, The UN Minority Rights Declaration, in: Alan Phillips and Allan Rosas (Hrsg.), Abo Akademi University Institute for Human Rights, Abo/Turku (Finnland) 1995.

179 Entwurf eines Kodexes über Verbrechen gegen den Frieden und die Sicherheit der Menschheit (Draft Code of Crimes Against the Peace and Security of Mankind), Report of the International Law Commission on its Forty-third Session, U.N. GAOR, 46. Sitzungsperiode, Suppl. Nr. 10, S. 198, U.N. Doc. A/46/10 (1991) [im folgenden Draft Code of Crimes].

180 G.A. Res. 174 (II), U.N. Doc. A/519, S. 105 (1947).

181 G.A. Res. 177 (II), U.N. Doc. A/519, S. 111 (1947).

182 G.A. Res. 260B (III), U.N. Doc. A/810, S. 177 (1948).

183 Report of the International Law Commission on the work of its forty-eighth session; General Assembly, Official Records, Fifty-first Session. Suppl. Nr. 10 (A/51/10).

184 U.N. Doc. A/CN.4/L 532.

185 Report of the International Law Commission on the work of its forty-third session, General Assembly Official Records: Forty Sixth Session, Suppl. Nr. 10 (A/46/10), S. 265–268 (1991). »A crime of this nature could be committed not only in time of armed conflict but also in time of peace [...]. Deportation, already included in the 1954 draft Code, implies expulsion from the national territory, whereas the forcible transfer of population could occur

wholly within the frontiers of one and the same State [...]. Transfers of population under the draft article meant transfers intended, for instance, to alter a territory's demographic composition for political, racial, religious or other reasons, or transfers made in an attempt to uproot a people from their ancestral lands. One member of the Commission was of the view that this crime could also come under the heading of genocide.«

186 Draft Code of Crimes, a. a. O., S. 268.

187 Ebenda, S. 271: »Establishing settlers in an occupied territory constitutes a particularly serious misuse of power, especially since such an act could involve the disguised intent to annex the occupied territory. Changes to the demographic composition of an occupied territory seemed to the Commission to be such a serious act that it could echo the seriousness of genocide.«

188 G.A. Res. 48/141, U.N. GAOR, 48. Sitzungsperiode, Suppl. Nr. 49, S. 261, U.N. Doc. A/48/49 (1993).

189 G.A. Res. 48/321, U.N. GAOR, 48. Sitzungsperiode, Suppl. Nr. 49 A, S. 57, U.N. Doc. A/48/49/Add.1 (1994); Alfred de Zayas, The United Nation High Commissioner for Human Rights: Position, Functions, and Experience, in: Eckart Klein (Hrsg.), The Institution of a Commissioner for Human Rights and Minorities (1995), S. 17 ff.; Alfred de Zayas, Menschenrechte, Zentrum für Menschenrechte/Hoher Kommissar für Menschenrechte, in: Helmut Volger (Hrsg.), Lexikon der Vereinten Nationen, S. 337 ff.

190 Siehe Report of the United Nations High Commissioner for Human Rights, U.N. GAOR, 49. Sitzungsperiode, Suppl. Nr. 36, S. 1, U.N. Doc. A/49/36 (1994); siehe auch Report of the United Nations High Commissioner for Human Rights, U.N. Doc. E/CN.4/1995/98 (1995), E/CN.4/1996/103 (1996), E/CN.R/1997/98 (1997), E/CN.4/1998/104 and Corr. 1–2 (1998), E/CN.4/1999/9 (1999).

191 Abgedruckt in: Dokumentation der Gedenkstunde in der Paulskirche zu Frankfurt am Main am 28. Mai 1995, in: Dieter Blumenwitz (Hrsg.), 50 Jahre Flucht, Deportation, Vertreibung, S. 4, abgedruckt in der Anlage zum Buch, Alfred de Zayas, Die Anglo-Amerikaner und die Vertreibung der Deutschen, 1999, Ullstein, S. 391–392.

192 Siehe oben in der Einführung zu diesem Buch, sowie 3. Kap., II. c.

193 Report of the High Commissioner for Human Rights to the General Assembly, A/54 vom November 1999.

194 Alfred de Zayas, Population Transfers and the UN-Sub-Commission on Promotion and Protection of Human Rights, Human Rights, Nr. 1/1999, S. 31–33.

195 Annuaire de l'Institut de Droit International, Les Transfères inter-

nationaux de populations, 1952, Bd. 44/II, S. 146. »La Déclaration des droits de l'homme exclut assez clairement toute forme de pression ou de menace afin de convaincre une population d'abandonner le territoire sur lequel elle se trouve. Et plus généralement, il me semble pouvoir affirmer que le droit international moderne interdit tout transfère obligatoire ou tout transfère qui, tout en étant apparémment facultatif, est obtenu par des coercitions indirectes, quelles qu'elles soient, ou bien encore lorsque la volonte individuelle n'a pu se manifester librement, n'ayant pas la possibilité d'être rétractée ou étant obligée de se conformer a la décision de la majorité.«

196 Annuaire, a. a. O., S. 178: »Les transferts de populations internes ou internationales sont également condamnables, également proscrits par le Droit international dont les règles s'imposent automatiquement aux Etats. La seule utilitè que puisse présenter l'inscription de ce sujet a l'ordre du jour de notre Compagnie semble être de lui fournir l'occasion d'une condamnation absolue et solennelle des pratiques criminelles de plusieurs gouvernements. Ce que le Droit international doit étudier, ce sont les moyens propres a empêcher les agissements gouvernementaux qui ont abouti, dans le passé et dans le présent, à engendrer des situations tellement désastreuses qu'on a pu en venir de bonne foi, à faire considérer les échanges forcés de populations comme un moindre mal. Ces procèdes ont bien connus: discriminations, spoliations, arbitraires policiers, brimades des minorités, dévastations guerrières, annexions impérialistes, etc. [...]. Les échanges de troupeaux humains, les déportations super fulmina Babylonis, les trocs du Congres de Vienne, ne pouvent passer pour des remèdes qu'en tant qu'ils sont des succédanés des exterminations et du génocide. Ils ne cessent pas pour autant de participer a sa nature, et l'on ne voit pas comment les uns et les autres relèveraient d'une branche autre du Droit international que celle du Droit pénal.«

197 Annuaire de l'Institut de Droit International, 1952, Bd. 44/II, S. 190: »Les dispositions [de l'accord de Potsdam] ne peuvent être considérées comme légitimes du point de vue du droit international.«

198 International Law Association (ILA), »Declaration of Principles of International Law on Mass Expulsion«, Report of the Sixty-Second Conference held at Seoul, 24–30 August 1986, abgedruckt in: IMR 20 (1989), S. 1048, und in Jean Marie Henckaerts, Mass Expulsion in Modern International Law and Practice, Kluwer 1995, S. 223–227.

199 Abgedruckt in: A. Cassese/E. Jouve, Pour un droit des peuples, 1978, S. 27.

[200] Cyprus vs. Turkey, Applications Nr. 6780/74 und 6950/75, Bericht vom 10. Juli 1976, S. 72–73, Absatz 209; siehe auch Application Nr. 8007/77, Bericht vom 4. Oktober 1983.

[201] Für eine Aufzählung dieser Verträge siehe Otto Kimminich, Das Recht auf die Heimat (3. Aufl., 1989), S. 162 ff.; siehe auch Felix Ermacora, Menschenrechte in der sich wandelnden Welt, Bd. I, Wien 1974, S. 352 f.

[202] Alfred de Zayas, The International Judicial Protection of Peoples and Minorities, in: C. M. Brölmann, R. Lefeber and M. Y. A. Zieck, Peoples and Minorities in International Law, Dordrecht 1993, S. 253–287, insbesondere S. 254–258.

[203] Inis Claude, National Minorities, 1955, S. 31. Der Verfasser hat auch viele der Petitionen im Archiv des Völkerbundes in Genf eingesehen. Siehe auch H. vs. Truhart, Völkerbund und Minderheiten-Petitionen, Wien 1931.

[204] Text des Urteilspruchs: Publications of the Court, Serie B, Nr. 6, Akten und Dokumente dazu: Serie C, Nr. 3, 3. Sitzung, Bd. 3, Teil I und II; vgl. Survey of International Affairs, 1925, Suppl., Royal Institute of International Affairs, S. 118.

[205] Vgl. den Chorzow-Fall (Königshütte), Urteil Nr. 9 vom 26. Juli 1927, Ständiger Internationaler Gerichshof, BYIL, Bd. 9 (1928), S. 135 ff.; desgl. Urteil Nr. 13 vom 13. September 1928, Lauterpacht, a. a. O., Bd. 4, S. 268 ff.; desgl. viele vor dem Schiedsgericht für Oberschlesien.

[206] Erklärung von Außenminister Josef Beck am 13. September 1934 in Nation und Staat, Bd. 8, Oktober 1934, S. 60 ff., Zitat auf S. 62; siehe auch Helmut Piper, Die Minderheitenfrage und das Deutsche Reich 1919/1933/34, S. 325; Alfred de Zayas, Die Anglo-Amerikaner und die Vertreibung der Deutschen, Ullstein, 1999, S. 34 ff.

[207] IMT, Bd. 9, S. 350.

[208] Karin Oellers-Frahm, IGH – Internationaler Gerichtshof, in: Helmut Volger (Hrsg.), Lexikon der Vereinten Nationen, S. 254–266; Internet: http://www.icj-cij.org.

[209] Artikel 41 des IGH-Statuts sieht vorsorgliche Schutzmaßnahmen vor. Anwendung des Übereinkommens über die Verhütung und Bestrafung des Verbrechens des Völkermordes (Bosnien-Herzegowina gegen Jugoslawien), 1993, ICJ 3 (einstweilige Anordnung vom 8. April), abgedruckt in: 32 ILM 888; 1993 ICJ 325 (einstweilige Anordnung vom 13. September), abgedruckt in: 32 ILM 1599.

[210] ICJ Reports 1996, S. 595 ff.

[211] Siehe die Dissertation von Christoph Pappa, Das Individualbeschwerdeverfahren des Fakultativprotokolls zum Internationalen Pakt über bürgerliche und politische Rechte, Bern 1996.

212 Alfred de Zayas, The International Judicial Protection of Peoples and Minorities, in: Brölmann, C. et al. (Hrsg.), Peoples and Minorities in International Law, S. 253–287, insbesondere S. 259 ff.

213 Fall 167/1984, Absatz 14; Bericht des Menschenrechtsausschusses an die Generalversammlung (A/45/40), Bd. II, S. 10.

214 Christoph Pappa, a. a. O., S. 92 (124).

215 Er stellte fest, daß »the rights protected by Article 27 include the rights of persons, in community with others, to engage in economic and social activities which are part of the culture of the community to which they belong«. U.N. Doc. A/45/40, Bd. II, S. 27.

216 »Historical inequities, to which the State party refers, and certain more recent developments threaten the way of life and culture of the Lubicon Lake band, and constitute a violation of Article 27 so long as they continue. The State party proposes to rectify the situation by a remedy that the Committee deems appropriate within the meaning of Article 2 of the Covenant«, U.N. Doc. A/45/40 Bd. II, Fall 167/1984, Absatz 33, S. 27; siehe auch Fall 431/1990, Sara et al. gegen Finnland, Absatz 1 ff.

217 197/1985, U.N. Doc. A/43/40, S. 221 ff., insbesondere S. 229: »The regulation of an economic activity is normally a matter for the state alone. However, where that activity is an essential element in the culture of an ethnic community, its application to an individual may fall under Article 27 of the Covenant.«; Manfred Nowak, UNO-Pakt über bürgerliche und politische Rechte und Fakultativprotokoll; CCPR-Kommentar (deutsche Fassung), Kehl am Rhein 1989, S. 530.

218 CCPR/C/60/D/549/1993/Rev. 1, Entscheidung vom 29. Juli 1997, GAOR, Bericht des Menschenrechtsausschusses 1997 (A/52/40), Bd. 2, Annex VI H. Absatz 10.3 der Entscheidung lautet: »The authors claim that the construction of the hotel complex on the contested site would destroy their ancestral burial grounds, which represent an important place in their history, culture and life, and would arbitrarily interfere with their privacy and their family lives, in violation of Articles 17 and 23. They also claim that members of their family are buried on the site. The Committee observes that the objectives of the Covenant require that the term »family« be given a broad interpretation so as to include all those comprising the family as understood in the society in question. It follows that cultural traditions should be taken into account when defining the term »family« in a specific situation. It transpires from the authors' claims that they consider the relationship to their ancestors to be an essential element of their identity and to play an important role in their family life. This has not been chal-

lenged by the State party; nor has the State party contested the argument that the burial grounds in question play an important role in the authors' history, culture and life. The State party contested the argument that the burial grounds play an important role in the authors' history, culture and life. The State party has disputed the authors' claim only on the basis that they have failed to establish a kinship link between the remains discovered in the burial grounds and themselves. The Committee considers that the authors' failure to establish a direct kinship link cannot be held against them in the circumstances of the communication, where the burial grounds in question predate the arrival of European settlers and are recognized as including the forbears of the present Polynesian inhabitants of Tahiti. The Committee therefore concludes that the construction of a hotel complex on the authors' ancestral burial grounds did interfere with their right to family and privacy.«

219 »11.6 In examining whether the conditions for restitution or compensation are compatible with the Covenant, the Committee must consider all relevant factors, including the authors' original entitlement to the property in question and the nature of the confiscations. The State party itself acknowledges that the confiscations were discriminatory, and this is the reason why specific legislation was enacted to provide for a form of restitution. The Committee observes that such legislation must not discriminate among the victims of the prior confiscations, since all victims are entitled to redress without arbitrary distinctions. Bearing in mind that the authors' original entitlement to their respective properties was not predicated either on citizenship or residence, the Committee finds that the conditions of citizenship and residence in Act 87/1991 are unreasonable. In this connection the Committee notes that the State party has not advanced any grounds which would justify these restrictions. Moreover, it has been submitted that the authors and many others in their situation left Czechoslovakia because of their political opinions and that their property was confiscated either because of their political opinions or because of their emigration from the country. These victims of political persecution sought residence and citizenship in other countries. Taking into account that the State party itself is responsible for the departure of the authors, it would be incompatible with the Covenant to require them permanently to return to the country as a prerequisite for the restitution of their property or for the payment of appropriate compensation.

11.7 The State party contends that there is no violation of the Covenant because the Czech and Slovak legislators had no discriminatory intent at the time of the adoption of Act 87/1991. The Committee is of the view, however, that the intent of the legislature is not alone dispositive in determining a breach of Article 26 of the Covenant. A politically motivated differentiation is unlikely to be compatible with Article 26. But an act which is not politically motivated may still contravene article 26 if its effects are discriminatory«, CCPR/C/54/D/516/1992. Human Rights Committee 1995, Report to the General Assembly, ORGA, A/50/40, Bd. 2, 1995.

220 CCPR/C/57/D/586/1994, Absätze 12.5, 12.6. GAOF, Bericht des Menschenrechtsausschusses an die Generalversammlung, A/51/40, Bd. 2, 1996.

221 Cyprus vs. Turkey, Applications Nr. 6780/74 und 6950/75, Absatz 209, S. 72–73. Die Kommission stellte fest, »that the evictions of Greek Cypriots from houses, including their homes, which are imputable to Turkey under the Convention, amount to an interference with rights guaranteed under Article 8 (1) of the Convention, namely the right of these persons to respect for their home, and/or their right to respect for private life. The Commission further considers that the transportation of Greek Cypriots to other places, in particular the forcible incursions into the territory controlled by the Turkish army, and the deportation of Greek Cypriots to he demarcation line [...] constitute an inerference with their private life [...] which cannot be justified on any ground under pararaph 2 of Article 8«.

222 Die Kommission stellte eine weitere Verletzung fest, wegen »[...] the prevention of the physical possibility of the return of Greek Cypriot refugees to their homes as guaranteed in Article 8 (1)«, S. 72.

223 Application Nr. 8007/77, Bericht vom 4. Oktober 1983; siehe auch Christa Meindersma, Population Transfers in Conflict Situations, in: Netherlands International Law Review, 1994, S. 31–83.

224 Application No. 225781/94, Entscheidung vom 4. Juni 1999, veröffentlicht am 8. September 1999.

225 »Proximity Talks« zwischen den politischen Vertretern auf höchster Ebene zusammen mit dem UN-Generalsekretär Kofi Annan und seinem Beauftragten Alvaro de Soto wurden in New York im Dezember 1999 und in Genf im Januar/Februar 2000 gehalten.

226 Entscheidung, Absatz 269: »The Commission as already expressed its view that the arrangements made for holding of inter-communal talks are not a special agreement within the meaning of former Article 62 of the Convention which could prevent it from performing its tasks under the Convention. Nor can these talks,

even if they aim at eventually bringing about a satisfactory solution to the problem, be invoked as a ground for maintaining measures which in themselves lack a justification under the Convention. As the Committee of Ministers of the Council of Europe acknowledged in Resolution DH (79) 1 (see paragraph 7 above), the inter-communal talks must be seen as an instrument to put an end to such violations as might continue to occur, but the negotiations themselves, even if they are actively pursued, do not wipe out those violations. While it is true that certain proposals have been made for the return of at least some of the displaced persons to their homes – the Commission would refer here to the 1992 Set of Ideas of the UN Secretary-General and he 1993 proposals for the resettling of Varosha in the context of a package of confidence building measures – it appears that the process of their intercommunal talks is still very far from reaching any tangible results in this respect.«

227 Entscheidung vom 4. Juni 1999, Absätze 602–607. Im Vergleich zu dem Fall der 1619 verschwundenen griechischen Zyprioten 1974 darf darauf hingewiesen werden, daß bei der Vertreibung der Deutschen am Ende des Zweiten Weltkriegs Hunderttausende von Personen »verschwanden« und trotz jahrelanger Bemühungen des deutschen und des internationalen Roten Kreuzes nicht mehr gefunden werden konnten, so daß sie schließlich als verstorben angesehen wurden. Kurt Boehme, Gesucht wird. Die dramatische Geschichte des Suchdienstes, Süddeutscher Verlag, München 1965.

228 Entscheidung, Paragraphen 265 und 266: »The Commission recalls that the issue of displacement of persons was examined under Article 8 of the Convention both in its 1976 Report on applications Nos. 6780/74 and 6950/75 and in its 1983 Report on application No. 8007/77. In the 1976 Report, the Commission considered (at paragraph 208) ›that the prevention of the physical possibility of the return of Greek Cypriot refugees to their homes in the north of Cyprus amounts to an infringement, imputable to Turkey, of their right to respect of their homes‹ which could not be justified under any ground under paragraph 2 of Article 8. The Commission further considered (at paragraph 210), with regard to Greek Cypriots transferred to the south under various inter-communal agreements, hat the prevention of the physical possibility of the return of these Greek Cypriots generally amounted to an infringement, imputable to Turkey and not justified under paragraph 2, of their right to respect for their homes under paragraph 1 of Article 8. In the 1983 Report (D.R. 72, S. 42, at paragraphs 133–135) the Com-

mission, having found that the same situation continued to exist and that this continuing situation constituted an aggravating factor, confirmed these findings, concluding that Turkey continued to violate Article 8. The Commission finds that the situation of the displaced Greek Cypriots is still essentially the same in that they continue to be prevented from returning to their homes in northern Cyprus. The fact that after the adoption of the 1983 Report the ›TRNC‹ was established there and that the measures complained of are, according to the respondent Government's submissions, taken by the latter's authorities does not in any way affect the respondent Government's responsibility as those authorities are a subordinate local administration of Turkey. It is therefore not necessary to examine whether, during the period under consideration in the present case, Turkish armed forces or other Turkish authorities continued to be involved in the enforcement of the refusal of access to northern Cyprus by Greek Cypriots for any other purpose than family visits and pilgrimage to the Apostolos Andreas Monastery. What counts is that at present displaced Greek Cypriots, without any other exception, are effectively prevented by the authorities in place from even visiting their prior homes, let alone making any application for returning there for permanent settlement.«

229 Entscheidung, paragraph 270: »The respondent Government have not invoked any legal basis for the general exclusion of displaced Greek Cypriots from the territory of northern Cyprus, nor can it be said that such a general exclusion is in any way proportionate to the security interests invoked by the respondent Government. It follows that already for these reasons the measures complained of do not meet the requirements of Article 8 paragraph 2 of the Convention.«

230 EGMR, Loizidou vs. Turkey, Urteil vom 18. Dezember 1996, S. 23.

231 Der Bericht des U.S. Department of States von 1998 über die Menschenrechtssituation in Zypern kommentiert: »In 1996 the European Court of Human Rights ruled 11 to 6 that Turkey committed a continuing violation of the right of a Greek Cypriot woman by preventing her from going to her property located in north Cyprus. The ruling reaffirmed the validity of property deeds issued prior to 1974. The Court also found in this case that it is obvious from the large number of troops engaged in active duties in northern Cyprus that the Turkish army exercised effective overall control there. In the circumstances of the case, this entailed Turkey's responsibility for the policies and actions of the ›TRNC‹ (Turkish Republic of Northern Cyprus). In July the Court ordered Turkey to pay the woman approximately $ 915.000 in damages and

costs by October 28. The Turkish Government stated that it cannot implement the Court's decision, which it contends is a political decision, and argued that the land in question is not Turkish but is part of the ›Turkish Republic of Northern Cyprus‹, U.S. Department of States, Country Reports on Human Rights, 1998; siehe auch http://www.cyprus.com.cy.

232 Leif Berg und Ekkehard Strauß, The Human Rights Chamber for Bosnia and Hercegovina. Sarajevo 2000. Annual Report 1998, Human Rights Chamber for Bosnia and Herzegovina, Sarajevo, März 1999, Annex D.

233 Ebenda, Annex G.

234 Fall Nr. CH/98/659, CH/98/734, CH/98/8750 usw.; Human Rights Chamber, Decision on the Admissibility and Merits, delivered on 10 September 1999, S. 28–29.

235 Fall Nr. CH/98/752, CH/87/827, CH/98/828 usw., Entscheidung vom 10. Dezember 1999, Paragraphen 155–160.

236 Rechtssache 7964, Inter-Amerikanische Kommission für Menschenrechte, Report on the Situation of Human Rights of a Segment of the Nicaraguan Population of Miskito Origin, OEA/Ser.L/V/II.62, Doc. 26, S. 118 (1984), Doc. 10, Rev. 3; siehe Alfred de Zayas, The International Judicial Protection of Peoples and Minorities in International Law, in: Catherine Brölman et al. (Hrsg.), Peoples and Minorities in International Law, 1993, S. 255 f.; siehe auch Thomas Buergenthal und Dinah Shelton, Protecting Human Rights in the Americas, 4. Aufl., Straßburg 1995, S. 347 ff.

237 Amerikanische Menschenrechtskonvention, Artikel 22.

238 Annual Report of the Inter-American Commission on Human Rights 1984–1985, OEA/Ser.L/V/II.66, Doc. 10, Rev. 1, 1. Oktober 1985, S. 24–34. Res. 12/85, Case 7615 (Brazil).

239 Thomas Buergenthal und Dinah Shelton, Protecting Human Rights in the Amerikas, 1995, S. 356–363.

240 IACHR, Paraguay, Annual Report of the Inter-American Convention on Human Rights 1989–1990, OEA/Ser.L/V/II.77 Rev. 11, Doc. 7, 17. Mai 1990, S. 176–177.

241 Alfred de Zayas, Der Nürnberger Prozeß vor dem internationalen Militärtribunal (1945–1946), in: Alexander Demandt, Macht und Recht, Große Prozesse in der Geschichte, München 1990, S. 253–287.

242 Claude Mullins, The Leipzig Trials, London 1921.

243 Statut von Nürnberg, a. a. O., Artikel 6 (b) IMT Bd. I, S. 12.

244 IMT, Bd. I, S. 54.

245 Ebenda, S. 68.

246 Siehe allgemein M. Cherif Bassiouni, Crimes against Humanity in International Criminal Law (1992); siehe auch Christa Meinders-

ma, Legal Issues Surrounding Population Transfers in Conflict Situations, in: Netherlands International Law Review 41 (1994), S. 31; Jean Marie Henkaerts, Mass Expulsion in Modern International Law and Practice (1995).

247 IMT, Bd. I, S. 12; Egon Schwelb, Crimes against Humanity, in: BYIL 23 (1946), S. 178 ff.

248 IMT, Bd. I, S. 71.

249 IMT, Bd. II, S. 61.

250 IMT Bd. III, S. 641 f.

251 In Polen und in der Sowjetunion waren diese Verbrechen Teil eines Plans, sich ganzer einheimischer Bevölkerungsgruppen durch Vertreibung und Vernichtung zu entledigen, um ihr Gebiet für die Besiedlung durch Deutsche nutzen zu können. [...] Im Westen war die elsässische Bevölkerung das Opfer einer deutschen »Ausweisungsmaßnahme«. Zwischen Juli und Dezember 1940 wurden 105 000 Elsässer entweder aus ihrer Heimat deportiert oder an der Rückkehr dorthin gehindert. IMT, Bd. XXII, S. 400–481.

252 Affirmation of the Principles of International Law Recognized by the Charter of the Nuremberg Tribunal, G.A. Res. 95 (I), U.N. Doc. A/64/Add.1, S. 188 (1946). Die Grundsätze der Charta werden weithin als Teil des völkerrechtlichen Gewohnheitsrechts betrachtet; zum Beispiel: Secretary General's Report, a. a. O., Punkte 35, 42–44, 47 u. Nr. 9.

253 Adolphus Karibi-Whyte, The Twin ad hoc Tribunals and the Primacy Over National Courts, in: Criminal Law Forum, Vol. 9, Nr. 1/2, S. 55–98.

254 S.C. Res. 827 (U.N. SCOR, 48. Jg., 1993, Res. & Dec., S. 29, U.N. Doc. S/INF/49 (1993); IKTJ-Statut (ICTY Statute), Art. I, abgedruckt im Anhang des Report of the Secretary-General pursuant to Paragraph 2 of Security Council Resolution 808 (1993), U.N. Doc. S/25704 and Add. 1 (1993).

255 ICTY Statute, a. a. O., Artikel 7 (4), folgt der Nürnberger Charta, a. a. O., Artikel 8 und läßt die Einrede der Gehorsamspflicht gegenüber Weisungen von Vorgesetzten lediglich als strafmildernden Umstand gelten. Das Internationale Militärtribunal für den Fernen Osten wurde entsprechend der besonderen Proklamation des Alliierten Oberkommandierenden, Establishment of an International Tribunal for the Far East, 19. Januar 1946, T.I.A.S. Nr. 1589, 4 Bevans 20, in Tokio errichtet. Es arbeitete auf der Grundlage des Statuts des Internationalen Militärtribunals für den Fernen Osten, 19. Januar 1946 (i. d. F. vom 26. April 1946), 4 Bevans 21 [im folgenden Statut von Tokio]. Das Statut von Tokio, a. a. O., Artikel 6, ist inhaltsgleich mit dem Statut von Nürnberg, a. a. O.

256 ICTY Statute, a. a. O., Artikel 7 (3).

257 Ebenda, Artikel 7 (2), entsprechend dem von Nürnberg, a. a. O., Artikel 7 und des Statuts von Tokio, a. a. O.

258 Bis vor kurzem vertraten einige Sachverständige die Ansicht, das Statut von Nürnberg, a. a. O., Artikel 6 (c), sei die einzige maßgebende Definition der Verbrechen gegen die Menschlichkeit. Siehe allgemein Bassiouni, a. a. O. Das Statut des ICTY, a. a. O., Artikel 5, führt folgende Verbrechen gegen die Menschlichkeit auf: Mord, Ausrottung, Versklavung, Deportation, Inhaftierung, Folter, Vergewaltigung, Verfolgung aus politischen, rassischen und religiösen Gründen und andere Formen unmenschlicher Behandlung, »wenn diese bei einem – internationalen oder inneren – bewaffneten Konflikt begangen werden und sich gegen Zivilpersonen richten«. Dies geht in zwei bedeutsamen Punkten über die Nürnberger Definition hinaus. Zum ersten wurden Vergewaltigungen nach dem Statut von Nürnberg, a. a. O., Artikel 6 (c), nicht als Verbrechen gegen die Menschlichkeit aufgeführt, und zweitens mußten Verbrechen gegen die Menschlichkeit »bei der Durchführung von oder in Zusammenhang mit« Verbrechen gegen den Frieden oder Kriegsverbrechen begangen worden sein. Ebenda; siehe jedoch Gesetz Nr. 10 des Alliierten Kontrollrats, 20. Dezember 1945, Artikel II (1) (c), in: Control Council for Germany, Official Gazette, 31. Januar 1946, S. 50, abgedruckt in Documents on Prisoners of War 304 (Naval War College International Law Studies, Bd. 60, Howard S. Levie (Hrsg.), 1979 (»Verbrechen gegen die Menschlichkeit: Greuel und strafbare Handlungen, einschließlich unter anderem Mord, Ausrottung, Versklavung, Deportation, Inhaftierung, Folter, Vergewaltigung oder anderer Formen unmenschlicher Behandlung von Zivilpersonen oder Verfolgungen aus politischen, rassischen oder religiösen Gründen, ob nun unter Verletzung der innerstaatlichen Rechtsvorschriften des Landes, in dem die Taten begangen wurden oder nicht«).
Vor kurzem kommentierte das Internationale Kriegsverbrechertribunal den Geltungsbereich des Statuts des ICTY, a. a. O., Artikel 5, und erklärte, dem völkerrechtlichen Gewohnheitsrecht zufolge sei es »mittlerweile eine feste Regel«, daß »Verbrechen gegen die Menschlichkeit […] nicht im Zusammenhang mit einem internationalen bewaffneten Konflikt stehen (müssen)« und […] unter Umständen überhaupt nicht mit einem Konflikt zusammenhängen (müssen)«. In der Stellungnahme heißt es weiter, es sei »keine Frage«, daß die Definition in dem Statut sich mit dem Grundsatz *Nullum crimen sine lege* verträgt. ICTY Tadić App. Dec., a. a. O., Punkt 141.

[259] Secretary General's Report, a. a. O., Punkt 34.

[260] S.C. Res. 941, U.N. SCOR, 49. Jg., 3428. Sitzung, S. 1, Punkt 2, U.N. Doc. S./RES/941 (1994).

[261] Rechtssache Nr. IT-94-2-I (ICTY 4. November 1994), abgedruckt in 34 ILM 996.

[262] Rechtssache Nr. IT-94-2-R61 (Überprüfung der Anklage gemäß Bestimmung 61) (ICTY 20. Oktober 1995); Robert Marquand, A Dogged U.N. Judge Propels »the Real Trial of the Century«, Christian Sci. Monitor, 23. Oktober 1995, S. 7, verfügbar in LEXIS, World Library, Allnws File.

[263] ICTY R. Proc. & Evid. 61, a. a. O.

[264] Rechtssache Nr. IT-95-4-I (ICTY 13. Februar 1995), abgedruckt in 34 ILM 1011.

[265] Rechtssache Nr. IT-94-I-T (ICTY 13. Februar 1995), abgedruckt in 34 ILM 1011.

[266] ICTY-Pressemitteilung, Fall Nr. IT-94-I-T (Dusko Tadić) Update 6: Indictment Amended, Accused Paces Additional Charges, Nr. CC/PIO/19-E (26. September 1995).

[267] Rechtssache IT-94-I-T (ICTY 10. August 1995).

[268] ICTY Tadic App. Dec., a. a. O.

[269] Rechtssache IT-95-5-I (ICTY 25. Juli 1995).

[270] Rechtssache IT-95-18-I (ICTY 16. November 1995).

[271] S.C. Res. 955, U.N. SCOR, 49. Jg., 3453. Sitzung, S. 1, U.N. Doc. S/RES/955 (1994), abgedruckt in: 5 Criminal Law Forum 698 (1994); René Degni-Segui, Sonderberichterstatter, Commission on Human Rights, The Situation of Human Rights in Rwanda, U.N. Doc. E/CN.4/1995/71 (1995). Gemäß S.C. Res. 935, U.N. SCOR, 49. Jg., 3400. Sitzung, S. 1, U.N. Doc. S/RES/935 (1994), abgedruckt in: 5 Criminal Law Forum 695 (1994), wurde eine Expertenkommission eingesetzt, um das Ausmaß schwerer Verletzungen des humanitären Völkerrechts in Ruanda zu ermitteln. Die Kommission hat Berichte vorgelegt, die der Generalsekretär an den UN-Sicherheitsrat weitergeleitet hat, U.N. Doc. S/1994/1125 (1994), U.N. Doc. S/1994/1405 (1994).

[272] 4. Genfer Abkommen, a. a. O., Artikel 147 (über das Verbot der rechtswidrigen Verschleppung oder rechtswidrigen Verschickung geschützter Personen). Es gibt außerdem eine allgemeine Rechtsprechung über schwere Verletzungen der Genfer Abkommen. Jean S. Pictet, The Geneva Conventions of 12th August 1949, Commentary to the Fourth Convention, S. 587; Claude Pilloud et al., International Committee of the Red Cross, Commentary on the Additional Protocols of 8 June 1977 to the Geneva Conventions of 12 August 1949, Yves Sandoz et al. (Hrsg.), 1987, S. 975.

273 BYIL, Bd. 68 (1997), S. 65–125, auf S. 125.

274 Siehe UN-Völkerrechtskommission über die Haftung von Staaten für Völkerrechtsverletzungen, International Law Commission, Study on State Responsibility; ILC Reports to the General Assembly, insbesondere 1997 und 1998; siehe auch »International Wrongful Acts« und »State Responsibility«, in: R. Bernhardt, Encyclopedia of Public International Law. Für Verletzungen des Kriegsrechts haftet der Staat gemäß Artikel 3 der Haager Landkriegsordnung: »Die Kriegspartei, welche die Bestimmungen der bezeichneten Ordnung verletzen sollte, ist gegebenenfalls zum Schadensersatz verpflichtet. Sie ist für alle Handlungen verantwortlich, die von den zu ihrer bewaffneten Macht gehörenden Personen begangen werden.«

275 Awn Shawkat Al-Khasawneh, Rapporteur of the United Nations Sub-Commission on Prevention of Discrimination and Protection of Minorities, Final Report on Forced Population Transfers, U.N. Doc. E/CN.4/Sub.2/1997/23.

276 Auch die Europäische Menschenrechtskommission stellte in ihrem Bericht vom 4. Juni 1999 im Fall Zypern gegen Türkei, Nr. 25781/94, fest, daß der Zweck von politischen Gesprächen und Abmachungen sein mußte, ebensolche Menschenrechtsverletzungen zu beheben und nicht zu legalisieren.

277 Das Statut des Internationalen Strafgerichtshofes wurde anläßlich der internationalen diplomatischen Konferenz im Juni 1998 angenommen. Wenn das Statut in Kraft tritt, wird der Gerichtshof in Den Haag etabliert werden.

278 Siehe Theo van Boven, Sonderberichterstatter, Sub-Commission, Study Concerning the Right to Restitution, Compensation and Rehabilitation for Victims of Gross Violations of Human Rights and Fundamental Freedoms: Second Progress Report, U.N. Doc. E/CN.4/Sub.2/1992/9 (1992).

279 Chaloka Beyami, A Political and Legal Analysis of the Problem of the Return of Forcibly Transferred Populations, Refugee Survey Quarterly, Bd. 16, Nr. 3 (1997), S. 1–25.

280 G.A. Res. 194 (III), U.N. Doc A/810, S. 24, Punkt 11 (1948); Kurt René Radley, The Palestinian Refugees: The Right to Return in International Law, AJIL, Bd. 72, 1978, S. 586–614; Ruth Lapidoth, The Right of Return in International Law, with Special Reference to the Palestinian Refugees, Israel Yearbook on Human Rights, Bd. 16, 1986, S. 103 ff.

281 Report of the Special Committee to Investigate Israeli Practices Affecting the Human Rights of the Population of the Occupied Territories, G.A. Res. 40/161, U.N. GAOR, 40. Sitzungsperiode,

Suppl. 53, S. 112, U.N. Doc. A/40/53 (1985), G.A. Res. 40/101, U.N. GAOR, 41. Sitzungsperiode, Suppl. 53, S. 164, U.N. Doc. A/41/53 (1986). Hierbei ist zu bemerken, daß Israel dem Internationalen Pakt über bürgerliche und politische Rechte beigetreten ist, a. a. O.

282 1998 Bericht des UNO-Menschenrechtsausschusses an die Generalversammlung, Official Records of the General Assembly, Suppl. 40 (A/53/40), S. 48: »The Committee urges Israel to respect the right to freedom of movement provided for under Article 12, including the right to return to one's country« (paragraph 318).

283 G.A. Res. 3395 (XXX), U.N. GAOR, 30. Sitzungsperiode, Suppl. Nr. 34, S. 5, U.N. Doc. A/10034 (1975); G.A. Res. 34/30, 34 Sitzungsperiode, Suppl. Nr. 46, S. 17, U.N. Doc. A/34/46 (1979); G.A. Res. 37/253, U.N. GAOR, 37. Sitzungsperiode, Suppl. Nr. 51, S. 48, U.N. Doc. A/37/51 (1983).

284 CHR-Res. 4 (XXXII), Report of the Commission on Human Rights on its Thirty-Second Session, U.N. ESCOR, 60. Sitzungsperiode, Suppl. Nr. 3, S. 59. U.N. Doc. E/57/68 (1976).

285 Cyprus vs. Turkey, Fall Nr. 6780/74 und 6950/75, Report of the Commission adopted 10th July 1976; Alfred de Zayas, Collective Expulsions: Norms, Jurisprudence, Remedies, in: Refugee Survey Quarterly, Bd. 16, Nr. 3, S. 149–153; Christa Meindersma, Legal Issues Surrounding Population Transfers in Conflict Situations, in: Netherlands International Law Review, Bd. XLI, S. 31–83, S. 71–72. Die Kommission stellte ferner fest: »The transportation of Greek Cypriots to other places, in particular the excursions within the territory controlled by the Turkish army, and the deportation of Greek Cypriots to the demarcation line [...] also constitute an interference with their private life, guaranteed in Article 8 (1) which cannot be justified on any ground under paragraph 8 (2).«. Siehe auch V. Coufoudakis, Cyprus and the European Convention on Human Rights: The Law and Politics of Cyprus vs. Turkey, Applications 6780/74 and 6950/75, Human Rights Quarterly, Bd. 4 (1982).

286 Fall Nr. 8007/77, Cyprus vs. Turkey, Absätze 124–165, S. 34–48.

287 Roger Zetter, The Greek Cypriot Refugees: Perceptions of Return under Conditions of Protracted Exile, International Migration Review, Bd. 28 (1994), S. 307–322.

288 Artikel l: »Shall be given the opportunity to return voluntarily to their homeland«, Bilateral Agreement between the Republic of Afghanistan and the Islamic Republic of Pakistan on the Voluntary Return of Refugees, abgedruckt in: UN Press Release UNIS/PS/14 vom 15. April 1988.

289 A. Wako, Human Rights Committee, 604th meeting, 10. Juli 1985,

U.N. Doc. CCPR/C/SR.604, Absatz 54; Christian Tomuschat, 608th meeting, 12. Juli 1985, CCPR/C/SR. 608, Absatz 50; Auf das Selbstbestimmungsrecht des afghanischen Volkes bezogen sich bei ihren Fragen F. Pocar, 603rd meeting, 10. Juli 1985, CCPR/C/SR.603, Absatz 55; R. Higgins, 604th meeting, CCPR/C/SR. 604, Absatz 44.

290 Concept for a United Nations Peace-keeping Operation in Yugoslavia, Anhang III, Teil des Report of the Secretary- General pursuant to Security Council Resolution 721 (1991), U.N. Doc. S/23280 (1991), abgedruckt in ILM 1442; siehe ebenda, Punkt 20. Der Sicherheitsrat billigte den Friedensplan in S.C. Res. 724, U.N. SCOR, 46. Jg. 1991 Res. & Dec., S. 45, U.N. Doc. S/INF/47 (1991).

291 Report of the Secretary-General pursuant to Security Council Resolution 959 (1994), Punkt 45, 53, U.N. Doc. S/1994/1389 (1994).

292 S.C. Res. 947, U.N. SCOR, 49. Jg., 3434. Sitzung, S. 1, Punkt 7, U.N. Doc. S/RES/947 (1994).

293 Siehe auch S.C. Res. 941, Punkt 3 (bekräftigt, daß »alle Vertriebenen [...] in die Lage versetzt werden [sollten], in Frieden in ihre früheren Heimstätten zurückzukehren«); S.C. Res. 981, U.N. SCOR, 50. Jg., 3512. Sitzung, S. 1, U.N. Doc. S/RES/981 (1995).

294 S.C. Res. 1019, Punkte 6–7.

295 Allgemeines Rahmenabkommen für den Frieden, 21. November 1995, Artikel VII verpflichtet die Vertragsparteien zur Einhaltung der Anhänge 6 über Menschenrechte und 7 über die Rückkehr der Flüchtlinge und Vertriebenen.

296 Siehe auch Res. 1203 (1998) vom 24. Oktober 1998.

297 Resolution (49) vom 7. August 1996. Jahresbericht des Ausschusses zur Eliminierung der Rassendiskriminierung an die Generalversammlung. A/51/18, S. 13.

298 UNHCR Handbook on Voluntary Repatriation (1986); Reports of the United Nations High Commissioner for Refugees, U.N. Docs. E/1994/41, E/1995/52, E/1996/52. Im Bericht von 1996 heißt es: »Voluntary Repatriation is regarded by UNHCR as the preferred durable solution to refugee situations. Negotiations and events underway in many parts of the world provide continued grounds for hope that voluntary repatriation can become a reality for a large number of the world's refugees. During 1995 over 800 000 persons repatriated to their countries of origin, of whom some 450 000 with UNHCR assistance, most notably to Afghanistan (170 000), Rwanda (110 000) and Myanmar (61 000). During 1995, US-$ 191.9 million were spent on voluntary repatriation.«

299 Barbara Harrell-Bond, Repatriation: Under what conditions is it the most desirable solution for Refugees?, Oxford 1990; Marjoleine Zieck, UNHCR and Voluntary Repatriation of Refugees, A

Legal Analysis, Den Haag 1997; D. Warner, Voluntary Repatriation and the Meaning of Return to Home, Journal of Refugee Studies, Bd. 7 (1994), S. 160–174; T. Allen, The United Nations and the Homecoming of Displaced Populations, International Review of the Red Cross, Bd. 34, Nr. 301 (1994), S. 340–353.

300 Alan W. Fisher, The Russian Annexation of the Crimea 1772–1783, Cambridge 1970; Alan W. Fisher, The Crimean Tatars, Hoover 1978; Edward Allworth (Hrsg.), Tatars of the Crimea, Their Struggle for Survival, Duke University Press, 1988.

301 Aleksandr M. Nekrich, The Punished Peoples, New York 1978.

302 International Alert, The Crimean Tatars, by Andrew Wilson, Senior Research Fellow, Post-Soviet States in Transition Programme, Cambridge, S. 37.

303 Die Krimtataren: Auf halbem Weg zurück in die Heimat, in GUS-Konferenz, S. 13; Gwendolyn Sasse, Die Rückkehr-Bewegung der Krimtataren, Voraussetzungen, Gremien und aktuelle Entwicklungen, Osteuropa, 45. Jg., Heft 4, April 1995, S. 338–348.

304 UNHCR, GUS-Konferenz über Flüchtlinge und Migranten, 30.–31. Mai 1996, Genf 1996; UNHCR Regional Bureau for Europe, The CIS Conference on Refugees and Migrants, Bde. 1 und 2, 1996.

305 UNHCR, Regional Bureau for Europe, The CIS Conference on Refugees and Migrants, 1996.

306 Der Tagesspiegel, 5. Oktober 1995, S. 7; abgedruckt auch im Deutschland Magazin, November 1995, S. 18 f.; Heimo chwilk (Hrsg.), 5 Jahre Deutsche Einheit, Initiative »Arbeit für Deutschland« 1995, S. 26–31.

307 Lennart Meri, Ich bin einer von Ihnen, in: Bund der Vertriebenen (Hrsg.), Menschenrechte sind unteilbar, Bonn 1990, S. 10.

308 Deutsche Union Dienst – DUD-Sonderdienst, 21. April 1997.

309 Deutscher Ostdienst, 11. Oktober 1996, S. 1.

310 Die Brücke, 15. Januar 1997, S. 16.

311 Kurt Boehme, Gesucht wird, München, 1965, S. 261 (S. 275); Theodor Schieder (Hrsg.), Dokumentation der Vertreibung der Deutschen aus Ost-Mitteleuropa, Bd. III, S. 75E ff., S. 229 ff.

312 Bulletin der Bundesregierung, 26. Mai 1997, Nr. 41, S. 435.

313 Deutsche Union Dienst – DUD-Sonderdienst, Nr. 20, 20. Oktober 1997, S. 4.

314 Die Welt, 24. Mai 1997.

315 S/RES 947, 1009, 1019 bestätigen »the right to remain or return in safety« und das Recht »to reclaim their property«.

316 EGMR, Loizidou vs. Turkey, Urteil vom 18. Dezember 1996 (40/1993/435/514), S. 23.

317 Cohen-Jonathan, L'affaire Loizidou devant la Cour Europeenne

des Droits de l'Homme; Quelques Observations, Revue Générale de droit international Public, Tome CII, 1998, S. 123–144.

318 Adolf Wolf, Entschädigungsverfahren für Ungarndeutsche fast abgeschlossen, IFLA 10/1995, S. 120.

319 E/CN.4/Sub.2/1997/23 und Corr. 1.

320 Alfred de Zayas, Menschenrechte, Zentrum für Menschenrechte/Hoher Kommissar für Menschenrechte, in: Helmut Volger (Hrsg.), Lexikon der Vereinten Nationen, S. 337–343; Internet: http://www.unhchr.ch.

321 Lubbers Rund, UNHCR – Hoher Flüchtlingskommissar der Vereinten Nationen, in: Helmut Volger (Hrsg.), Lexikon der Vereinten Nationen, S. 559–561; Internet: http://www.unhcr.ch.

322 Manfred Kulessa, Sanktionen, in: Helmut Volger (Hrsg.), Lexikon der Vereinten Nationen, S. 452–455.

323 Michael Bothe, Use of Force to Protect Peoples and Minorities, in: C. Brölmann/R. Lefeber/M. Zieck, Peoples and Minorities in International Law, S. 289–299.

324 Volker Loewe, Vetorecht, in: Helmut Volger (Hrsg.), Lexikon der Vereinten Nationen, S. 607–609.

325 Die NATO wurde 1949 gemäß Artikel 51 der UN-Charta als Instrument der Kollektiven Sicherheit etabliert.

326 Gemäß Artikel 53 (Kapitel VIII) der UN-Charta kann der Sicherheitsrat regionale Abmachungen treffen oder Einrichtungen zur Durchführung solcher militärischen Aktionen durchführen.

327 Karin Oellers-Frahm, IGH-Internationaler Gerichtshof, in: Helmut Volger (Hrsg.), Lexikon der Vereinten Nationen, S. 254–266; H. Mosler, Der Internationale Gerichtshof, in: Bruno Simma (Hrsg.), Charta der Vereinten Nationen. Kommentar, 1991, S. 927–964; Shabtai Rosenne, The World Court: What it is and how it works, Dordrecht 1995.

328 Artikel 41 des IGH-Statuts sieht vorsorgliche Schutzmaßnahmen vor. Anwendung des Übereinkommens über die Verhütung und Bestrafung des Verbrechens des Völkermordes (Bosnien-Herzegowina gegen Jugoslawien), 1993 ICJ 3 (einstweilie Anordnung vom 8. April 1993), abgedruckt in: 32 ILM, 888, 1993 ICJ 325 (einstweilige Anordnung vom 13. September 1993), abgedruckt in: 32 ILM 1599.

329 U.N.T.S. Bd. 999, S. 171; BGBl. 1973 II, S. 1534.

330 GAOR, 1993, Bericht des Menschenrechtsausschusses an die Generalversammlung, A/48/40, Absätze 311–389.

331 GAOR, 1993, Bericht des Menschenrechtsausschusses an die Generalversammlung, A/48/40, Absatz 389.

332 CCPR/C/YUG/99/4.

333 BGBl. 1973 II, S. 1534.

334 Alfred de Zayas, The United Nations and the Guarantees of a Fair Trial in the International Covenant on Civil and Political Rights, in: David Weissbrodt und Rüdiger Wolfrum (Hrsg.), The Right to a Fair Trial, Heidelberg 1997, S. 669–697.

335 U.N.T.S. Bd. 660, S. 195; BGBl. 1969 II, S. 961.

336 GAOR-Res. 39/46 vom 10. Dezember 1984, 39th Session, Resolutions, S. 197; BGBl. 1990 II, S. 247.

337 I. d. F. vom 25. Juni 1953, BGBl. 1957 II, S. 317.

338 BGBl. 1968 II, S. 385.

339 Klaus Hüfner/W. Reuther, UNESCO-Handbuch; Klaus Hüfner, UNESCO-Organisation der Vereinten Nationen für Erziehung, Wissenschaft und Kultur, in: Helmut Volger (Hrsg.), Lexikon der Vereinten Nationen, S. 553–556; Internet: http://www.unesco.org.

340 Siehe den Bericht von 1999, U.N. Doc. E/CN.4/Sub.2/1999/21.

341 Maria Francisca Ize-Charrin, 1503 a Serious Procedure, in: Gudmundur Alfredsson et al., International Human Rights Monitoring Mechanisms, Essays in Honour of Jakob Th. Möller, Amsterdam 2001; Markus Schmidt, Kein Stilles Dulden. Beschwerdeverfahren vor Menschenrechtsgremien der Vereinten Nationen, in: Vereinte Nationen, Bd. 42 (1994), S. 7–10.

342 Richard Lillich und Frank Newman, International Human Rights Problems of Law and Policy, S. 340–371.

343 Für einen Überblick über UN-Mechanismen für autochthone Völker siehe U.N. Doc. A/51/493.

344 G.A. Res. 48/163 vom 21. Dezember 1993.

345 Siehe UN-Unterkommission für die Förderung und für den Schutz der Minderheiten, Resolution 1994/45 vom 26 August 1994, und Resolution 50/157 vom 21. Dezember 1995: »An objective of the Decade is the promotion and protection of the rights of indigenous people and their empowerment to make choices which enable them to retain their cultural identity while participating in political, economic and social life, with full respect for their cultural values, languages, traditions and forms of social organization«. Programme of Activities for the International Decade of the World's Indigenous People (1995–2004), paragraph 4.

346 G.A. Res. 50/157 vom 21. Dezember 1995, Absatz 4. Siehe die Arbeitspapiere in: U.N. Doc. E/CN.4/1996/84 und E/CN.4/1997/102.

347 U.N. Doc. E/CN.4/Sub.2/1993/28.

348 U.N. Doc. E/CN.4/Res/1995/24.

349 U. N. E/CN/4/Sub.2/1996/2; E/CN.4/Sub.2/1996/28; E/CN.4/Sub2/1997/18; siehe Ekkehard Strauss, Minderheitenschutz, in: Lexikon der Vereinten Nationen, S. 288–392.

350 E/CN.4/Sub.2/1999/21.

351 Becket, The Greek Case Before the European Human Rights Commission, 1 Human Rights 91 (1970); The Greek Case, 12 Yearbook of the European Convention on Human Rights (1969); The Greek Case, Council of Europe (Committee of Ministers) (1970).

352 Amnesty International, Torture in Greece: The First Torturers Trial 1975 (1977); Scott Leckie, The Inter-State Complaint Procedure, in: International Human Rights Law: Hopeful Prospects or Wishful Thinking?, Human Rights Quarterly 10 (1988), S. 249.

353 Zur Praxis vgl. das Yearbook of the European Convention on Human Rights.

354 Beschwerden können gerichtet werden an: Greffe de la Cour européenne des Droits de l'Homme, F-67075 Strasbourg Cedex. Contacts: Roderick Liddell, Tel. (00 33) 3 88 41 24 92 ou Emma Hellyer, Tel. 3 90 21 42 15, Fax 3 88 41 27 91.

355 O.A.S. Res. XXX, Bogota 1948, Novena Conferencia Internacional Americana, Actas y Documentos, Bd. VI, S. 297–302.

356 O.A.S. Treaty Series No. 36. O.A.S. Off. Rec. OEA/Ser.L/VII.23 Doc.Rev. 2.

357 Annette Schild/Monika Tscheulin, Konflikte, Nahost, in: Rüdiger Wolfrum (Hrsg.), Handbuch Vereinte Nationen, S. 480–500.

358 Hans Peter Kotthaus, UN-Hilfswerk der Vereinten Nationen für Palästinaflüchtlinge im Nahen Osten, in: Helmut Volger (Hrsg.), Lexikon der Vereinten Nationen, S. 590–592.

359 Annual Report, Human Rights Chamber, Bosnia and Herzegowina, Sarajevo, März 1999. Main Office: Musala 9, 71 000 Sarajevo. Die Entscheidungen sind zu lesen in:
http//:www.gwdg.de/ ~ujvr/hrch/hrch.htm;
E-mail: chamber.humanrights@ohr.int.

360 Report of the Independent Expert Cherif Bassiouni, E/CN.4/1999/65; siehe auch die Guidelines von Theo van Boven, E/CN.4/Sub.2/1996/17.

361 Resolution des Europarates (99) 50 vom 7. Mai 1999.

362 Vgl. Eckart Klein (Hrsg.), The Institution of a Commissioner for Human Rights and Minorities, Colloquium, Potsdam 1995, S. 14/15.

363 Entschließung (97) 10 des Ministerkomitees des Europarates.

364 Albert Schweitzer, Das Problem des Friedens in der heutigen Welt, Rede zur Verleihung des Friedensnobelpreises, gehalten in Oslo am 4. November 1954.

365 Ulrich Fastenrath, Agressionsdefinition, in: Helmut Volger (Hrsg.), Lexikon der Vereinten Nationen, S. 23–26; Brigitte Reschke, Gewaltverbot, in: Helmut Volger (Hrsg.), Lexikon der Vereinten Nationen, S. 197–199.

[366] Otto Kimminich, Das Recht auf die Heimat, S. 22 f.; vgl. Theodor Veiter, Vertreibung – Zuflucht – Heimat, der betont, daß sich das Wort »Heimat« nicht nur in der deutschen Sprache findet, sondern vor allem in den slawischen Sprachen, wie zum Beispiel im Slowenischen (»domovina«) oder im Tschechischen (»domov«); Gilbert Gornig, Das Recht auf die Heimat. Auch ein Beitrag zu Vertreibung und Enteignung im Völkerrecht, in: IFLA Informationsdienst für Lastenausgleich, BVFG und anderes Kriegsfolgenrecht, 46. Jg., Nr. 11, November 1997, S. 121–128.

[367] Vgl. die Präambel des Vertrags über die Europäische Union (Maastricht-Vertrag), Text in: BGBl. 1992 II, S. 1251.

[368] Alfred de Zayas, Historischer und völkerrechtlicher Überblick, in: Reden zu Deutschland 1980, hrsg. von der Kulturstiftung der deutschen Vertriebenen, S. 16–22. Dr. Dr. Kurt Rabl veröffentlichte 1958–1965 ein mehrbändiges Werk über das Recht auf die Heimat. Die vielleicht beste Abhandlung zu diesem Thema veröffentlichte Professor Dr. Otto Kimminich (Regensburg) 1979 (3. Aufl. 1989) in der Schriftenreihe der Kulturstiftung der deutschen Vertriebenen.

[369] Alfred de Zayas, Menschenrechte, Zentrum für Menschenrechte/Hoher Kommissar für Menschenrechte, in: Helmut Volger (Hrsg.), Lexikon der Vereinten Nationen, S. 337–343.

ANHANG

Gutachten

Rechtsfragen, die sich aus bestimmten Bevölkerungsüberführungen und -verbringungen auf dem Gebiet der Republik Zypern seit dem 20. Juli 1974 ergeben

I. Inhalt und Ziel des Gutachtens

1. Wir wurden von der Republik Zypern beauftragt, Sie hinsichtlich der Frage der Rechtmäßigkeit der Zwangsüberführung von Bevölkerungsteilen und bestimmter Vorschläge betreffend Zwangstransfers von Vermögen, das vertriebenen Personen gehört, die im Zuge der zwangsweisen Bevölkerungsüberführungen in Zypern seit Mitte 1974 verbracht wurden, im Rahmen sowohl des Völkerrechts als auch des Systems, das von der Europäischen Menschenrechtskonvention etabliert wurde, zu beraten. Insbesondere wurden wir beauftragt, folgende Themen zu untersuchen:

- das Recht der vertriebenen Personen auf Rückkehr;
- das Recht dieser Personen, auf ihre Wohnstätten und ihr Vermögen, das sich in Gebieten befindet, aus denen sie verbracht wurden;
- die Rechtmäßigkeit oder Unrechtmäßigkeit eines umfassenden Zwangstauschs von Eigentum der vertriebenen Personen, wobei Eigentumsrechte durch persönliche Kompensationsansprüche ersetzt werden.

2. Diese Fragen traten im Zusammenhang mit der Weigerung der Türkei auf, die Entscheidung des Europäischen Gerichtshofs im *Fall Loizidou gegen Türkei* umzusetzen. Abgesehen davon, daß die Türkei die *res iudicata*-Wirkung der Entscheidung im wesentlichen deshalb bestritt, weil sie von

»außergewöhnlichem« Charakter gewesen sei[1], hat die Türkei behauptet, daß der Beschluß nur im Rahmen des türkisch-zypriotischen Vorschlags für eine »Gemeinsame Kommission für Eigentumsansprüche« umgesetzt werden könne, die einen Zwangserwerb von griechisch-zypriotischem und türkisch-zypriotischem Eigentum gegen Entschädigung in Betracht zieht, die letztendlich aus verschiedenen Quellen, darunter auch Beiträgen von Drittländern und internationalen Organisationen, gezahlt werden würde. Wir erhielten eine Kopie des Vorschlags der »Gemeinsamen Kommission für Eigentumsansprüche«, der, wie wir annehmen, dem UN-Generalsekretär übermittelt worden ist.

3. Bevor wir uns den Fragen zuwenden, die uns zur Begutachtung vorgelegt wurden, bringen wir einen grundlegenden Punkt bezüglich der beiden Entscheidungen vom 18. Dezember 1996 und vom 28. Juli 1998 im Fall *Loizidou* an. Diese Entscheidungen sind gemäß Artikel 52 (»Das Urteil des Gerichts ist endgültig«) und Artikel 53 der Europäischen Konvention (»Die Hohen Vertragschließenden Teile übernehmen die Verpflichtung, in allen Fällen, an denen sie beteiligt sind, sich nach der Entscheidung des Gerichtshofes zu richten«) für die Türkei verbindlich. Weiters räumt Artikel 54, der besagt, daß »das Urteil des Gerichtshofes ... dem Ministerkomitee zuzuleiten« ist, das dessen Durchführung überwacht, dem Komitee kein Ermessen darüber ein, ob eine Entscheidung durchzuführen ist oder nicht. Die einzige Pflicht des Komitees ist, sicherzustellen, daß die Entscheidung ordnungsgemäß durchgeführt wird.

II. Die relevanten Fakten der Bevölkerungsüberführung

4. Massenbevölkerungsüberführungen können zwischen Staaten und innerhalb eines bestimmten Staates stattfinden. Wir beschäftigen uns nicht mit großangelegten Bewegungen von Personen, die durch wirtschaftliche Fakto-

ren, wie zum Beispiel Arbeitssuche, Urbanisierungspolitik, industrielle Entwicklung bestimmter Gebiete usw., ausgelöst wurden. Auch wenn starker wirtschaftlicher oder anderer Druck oder Anreize für die betreffenden Personen bestehen, so bleibt ihnen doch die Freiheit erhalten, zu entscheiden, wohin und wie sie sich begeben und ob sie zurückkehren. Diese Fälle unterscheiden sich stark von solchen der zwangsweisen Massenüberführung oder der erzwungenen Verbringung, wo es keine Wahl gibt, zu bleiben oder zurückzukehren.

5. Massenüberführungen können auf verschiedene Weise erfolgen, wie zum Beispiel:
a. zwangsweise Überführung oder erzwungene Flucht, wobei die Regierung des Herkunftsstaates oder eines Gebietes innerhalb dieses Staates die betreffende Bevölkerung vertreibt oder sie vorsätzlich veranlaßt zu fliehen, indem sie auf bestimmte Gruppierungen oder Gemeinschaften abzielt;
b. Bewegungen im großen Rahmen als Begleiterscheinung bewaffneter Konflikte;
c. erzwungene Verbringung, die aus der Verweigerung resultiert, den in (a) und (b) genannten Personen die Rückkehr zu gestatten.

Es sollte betont werden, daß die Schaffung von Hindernissen zur Rückkehr eindeutig dazu führt, daß die ursprüngliche Politik der zwangsweisen Massenüberführung bekräftigt und prolongiert wird.

III. Die Rechtmäßigkeit zwangsweiser Überführungen: bestehende Rechtsnormen

6. Obgleich sie sich in bestimmten Fällen überschneiden können, ist es für den vorliegenden Fall sinnvoll, zwischen den folgenden Rechtszusammenhängen zu unterscheiden:[2]
a. zwangsweise Überführungen als Verletzung bestimmter Menschenrechtsnormen;

b. zwangsweise Überführungen als rassische, religiöse oder andere Diskriminierung: »ethnische Säuberung«;
c. großangelegte zwangsweise Überführungen als ein Verbrechen gegen die Menschlichkeit.

Wir werden nacheinander auf diese Punkte eingehen, bevor wir die rechtlichen Folgen zwangsweiser Überführungen und insbesondere die Forderung nach Wiedergutmachung in derartigen Fällen untersuchen.

(a) Zwangsweise Überführungen als Verletzung bestimmter Menschenrechtsnormen

7. In erster Linie bewirkt die zwangsweise Überführung von Bevölkerungsteilen notwendigerweise die Verletzung einer Reihe von international anerkannten Menschenrechten, was beispielsweise von der Europäischen Kommission und dem Europäischen Gerichtshof für Menschenrechte bestätigt wurde.[3]

8. Daher wurde in der Allgemeinen Erklärung der Menschenrechte von 1948 erklärt, daß »jeder Mensch das Recht auf Leben, Freiheit und Sicherheit der Person« hat (Artikel 3), daß »[n]iemand ... der Folter oder grausamer, unmenschlicher oder erniedrigender Behandlung unterworfen werden« darf (Artikel 5), daß »[n]iemand willkürlich ... des Landes verwiesen werden« darf (Artikel 9), daß »[n]iemand ... willkürlichen Eingriffen in sein Privatleben, seine Familie, sein Heim ... ausgesetzt werden« darf (Artikel 12) und daß niemandem »seine Staatsangehörigkeit willkürlich entzogen werden« darf (Artikel 15 (2)). Diese und andere Grundrechte, die im Zusammenhang mit Massenüberführungen relevant sind, wurden zum Bestandteil des internationalen Rechtsgefüges und in weitgehend ratifizierten Verträgen auf internationaler und regionaler Ebene dargelegt. Siehe diesbezüglich auch den Internationalen Pakt über Bürgerliche und Politische Rechte von 1966 (insbesondere Artikel 6, 7, 9, 12, 17) und die Europäi-

sche Konvention zum Schutz der Menschenrechte und Grundfreiheiten von 1950 mit den dazugehörigen Protokollen (insbesondere Artikel 2, 3, 5, 8; Protokoll 1, Artikel 1; Protokoll 4, Artikel 2–4).[4]

9. Es ist richtig, daß erzwungener Bevölkerungsaustausch in der Vergangenheit gelegentlich stattgefunden hat: zum Beispiel zwischen Griechenland und der Türkei im Vertrag von Lausanne von 1923 und die Vertreibung von Deutschen durch die Potsdamer Verträge im Jahre 1945. Doch die Legalität von zwangsweisen Überführungen nach dem Ersten Weltkrieg blieb nicht unkritisiert[5]; im letzteren Fall »haben die Alliierten insbesondere ihre Mißbilligung von einseitigen nicht überwachten Vertreibungen zum Ausdruck gebracht«[6]. Wir sind der Meinung, daß zwangsweise Überführungen nunmehr in eindeutigem Widerspruch zum geltenden Völkerrecht stehen.[7] Daher hat der Sonderberichterstatter Al-Khasawneh in seinem Abschlußbericht über »Die menschenrechtliche Dimension von Bevölkerungsüberführungen« für die Unterkommission zur Verhinderung von Diskriminierung und den Schutz von Minderheiten die Rechtswidrigkeit derartiger Überführungen und deren Verbot durch die Menschenrechte und das humanitäre Völkerrecht hervorgehoben.[8] Dieser Standpunkt wurde von der Unterkommission anläßlich der Behandlung des Berichts unterstützt.[9]

(b) Zwangsweise Überführungen als rassische, religiöse oder andere Diskriminierung: »ethnische Säuberung«

10. Das Verbot der Diskriminierung aus unter anderem rassischen oder ethnischen Gründen ist zum Beispiel in der Allgemeinen Erklärung der Menschenrechte 1948 (Artikel 1, 2 und 7) und im Internationalen Pakt über Bürgerliche und Politische Rechte (Artikel 2 und 26) enthalten. Die Norm ist besonders in dem Internationalen Übereinkommen über die Beseitigung aller Arten rassischer Diskrimi-

nierung von 1965 augenscheinlich. In einer das Völkergewohnheitsrecht widerspiegelnden Definition verbietet Artikel 1 »jede sich auf Rasse, Hautfarbe, Abstammung oder nationale oder ethnische Herkunft gründende Unterscheidung, Ausschließung, Beschränkung oder Bevorzugung, die zum Ziel oder zur Folge hat, die Anerkennung, den Genuß oder die Ausübung der Menschenrechte und Grundfreiheiten in gleichberechtigter Weise im politischen, wirtschaftlichen, sozialen, kulturellen oder jedem sonstigen Bereich des öffentlichen Lebens zu vereiteln oder zu beeinträchtigen«. Die Überprüfung der Einhaltung der Konvention obliegt dem Komitee für die Beseitigung von rassischer Diskriminierung, das Staatsberichte und Individualbeschwerden anhört und kommentiert. In seinem Beschluß 2 (47) vom 17. August 1995 zur Lage in Bosnien und Herzegowina erklärte das Komitee, daß »jeder Versuch, gegen den Willen der ursprünglichen Einwohner die demographische Zusammensetzung in einem Gebiet zu verändern oder die Veränderung aufrechtzuerhalten, ungeachtet der Mittel, eine Verletzung des internationalen Rechts bedeutet« (A/50/18, 1995, Absatz 26).

11. 1970 verwies der Internationale Gerichtshof im *Barcelona-Traction-Fall* auf *erga omnes*-Verpflichtungen im modernen Völkerrecht, die »aufgrund ihres Charakters ... Angelegenheit aller Staaten sind ...« (ICJ Reports, 1970, S. 32). Er gab als Beispiel derartiger Verpflichtungen »die Ächtung der Aggression und des Völkermords« sowie die »Prinzipien und Regeln hinsichtlich der Grundrechte des Menschen, einschließlich des Schutzes vor Sklaverei und rassischer Diskriminierung« an *(ibid.)*.

12. Obwohl sich der Gerichtshof hier auf Prinzipien mit universeller Anwendung bezog, wurden doch zahlreiche Schritte unternommen, um diese auf regionaler Ebene zu verwirklichen. Insbesondere beinhaltete die Schlußakte von Helsinki von 1975 eine »Erklärung von Prinzipien, die

die Beziehungen der Teilnehmerstaaten leiten«, die einen Abschnitt über Menschenrechte enthielt, welcher unter anderem festhielt:

»Auf dem Gebiet der Menschenrechte und Grundfreiheiten werden die Teilnehmerstaaten in Übereinstimmung mit den Zielen und Grundsätzen der Charta der Vereinten Nationen und mit der Allgemeinen Erklärung der Menschenrechte handeln. Sie werden ferner ihre Verpflichtungen erfüllen, wie diese festgelegt sind in den internationalen Erklärungen und Abkommen auf diesem Gebiet, soweit sie an sie gebunden sind, darunter auch in den Internationalen Konventionen über die Menschenrechte.«

Es ist offensichtlich, daß die Teilnehmerstaaten der Konferenz von Helsinki anerkannt haben, daß Menschenrechtsnormen Bestandteil des allgemeinen Völkerrechts sind.[10] Weiters bestätigt die Pariser Charta für ein Neues Europa, die von den Staats- und Regierungschefs der 34 Mitglieder der Konferenz für Sicherheit und Zusammenarbeit in Europa angenommen wurde:

»Menschenrechte und Grundfreiheiten sind allen Menschen von Geburt an eigen; sie sind unveräußerlich und werden durch das Recht gewährleistet. Sie zu schützen und zu fördern ist vornehmlichste Pflicht jeder Regierung.«

Die Charta bekräftigte die Verpflichtung der Teilnehmerstaaten, die in ihr enthaltenen Rechte zu schützen, darunter das Recht auf Nichtdiskriminierung und das Recht auf effektive Rechtsmittel gegen Verletzungen solcher Rechte.[11]

13. Die Praxis der »ethnischen Säuberung«, das heißt die Vertreibung von Menschen einer Rasse oder ethnischen Gruppierung aus einem bestimmten Gebiet, um eine veränderte demographische Zusammensetzung in dem Ge-

biet zu schaffen und zu erhalten, wurde von den Vereinten Nationen streng verurteilt. Beispielsweise hat der Sicherheitsrat diese Handlungen als inakzeptabel bezeichnet und die Entschlossenheit des Rates zum Ausdruck gebracht, diese zu beenden (siehe zum Beispiel SR-Resolution 941 (1994)). Es wurde besonders hervorgehoben, daß diejenigen, die derartige Handlungen getätigt haben, persönlich zur Verantwortung gezogen werden. Es wurde erklärt, daß ethnische Säuberungen eine Verletzung des humanitären Völkerrechts darstellen (siehe zum Beispiel Resolutionen 771 (1992), 780 (1992), 808 (1993) und 820 (1993). Ebenso hat die Generalversammlung ethnische Säuberungen angegriffen und erklärt, daß sie eine »schwerwiegende und ernste Verletzung des humanitären Völkerrechts« sind (siehe zum Beispiel GV-Resolutionen 46/242 und 47/80).[12]

(c) Zwangsweise Überführung in großem Rahmen als ein Verbrechen gegen die Menschheit

14. Deportation, als zwangsweise Überführung von Zivilbevölkerung definiert, war im Londoner Vertrag von 1945 zur Schaffung des Nürnberger Kriegsverbrechertribunals wie auch im Gesetz Nr. 10 des Kontrollrates (von den Alliierten Mächten in Deutschland erlassen)[13] als Verbrechen gegen die Menschlichkeit enthalten, obgleich zu dieser Zeit Verbrechen gegen die Menschlichkeit mit Kriegsverbrechen verbunden waren. Später wurden Verbrechen gegen die Menschlichkeit von Kriegsverbrechen getrennt und großangelegte zwangsweise Überführungen von Bevölkerungsteilen gelten nunmehr als Verbrechen gegen die Menschlichkeit. Es ist in den Statuten der internationalen Kriegsverbrechertribunale für das ehemalige Jugoslawien (Artikel 5) und Ruanda (Artikel 3) enthalten, die beide eindeutig darauf abzielten, das bestehende Völkergewohnheitsrecht wiederzugeben. Artikel 18 des *Draft Code of Crimes against the Peace and Security of Man-*

kind, der von der UN-Völkerrechtskommission 1996 angenommen wurde, besagt, daß »willkürliche Deportation oder zwangsweise Überführung von Bevölkerungsgruppen« Verbrechen gegen die Menschlichkeit sind, »wenn sie systematisch oder in großem Rahmen durchgeführt werden und von einer Regierung veranlaßt oder geleitet werden«[14]. Artikel 7 (1) (d) des Römischen Statuts des Internationalen Strafgerichtshofes von 1998 erklärt, daß »Vertreibung oder zwangsweise Überführung der Bevölkerung« ein Verbrechen gegen die Menschlichkeit darstellt, wenn sie »im Rahmen eines ausgedehnten oder systematischen Angriffs gegen die Zivilbevölkerung und in Kenntnis des Angriffs begangen« werden.[15] Zusammenfassend kann man sagen, daß der Standpunkt, daß eine großangelegte Zwangsvertreibung von Menschen ein Verbrechen gegen das Völkerrecht ist, nunmehr wohl etabliert ist. Ein solches Verhalten ist nicht mehr mit der Kategorie der Kriegsverbrechen verbunden: es stellt ein Verbrechen gegen die Menschlichkeit dar, unabhängig davon, ob es in bewaffneten Konflikten oder anderweitig verübt wurde.[16] Tatsächlich können der Expertenkommission für das ehemalige Jugoslawien zufolge Massenvertreibungen von Bevölkerungsgruppen unter bestimmten Umständen »auch unter die Völkermord-Konvention fallen«, wenn die Voraussetzungen für Verhalten und die spezifizierte Absicht, die in dieser Konvention dargelegt sind, erfüllt sind.[17]

(d) Gewaltsame Vertreibung durch einen Kriegsführenden oder eine illegale Besatzungsmacht

15. Bisher haben wir Fälle zwangsweiser Massenüberführung behandelt, die von einem Staat auf seinem eigenen Territorium verübt wurden. Die Illegalität gilt *a fortiori* auch dann, wenn der betreffende Staat das betreffende Gebiet lediglich okkupiert hat.

16. Beispielsweise sind zwangsweise Massenumsiedlungen in bewaffneten Konflikten ein schwerwiegendes Kriegsverbrechen. Artikel 49 des 4. Genfer Abkommens zum Schutz von Zivilisten in Kriegszeiten vom 12. August 1949 besagt:

»Zwangsweise Einzel- oder Massenumsiedlung sowie Deportationen von geschützten Personen aus besetztem Gebiet nach dem Gebiet der Besatzungsmacht oder dem irgendeines anderen besetzten oder unbesetzten Staates sind ohne Rücksicht auf ihren Beweggrund verboten.«

Gemäß Artikel 147 des Abkommens gehören zu »schweren Verletzungen« des Abkommens »ungesetzliche Deportation oder Versetzung ... einer geschützten Person«. Artikel 85 (4) (a) des Zusatzprotokolls zum Genfer Abkommen vom 12. August 1949 über den Schutz der Opfer internationaler bewaffneter Konflikte (Protokoll I) enthält, »wenn sie vorsätzlich und unter Verletzung der Abkommen oder des Protokolls begangen werden«, als »schwere Verletzungen« des Protokolls:

»die von der Besatzungsmacht durchgeführte Überführung eines Teiles ihrer eigenen Zivilbevölkerung in das von ihr besetzte Gebiet oder die Verschleppung oder Überführung der Gesamtheit oder eines Teiles der Bevölkerung des besetzten Gebietes innerhalb desselben oder aus demselben unter Verletzung des Artikels 49 des 4. Abkommens«.

Weiters besagt Artikel 17 des Zusatzprotokolls zum Genfer Abkommen vom 12. August 1949 über den Schutz der Opfer nichtinternationaler bewaffneter Konflikte (Protokoll II):

»1. Die Verlegung der Zivilbevölkerung darf nicht aus Gründen im Zusammenhang mit dem Konflikt angeordnet werden, sofern dies nicht im Hinblick auf die Sicherheit

der betreffenden Zivilpersonen oder aus zwingenden militärischen Gründen geboten ist. Muß eine solche Verlegung vorgenommen werden, so sind alle durchführbaren Maßnahmen zu treffen, damit die Zivilbevölkerung befriedigende Bedingungen in bezug auf Unterbringung, Hygiene, Gesundheit, Sicherheit und Ernährung vorfindet.

2. Zivilpersonen dürfen nicht gezwungen werden, ihr eigenes Gebiet aus Gründen zu verlassen, die mit dem Konflikt im Zusammenhang stehen.«

Diese verschiedenen Bestimmungen kommen auch in Artikel 8 (2) des Römischen Statuts des Internationalen Strafgerichtshofes von 1998 zum Ausdruck.

17. Die Position ist noch strenger geregelt, wenn ein Staat das betreffende Gebiet illegal besetzt hält. Der Internationale Gerichtshof erklärte im *Namibia-Gutachten*, daß eine beschränkte Reihe von Handlungen, die von einer illegalen Besatzungsmacht (in diesem Fall Südafrika im Hinblick auf Namibia) ausgeführt werden, wegen der Interessen der einheimischen Bevölkerung selbst eventuell als legal betrachtet werden müssen: Er führte die Registrierung der Geburten, Sterbefälle und Hochzeiten als Beispiel an.[18] Doch das Verhalten einer illegalen Besatzungsmacht, das diese engen Grenzen überschreitet, ist rechtswidrig, und insbesondere, wenn es eine zwangsweise Massenüberführung der Bevölkerung selbst einschließt. Wo, wie im Fall Namibias oder Zyperns, die Illegalität der Okkupation autoritativ anerkannt wurde, folgt daraus, daß einem solchen Verhalten keine Rechtsgültigkeit beigemessen werden kann und daß es Drittstaaten generell verwehrt ist, es als rechtmäßig anzuerkennen.

(e) Schlußfolgerung: Die Existenz eines allgemeinen Prinzips, das Zwangsvertreibung verbietet, und die Rückkehr als Rechtsfolge

18. Aus obengenannten Gründen ist zwangsweise Massenüberführung an sich rechtswidrig und bewirkt die Verantwortlichkeit jedes betroffenen Staates.[19] Unserer Meinung nach haben die oben besprochenen Regeln zum Verbot zwangsweiser Massenüberführungen – als einer Reihe von Verletzungen fundamentaler Menschenrechte, als Verbrechen gegen die Menschlichkeit und als ethnische Säuberung – den Charakter zwingender Normen des allgemeinen Völkerrechts, von denen keine Abweichungen zulässig sind. Anders gesagt haben sie, wie Artikel 53 der Wiener Vertragsrechtskonvention besagt, den Status von *ius cogens*[20]. Diese Schlußfolgerung wird in der Literatur weitreichend akzeptiert.[21] Generell ist ein Staat, der eine völkerrechtswidrige Handlung begangen hat, dazu verpflichtet, vollständige Wiedergutmachung zu leisten, und wenn die rechtswidrige Handlung andauert, dieses Verhalten zu beenden, ohne Beeinträchtigung der bereits entstandenen Verantwortlichkeit.[22] Diese rechtlichen Konsequenzen sind besonders streng und von großer Bedeutung in Fällen, wo die zugrundeliegende verletzte Norm zwingend ist. In einem solchen Fall können die Verpflichtungen aus diesen Normen nicht durch einen Vertrag zwischen den betroffenen Staaten beseitigt werden. Ferner muß die primäre Folge einer derartigen Normenverletzung die vollständige Wiederherstellung sein. Andernfalls würde im Endeffekt dem widerrechtlich handelnden Staat gestattet werden, durch Zahlungen oder gar nur dem Versprechen der Entschädigung, die Vorteile der Abweichung von dieser Norm zu erkaufen, und die ursprüngliche Rechtsverletzung würde im Hinblick auf ihren Charakter und ihre Folgen gutgeheißen und konsolidiert werden. Daher ist im Falle zwangsweiser Massenüberführungen in Verletzung einer zwingenden Norm das Recht der betroffenen Personen, in ihr

Land zurückzukehren, an sich die primäre Form der Wiedergutmachung. Ihr Recht auf Rückkehr ist eine zwingende Folge der Verletzung, der sie ausgesetzt waren.

IV. Restitutio in integrum und das Recht auf Rückkehr

19. In den untersuchten Fällen erlangt das Recht auf Rückkehr[23] durch den Charakter der erfolgten schweren Verletzung, das heißt durch die ursprüngliche Handlung der zwangsweisen Überführung, zwingende Geltung. In solchen Fällen besteht die Rechtsgrundlage für das Recht auf Rückkehr, *erstens*, in der Niederlassung der betreffenden Personen auf einem bestimmten Gebiet und *zweitens*, in der Verletzung ihres Rechts auf Wohnsitz durch die zwangsweise Überführung oder die gewaltsame Verbringung seitens einer Verwaltung, die keine Berechtigung hat, diese zu überführen oder gewaltsam zu verbringen.[24] In Fällen, wo zwangsweise Massenverbringung von Personen stattfand, ist die relevante Rechtsfolge *restitutio in integrum*. In solchen Fällen ist dies die Rechtsgrundlage für das Recht auf Rückkehr und die Erklärung für seinen zwingenden Charakter.

20. Eine eindeutige Veranschaulichung dessen wird durch die Resolutionen, die von verschiedenen Organen im Zusammenhang mit der Kosovokrise angenommen wurden, gegeben. Eine Reihe von Resolutionen des UN-Sicherheitsrates haben in strengster Form »das Recht von Flüchtlingen und Vertriebenen, in Sicherheit in ihre Wohnstätten zurückzukehren« bestätigt. Siehe die Resolutionen des Sicherheitsrates 1199 (1998), 1203 (1998) und 1239 (1999), in denen die Verantwortlichkeit der Föderativen Republik Jugoslawien für die Schaffung der Bedingungen für das Recht auf Rückkehr hervorgehoben wird. Weiterhin »ruft« die Generalversammlung in der Resolution 53/164 vom 9. Dezember 1998

»die Behörden der Föderativen Republik Jugoslawien (Serbien und Montenegro) und die albanischen Volksführer auf, die freie und ungehinderte Rückkehr aller intern vertriebenen Personen und Flüchtlinge in Sicherheit und in Würde zu erleichtern und zu gestatten, und drückt seine Besorgnis über die Berichte über anhaltende gezielte Belästigungen oder andere Behinderungen in dieser Hinsicht aus«.

Die Resolution 1244 (1999) des Sicherheitsrats beschloß weiters, daß die Schaffung einer sicheren Umgebung zur Erreichung dieses Zieles in der Verantwortlichkeit der im Kosovo einzusetzenden internationalen Sicherheitskräfte liegt.

21. Daraus folgt, daß, wenn eine rechtswidrige erzwungene Überführung von Bevölkerungsgruppen erfolgt ist, die Ergreifung von Maßnahmen zur Verhinderung der wirksamen Ausübung *jeden* Rechts auf Rückkehr in das Herkunftsgebiet einer Verschlimmerung der Rechtsverletzung gleichkommt. Dies läuft auf den Versuch hinaus, die erfolgte Verletzung zu legitimieren. Wenn die ursprüngliche erzwungene Überführung von Bevölkerungsgruppen eine Verletzung des Völkerrechts darstellt – was eindeutig zutrifft –, so kann jede Vereinbarung, die die Rechtswidrigkeit und ihre Folgen konsolidiert und die ohne die volle und freiwillige Zustimmung der direkt Betroffenen auferlegt wurde, nur als ein Versuch gesehen werden, die ursprüngliche Rechtswidrigkeit zu sanktionieren. Der beispiellose Charakter der in Frage stehenden Verletzung wird durch die Tatsache, daß die Handlung *per definitionem* gegen eine ethnische oder andere Gruppe gerichtet wäre, und zwar unter Umständen, die einer systematischen Diskriminierung dieser Gruppe gleichkäme, sowie durch die Charakterisierung der zwangsweisen Massenüberführung von Bevölkerungsgruppen als Verbrechen gegen die Menschlichkeit hervorgehoben.

22. Diese Schlußfolgerungen gelten nicht nur für ein direktes Verbot des Rechts auf Rückkehr in ein Gebiet nach einer zwangsweisen Massenüberführung, sondern auch für andere Zwangsvereinbarungen, die bezwecken, dasselbe Ergebnis herbeizuführen. Insbesondere wäre der Zwangserwerb der Häuser und Grundstücke der vertriebenen Bevölkerung, die sich in ihrer ehemaligen Heimat befinden, rechtlich problematisch, selbst wenn eine gesicherte und angemessene Entschädigung vorgesehen würde. Unter normalen Umständen ist der Zwangserwerb von Privateigentum für einen Gemeinzweck und gegen Entschädigung rechtmäßig, und die Frage der Verletzung einer zwingenden Norm ist irrelevant. Es verhält sich jedoch anders, wenn die Zielgruppe zu ihrem Nachteil unter Verweis auf ihre rassische und ethnische Herkunft bestimmt wird. Wenn es Zweck und Wirkung der Enteignungsmaßnahmen ist, jede Ausübung des Rechts auf Rückkehr der betroffenen Menschen in ihre Wohnstätten zu verhindern und die ursprüngliche ethnische Diskriminierung zu untermauern, wäre die Rechtswidrigkeit noch schwerwiegender. Das Recht auf Rückkehr darf nicht seines wirksamen Inhalts beraubt werden, ebensowenig kann es in derartigen Fällen völlig verweigert werden. Konfrontiert mit einer Verletzung einer zwingenden Norm haben die betroffenen Staaten gemäß Völkerrecht die primäre Verantwortlichkeit, die entsprechenden Eigentumsverhältnisse der Opfer wiederherzustellen. Nur wenn sich dies als unmöglich herausstellt oder wenn die Opfer selbst eine andere Wahl getroffen haben, ist Entschädigung die angemessene Alternative.

23. Diese Haltung wurde zum Beispiel in den Verträgen von Dayton/Paris im Hinblick auf Bosnien-Herzegowina vertreten. Artikel 1 des Anhangs zu den Verträgen von Dayton/Paris besagt, daß vertriebene Personen »*das Recht haben* auf Rückgabe ihres Eigentums und auf Entschädigung für jedes Eigentum, das ihnen nicht zurückgegeben

werden kann ...« (Hervorhebung hinzugefügt; siehe auch Artikel XI (3) und Resolution 820 (1993) des Sicherheitsrates).

24. Zusammenfassend kann gesagt werden, daß jeder Plan, der die unfreiwillige Enteignung von Eigentumsrechten nach sich zieht, insofern rechtswidrig ist, als er mit jeglicher Form der Restitution unvereinbar ist. Darüber hinaus hat die Verwaltung in Fällen illegaler Okkupation keine Befugnis, *ab origine* zu enteignen: Dabei handelt es sich um eine neue Enteignung, und diese richtet sich wiederum gegen eine ethnische oder rassische Gruppe ungeachtet der Präferenzen der Mitglieder dieser Gruppe.

V. Zwangsüberführung von Eigentum in Situationen von Zwangsausweisung und erzwungener Verbringung: der Vorschlag einer »Gemeinsamen Kommission für Eigentumsansprüche«

25. Wir wenden uns nun dem Fall Zyperns und dem Vorschlag einer »Gemeinsamen Kommission für Eigentumsansprüche« zu. Zunächst ist anzumerken, daß die seit August 1974 andauernde Besetzung des Nordteils Zyperns durch die Türkei vom Sicherheitsrat und der Generalversammlung[25] und in der ständigen Rechtsprechung der betreffenden europäischen Institutionen richtungweisend als rechtswidrig anerkannt wurde. Siehe dazu insbesonders:

a. Entscheidung der Europäischen Kommission, *Zypern gegen Türkei*, Antragsnr. 6780/74 und 6950/75, *Bericht der Kommission*, 10. Juli 1976, S. 163 (»Schlußfolgerung«);
b. Entscheidung der Europäischen Kommission, *Zypern gegen Türkei*, Antragsnr. 8007/77, *Bericht der Kommission*, 4. Oktober 1983, S. 47–48 (»Schlußfolgerung«);
c. *Loizidou gegen Türkei* (Verfahrenshindernde Einreden), Europäischer Gerichtshof für Menschenrechte, 23. März 1995, 103 ILR, S. 622, Abschnitte 56–64.

d. *Regina gegen Minister für Landwirtschaft, Fischerei und Nahrungsmittel, ex parte S.P. Anastasiou (Pissouri) Ltd* (Fall C-432/92), Gerichtshof der Europäischen Gemeinschaft, 5. Juli 1994, ECR I-3087, 100 ILR, S. 257.
e. *Loizidou gegen Türkei (Hauptsache)*, Europäischer Gerichtshof für Menschenrechte, 18. Dezember 1996, 108 ILR, S. 443, Abschnitte 42–64.

26. Im wesentlichen haben nationale Gerichte in vielen Fällen dieselbe Position hinsichtlich der Stellung der Türkei und des Fehlens jeglichen internationalen Status der »TRNC« oder ihrer Vorläuferin, der »TFSC«, eingenommen; diese Fälle umfassen zum Beispiel folgende:
a. *Hesperides Hotels Ltd gegen Aegean Turkish Holidays Ltd* [1979], AC 508, 73 ILR, 9 (House of Lords);
b. *Autokephale griechisch-orthodoxe Kirche Zyperns gegen Goldberg & Feldman Fine Arts Inc.*, 917 F. 2d 278 (7th Cir. 1990), 108 ILR, 488;
c. *Regina gegen Minister für Landwirtschaft, Fischerei und Nahrungsmittel, ex parte S.P. Anastasiou (Pissouri) Ltd*, ILR, S. 244 (Hohes Gericht, Queen's Bench Division, 23. Februar 1994);
d. *Polly Peck International plc gegen Nadir und andere* (Nr. 2) [1992], 4 All ER 769 auf S. 773, Court of Appeal, Civil Division (Lord Donaldson MR, Stocker & Scott LJJ);
e. *Caglar gegen Billingham (Steuerinspektor) und einschlägige Berufungen* [1996] STC (SCD) 150, 108 ILR, 510 (Special Commissioners Stephen Oliver QC und Dr. AN Brice).

27. Aus diesen Entscheidungen und aus den Überlegungen, die oben in Abschnitt III angestellt wurden, folgt, daß die erzwungene Massenverbringung dieser Personen aus dem Norden Zyperns im Jahre 1974 und seitdem grob rechtswidrig ist und daß seither nichts geschehen ist, was diese Situation ändert. Die betroffenen Personen haben

das Recht auf Rückkehr, ein Recht, das aus den dargelegten Gründen seinem Wesen nach zwingend ist. Sie können nicht einfach durch irgendeinen aufgezwungenen Plan an der Ausübung dieses Rechts gehindert werden.

28. Insbesondere im Hinblick auf Zypern haben eine Reihe von Resolutionen des Sicherheitsrates und der Vollversammlung ausdrücklich …

- die Bedeutung der »freiwilligen Rückkehr der Flüchtlinge in ihre Wohnstätten unter sicheren Bedingungen« betont (Resolution 3395 (XXX) der Generalversammlung, siehe auch Resolution 3212 (XXIX) der Generalversammlung vom 1. November 1974, Absatz 5 (einstimmig angenommen), einstimmig durch die Resolution 365 (1974) des Sicherheitsrates bestätigt;
- die betroffenen Parteien gedrängt, »den Personen, die dies wünschen, zu gestatten, unter sicheren Bedingungen in ihre Wohnstätten zurückzukehren« (Resolution 361 des Sicherheitsrates (1974)), und
- Bezug genommen auf »das Recht auf Rückkehr und das Recht auf Eigentum« (Resolution 774 (1992)) des Sicherheitsrates.

Resolutionen der Generalversammlung haben insbesondere zur »Einleitung dringender Maßnahmen für die freiwillige Rückkehr der Flüchtlinge in ihre Wohnstätten unter sicheren Bedingungen« aufgerufen (siehe zum Beispiel Resolutionen 33/15, 34/30 und 37/253 der Generalversammlung).

29. Einer Regelung am nächsten kam die internationale Gemeinschaft durch einen Plan (die »Ideenreihe zu einer umfassenden Rahmenvereinbarung zu Zypern«, der vom UN-Generalsekretär 1992 formuliert wurde, siehe S/24472, Anhang), der bestimmt, daß vertriebene Personen »die Möglichkeit der Rückkehr wählen« können, wenn sie dies wünschen (siehe Absatz 79). Diese »Ideenreihe« wurde vom Sicherheitsrat bei verschiedenen Gele-

genheiten bekräftigt, zum Beispiel in den Resolutionen 750 (1992), 774 (1992), 789 (1992), 889 (1993), 969 (1994), 1032 (1995), 1062 (1996) und 1146 (1997) des Sicherheitsrates. Es ist interessant, anzumerken, daß der Bericht des Generalsekretärs vom 19.November 1992 folgende Feststellung enthält:

»Im Hinblick auf vertriebene Personen habe ich begrüßt, daß Herr Denktash das Prinzip des Rechts auf Rückkehr und des Rechts auf Eigentum anerkannt hat. Gleichzeitig habe ich, obwohl ich mein Verständnis für die praktischen Schwierigkeiten bei der Lösung der Frage der Vertriebenen zum Ausdruck gebracht habe, festgestellt, daß die Art und Weise, mit der diesen Schwierigkeiten begegnet wurde, nicht von selbst das Prinzip des Rechts auf Rückkehr und des Rechts auf Eigentum in Abrede stellen darf« (S/24830, Abschnitt 3, siehe auch S/24472, Absatz 37).

30. Dies ist der rechtliche Kontext, in dem die »Gemeinsame Kommission für Eigentumsansprüche« ihre Tätigkeit auszuüben hat. Auf diesen Vorschlag wurde bereits verwiesen (siehe oben, Abschnitt 2). Die wichtigsten Elemente des Vorschlags sind folgende:

- Die Kommission muß »so bald wie möglich« gebildet werden.
- Sie ist obligatorisch; individuelle Eigentümer haben nicht die Wahl, eine Entschädigung abzulehnen. Wenn sie nicht innerhalb von sechs Monaten die Forderung stellen, verlieren sie das Recht, den Anspruch geltend zu machen.
- Die Regierung Zyperns hat das gesamte türkisch-zypriotische Eigentum in dem von ihr kontrollierten Gebiet ohne Entschädigung zu enteignen. Entschädigung hat durch die türkisch-zypriotische Seite zu erfolgen.
- Die vorausgegangene rechtswidrige Beschlagnahmung des gesamten griechisch-zypriotischen Eigentums im Norden Zyperns muß sanktioniert werden.

- Vorgesehen ist ein »Defizit an Geldern, die für die Entschädigung notwendig sind«, das durch »verschiedene mögliche Quellen« abgedeckt wird.
- Obgleich das Eigentum »zum gegenwärtigen Marktwert« bewertet wird, wird es »ungerechtfertigte Steuern auf den gestiegenen Wert des transferierten Eigentums« geben. Wer diese bezahlen wird, ist unklar.

31. Dieser Vorschlag bereitet zahlreiche Schwierigkeiten. Es besteht absolut keine Sicherheit auf Entschädigung, ganz abgesehen von anderen Überlegungen. So werden türkisch-zypriotische Eigentümer im nichtokkupierten Gebiet (von denen viele nunmehr faktisch Einwohner und sogar Staatsangehörige von Drittländern sind) mit der Tatsache konfrontiert, daß ihre gemäß den Gesetzen Zyperns bestehenden Eigentumsrechte zwangsweise in ein unbestimmtes Recht auf Entschädigung aus nicht näher bestimmten Quellen umgewandelt werden. Hinsichtlich des Eigentums von Griechisch-Zyprioten im Nordteil hat der Europäische Gerichtshof festgestellt, daß es ihnen immer noch gehört und daß sie gemäß der Konvention das Recht auf Zugang zu ihrem Eigentum haben (auch wenn ihnen die Ausübung dieses Rechts gegenwärtig verweigert wird). Daher würde der Entzug von Rechten aller betroffenen Personen, wie es der Vorschlag vorsieht, nicht die Bedingungen von Artikel 1 des I. Protokolls der Europäischen Menschenrechtskonvention erfüllen. Doch der Vorschlag birgt eine noch tiefgreifendere Schwierigkeit in sich.

32. Eine Gesetzgebung, die das Eigentum von Personen wegen deren Zugehörigkeit zu einer ethnischen Gruppe oder zu einer Sprachgruppe beeinträchtigt, ist gemäß Völkerrecht klar rechtswidrig und kann keine Rechtsgültigkeit erhalten. Im Falle der griechisch-zypriotischen Eigentümer wird das Element der Diskriminierung verschärft, da das Eigentum ohne irgendeine Wahl ihrerseits beschlag-

nahmt wird. Der Vorschlag würde unter Berücksichtigung des Zusammenhangs den Ausschluß der Rückkehr der Griechisch-Zyprioten in ihre Wohnstätten und Gebiete, aus denen sie nach 1974 rechtswidrig vertrieben wurden, bewirken. Er würde jede effektive Ausübung des Rechts auf Rückkehr wesentlich beeinträchtigen und, noch wahrscheinlicher, völlig ausschließen. Dies würde der Wirkung und der Absicht nach einer Sanktionierung ethnischer Säuberung gleichkommen. Unserer Meinung nach stehen Vereinbarungen, denen es an der Zustimmung der betroffenen Menschen fehlt und die dazu gedacht sind, die veränderte demographische Zusammensetzung in dem Gebiet zu prolongieren und zu konsolidieren, sofern diese Veränderung die Folge erzwungener Massenverbringung entgegen dem Völkerrecht ist, selbst im Widerspruch zum Völkerrecht und verletzen insbesondere das Kernprinzip des Diskriminierungsverbots, das für alle Staaten verbindlich ist. Diese Prinzipien haben die Organe der Vereinten Nationen nachhaltig bekräftigt.[26]

33. In diesem Zusammenhang ist die Entscheidung des Europäischen Gerichtshofes im *Fall Loizidou* unmittelbar bedeutsam. Es muß betont werden, daß der beträchtliche Schadenersatz, der in diesem Fall zuerkannt wurde, den Verlust der Klägerin betraf, ihr Eigentum zu nutzen und zu genießen. Es handelte sich also nicht um einen Fall der Enteignung. Die Entscheidung anerkennt deutlich das Recht einer Person, die sich in der Situation von Frau Loizidou befindet, sich für die Beibehaltung ihres Eigentumsrechts zu entscheiden und sich nicht auf die Entschädigung für dessen Verlust zu beschränken.

34. Artikel 1 des I. Protokolls bestimmt, daß »niemandem sein Eigentum entzogen werden [darf], es sei denn, daß das öffentliche Interesse es verlangt und nur unter den durch Gesetz und durch die allgemeinen Grundsätze des Völkerrechts vorgesehenen Bedingungen«. Das erfordert,

daß *jegliche* Enteignung von Eigentum im Einklang mit dem Völkerrecht erfolgen muß und die überzeugendste Ansicht ist, daß diese Bedingung sowohl für Staatsangehörige als auch für Ausländer Anwendung findet.[27] Da die vorgeschlagenen auferlegten Vereinbarungen nicht nur den Zyprioten – letztlich aufgrund ihrer ethnischen Herkunft und ihrer völkerrechtswidrigen Diskriminierung – einen Austausch von Eigentum auferlegten, sondern auch eine Situation aufrecht erhielten, die durch die Verletzung des Völkerrechts geschaffen worden war, folgt daraus, daß »die allgemeinen Grundsätze des Völkerrechts« durch den vorgeschlagenen Plan nicht respektiert würden.

VI. Die Unzulässigkeit einer Verfahrensschranke bezüglich der Beschwerdemöglichkeit beim Europäischen Gerichtshof für Menschenrechte durch jeglichen Anspruchsmechanismus

35. Das System der Europäischen Konvention war und ist als Vereinbarung über die öffentliche Ordnung für Europa gedacht. Es wirkt autonom, und sein Wirkungsbereich wird durch Artikel 1 der Konvention festgelegt.

36. Der Europäische Gerichtshof hat »den besonderen Charakter der Konvention als Vertrag für die kollektive Umsetzung der Menschen- und Grundrechte« stark betont (*Loizidou gegen Türkei (verfahrenshindernde Einreden)*, 23. März 1995, Abschnitt 70), der »über ein Netzwerk gemeinsamer bilateraler Verpflichtungen weit hinausgehende objektive Verpflichtungen schafft, die im Sinne der Präambel den Vorzug einer ›kollektiven Umsetzung‹ aufweisen« (*Irland gegen Vereinigtes Königreich*, 15. Januar 1978, Abschnitt 239). Zusätzlich hat der Gerichtshof betont, daß die Konvention »ein Verfassungsinstrument europäischer öffentlicher Ordnung (›ordre public‹) ist« (*Loizidou gegen Türkei (verfahrenshindernde Einreden)*, Abschnitt 75).

37. Artikel 1 der Europäischen Menschenrechtskonvention verlangt von den Hohen Vertragschließenden Teilen, die allen ihrer Jurisdiktion unterstehenden Personen die in Abschnitt I niedergelegten Rechte und Freiheiten zusichern. Artikel 1 trifft keine Unterscheidung hinsichtlich der Art der betreffenden Regeln oder Maßnahmen und schließt keinen Teil der Jurisdiktion der Mitgliedsstaaten von einer genaueren Überprüfung aus (*Matthews gegen Vereinigtes Königreich*, Entscheidung vom 18. Februar 1999, Abschnitt 29). Er erstreckt sich außerdem auf Vereinbarungen oder Bestimmungen, die sich aus anderen internationalen Verträgen ergeben. Es ist möglich, daß die Anforderungen der Konvention erfüllt sind, wenn der andere Vertrag seine eigenen Sicherheitsklauseln enthält, die zumindest den von der Europäischen Konvention und anwendbaren Protokollen vorgeschriebenen Standard garantieren. Doch dies traf im *Fall Matthews* nicht zu, und es gibt keine Hinweise dafür im Zusammenhang mit der vorgeschlagenen »Gemeinsamen Kommission für Eigentumsansprüche«.

38. Daher sind die Vertragsparteien der Konvention gemäß Artikel 1 für die Folgen verantwortlich, die sich aus internationalen Übereinkünften, die nach dem Inkrafttreten der Konvention vereinbart wurden, ergeben (siehe *Matthews*, Abschnitt 33). Das bedeutet, daß die Beteiligten an irgendeinem Plan gemäß der Konvention für die sich daraus ergebenden Verletzungen verantwortlich sind (einschließlich andauernder Verletzungen: siehe Artikel 25 und 26 des Vertragsentwurfes der Völkerrechtskommission über die Staatenverantwortlichkeit, A/51/10, 1996, S. 133–134). Daher ist jede Vereinbarung im Zusammenhang mit dem Eigentum von Personen, die seit 1974 in Zypern zwangsüberführt wurden, auf Veranlassung von betroffenen Personen hin (oder auch von anderen Mitgliedsstaaten des Europarates) Gegenstand einer genauen Überprüfung durch die europäischen Menschenrechts-

organe. Diese genaue Überprüfung kann nicht durch einen gesonderten Status, der möglicherweise einem Teil des Territoriums eines Mitgliedsstaates zusteht, oder durch spätere Verträge oder andere Vereinbarungen zwischen einzelnen Staaten, die der Zuständigkeit des Gerichtshofes unterstehen, ausgeschlossen werden.

VII. Schlußfolgerungen

39. Aus den von uns genannten Gründen sind wir der Meinung, daß

a. eine erzwungene Bevölkerungsüberführung, die auf diskriminierender Grundlage und im großen Rahmen stattfindet, völkerrechtswidrig ist, egal ob sie innerhalb eines Staates oder zwischen Staaten oder ob sie in Friedenszeiten oder in Zeiten eines bewaffneten Konflikts stattfindet;
b. es rechtswidrig ist, zu versuchen, eine Situation, die sich aus einer erzwungenen Bevölkerungsüberführung oder ethnischer Säuberung ergibt, durch gesetzliche oder andere Maßnahmen, die die Rückkehr der vertriebenen Personen verbieten, aufrechtzuerhalten, insbesondere, wenn derartige Maßnahmen auf rassischer, ethnischer, religiöser oder sprachlicher Grundlage diskriminieren;
c. wenn Bevölkerungsgruppen im großen Rahmen rechtswidrig verbracht wurden, der Zwangsaustausch von Eigentum, das den betroffenen Personen gehört, rechtswidrig ist, wenn es dessen Ziel ist, eine Situation zu legitimieren, die sich aus erzwungener Bevölkerungsüberführung oder ethnischer Säuberung ergibt;
d. darüber hinaus ein derartiger Plan, wie er in dem Vorschlag für eine »Gemeinsame Kommission für Eigentumsansprüche« vorgesehen ist, die Bestimmungen des Artikels 1 des I. Protokolls in Verbindung mit Artikel 14 der Europäischen Menschenrechtskonvention verletzen würde;

e. eine derartige Vereinbarung über einen Zwangsaustausch von Eigentum – selbst wenn sie in einem Vertrag enthalten ist – nicht von einer genauen Überprüfung gemäß der Europäischen Menschenrechtskonvention ausgeschlossen werden kann;
f. die Republik Zypern aus diesen Gründen, im Einklang mit ihren internationalen Verpflichtungen, den Vorschlag für eine »Gemeinsame Kommission für Eigentumsansprüche« nicht akzeptieren oder umsetzen kann.

Georges Abi-Saab | *Dieter Blumenwitz*
James Crawford | *John Dugard*
Christopher Greenwood | *Gerhard Hafner*
Francisco Orrego-Vicuna | *Alain Pellet*
Henry Schermers | *Christian Tomuschat*

30. Juni 1999

1 Siehe »The Loizidou Case. A Dead-End«, Ministry of Foreign Affairs, Ankara, Mai 1999, S. 10.

2 Die Grundlagen für die Rechtswidrigkeit der zwangsweisen Bevölkerungsüberführung, die hier in Betracht gezogen werden, sind nicht erschöpfend. Zwangsweise Massenüberführungen eines Volkes würde zum Beispiel die Verletzung ihres Rechts auf Selbstbestimmung einschließen; siehe auch Al-Khasawneh, E/CN.4/Sub.2/1997/23, S. 6.

3 Siehe Zypern gegen Türkei (Anträge Nr. 6780/74 und 6950/75), Bericht vom 10. Juli 1976, Zypern gegen Türkei (Antrag Nr. 8007/77), Bericht vom 4. Oktober 1983 und Loizidou v Türkei (Hauptsache), 18. Dezember 1996.

4 Vgl. A. De Zayas, »Population: Expulsion and Transfer«, in: R. Bernhardt (Hrsg.), Encyclopedia of Public International Law, Elsevier, Amsterdam 1995, Bd. 3, S. 1062–1064.

5 Siehe zum Beispiel R. Y. Jennings, »Some International Law Aspects of the Refugee Question«, 20 British Yearbook of International Law (1993), S. 98.

6 J. Quigley, »Mass Displacement and the Individual Right of Return«, 68 British Yearbook of International Law (1997), S. 65–123.

7 Siehe zum Beispiel E. Rosand, »The Right to Return under International Law Following Mass Dislocation: The Bosnia Precedent?«, 19 Michigan Journal of International Law (1998) , S. 1091–1117,

A. de Zayas, »The Right to One's Homeland, Ethnic Cleansing, and the International Criminal Tribunal for the Former Yugoslavia«, 6 Criminal Law Forum (1995), S. 257–259.

8 E/CN.4/Sub.2/1997/23, 27. Juni 1997; siehe auch den ersten Bericht von Al-Khasawneh und Hatano: E/CN.4/Sub.2/1993/17 und Corr. 1, 1993.

9 Resolution der Unterkommission 1997/29.

10 Daher legt der Digest of United States Practice in International Law (U.S. Department of State, 1975, S. 7) die Deklaration von 1975 unter der Überschrift »Rights and Duties of States« dar.

11 Siehe auch American Law Institute, Restatement of the Law: The Foreign Relations Law of the United States (Restatement of the Law Third), Bd. 2 (1987), Abschnitt 702; Oppenheim's International Law, 9. Ausgabe, Jennings & Watts (Hrsg.), London 1992, S. 997, 1007–1012.

12 Siehe auch OSZE, Deklaration der Gipfelkonferenz in Lissabon, 1996, Abschnitt 10.

13 Siehe Artikel 2 (c).

14 Siehe A/51/10, S. 93 ff.

15 Siehe auch Artikel 8 (2) (b) (viii), des Römischen Statuts von 1998.

16 Siehe zum Beispiel Oppenheim, 9. Ausgabe, Bd. I, Abschnitt 435, S. 995–996 mit weiteren Nachweisen.

17 Zwischenbericht, U.N. Doc. S/35373, Abschnitt 56; siehe auch: Diskussion des Themas im Zusammenhang mit ethnischer Säuberung im ehemaligen Jugoslawien im Fall Prosecutor vs. Karadzić und Mladić, IT-95-18-A, Seite 4 (Richter Riad); Prosecutor vs. Nikolić, IT-95-2-R61, Abschnitt 34 (Richter Jorda, Odio-Benito und Riad); Bosnia and Herzegovina vs. Yugoslavia (Serbia and Montenegro) (Further Request for the Indication of Provisional Measures), ICJ-Reports 1993, S. 431–432 (*ad hoc*-Richter Lauterpacht).

18 ICJ-Reports 1971, S. 56.

19 Artikel 1 und 3 des Entwurfs der Völkerrechtskommission zur Staatenverantwortlichkeit, A/51/10, 1996, S.125–126. Genauer zur Verantwortung von Staaten im Rahmen des Flüchtlingsrechts siehe V. Gowlland-Debbas, »La responsibilité internationale de l'Etat d'origine pour le flux de refugies« (Paris 1997), in: SFDI, Colloque de Caen, »Droit d'asile et droit des refugiés«; C.Tomuschat, »State Responsibility and the Country of Origin« in V. Gowlland-Debbas, The Problem of Refugees in the Light of Contemporary International Law Issues, Den Haag 1996, S. 59–79, mit Kommentar von Stern, S. 80–92.

20 Siehe Artikel 53 der Wiener Vertragsrechtskonvention, 1969, und die diesbezüglichen Beispiele der Völkerrechtskommission, siehe

Yearbook of the International Law Commission, 1966, Bd. II, S. 247–249. Eine Verletzung dieser Normen durch Individuen kann gemäß Völkerrecht zu individueller strafrechtlicher Verantwortlichkeit führen. In Artikel 19 des Entwurfs der Völkerrechtskommission über die Staatenverantwortlichkeit, wie in erster Lesung angenommen (siehe A/51/10, S. 131), werden diese Handlungen, wenn sie von einem Staat in großem Rahmen getätigt werden, sogar als ein »internationales Verbrechen« des Staates selbst beschrieben. Die Kommission behandelt den Begriff des »Staatsverbrechens« in zweiter Lesung, doch bestätigte sie nochmals eindeutig die wesentlichsten Kategorien der *erga omnes*-Verpflichtungen und der Normen des *ius cogens* und deren Relevanz für das Recht der Staatenverantwortlichkeit; siehe Bericht der Völkerrechtskommission 1998 (U.N. Doc. A/53/10), S. 147 (Abschnitt 331).

21 Siehe Restatement of the Law Third, Foreign Relations Law, Bd. 2, S. 167(n), 174–173 (Abschnitt 11).

22 Vertragsentwurf der Völkerrechtskommission zur Staatenverantwortlichkeit, 1996, Artikel 41. Siehe auch ILA-Deklaration von Kairo zu den Prinzipien des Völkerrechts betreffend die Entschädigung von Flüchtlingen, 1992; Gowlland-Debbas, op. cit. S. 116, Tomuschat, op. cit., S. 74.

23 Die internationale Praxis hat sich seit dem Zweiten Weltkrieg eindeutig in Richtung der Rückkehr aller Flüchtlinge und Vertriebenen, ungeachtet der Ursachen ihrer Vertreibung, entwickelt. Doch das Recht auf Rückkehr wurde besonders in Fällen, wo die Vertreibung das Resultat der Verletzung des Völkerrechts ist, wie zum Beispiel ethnische Säuberung, hervorgehoben. Im Kontext des Jugoslawienkonflikts hat der Sicherheitsrat das Recht der Flüchtlinge und Vertriebenen, in ihre ursprünglichen Wohnstätten zurückzukehren, erneut bestätigt. Die Resolutionen 859 (1993) und 947 (1994) des Sicherheitsrates zum Beispiel unterstrichen dies im Hinblick auf Bosnien, und die Resolutionen 1019 (1995) und 1145 (1997) betonten die Vorschläge im Zusammenhang mit Kroatien. Zusätzlich berief sich der Sicherheitsrat in der Ruandakrise auf die dringende Notwendigkeit »der geregelten und freiwilligen Repatriierung und Wiederansiedelung der Flüchtlinge und der Rückkehr der Vertriebenen, was von höchster Bedeutung für die Stabilität in der Region ist« (Resolution 1078 (1996) des Sicherheitsrates, siehe auch Resolution 1029 (1995) des Sicherheitsrates). Weitere Beispiele für diese Vorgangsweise des Sicherheitsrates bieten sich mit den Krisen im Gebiet der ehemaligen Sowjetunion. In der Resolution 999 (1995) des Sicherheitsrates wurde die Bedeutung der Rückkehr der Vertriebenen in ihre Wohnstätten in

Tadschikistan hervorgehoben, während der Rat im Falle von Georgiern, die aus Abchasien geflohen waren, in der Resolution 1097 (1996) »das Recht aller durch diesen Konflikt betroffenen Flüchtlinge und Vertriebenen ... in Übereinstimmung mit dem Völkerrecht, in ihre Wohnstätten zurückzukehren«, erneut bestätigte. Der Rat hat auch im Hinblick auf den Liberiakonflikt die Bedeutung der unverzüglichen Repatriierung der Flüchtlinge betont (siehe Resolution 1100 (1997) des Sicherheitsrates). Diese Ansicht wurde auch in anderem Zusammenhang bestätigt. Der Friedensvertrag von Dayton/Paris von 1995, der den Bosnienkrieg beendete, bestimmt im besonderen, daß »alle Flüchtlinge und Vertriebenen das Recht haben, frei in ihre ursprünglichen Wohnstätten zurückzukehren«, und betont, daß »die baldige Rückkehr der Flüchtlinge und Vertriebenen ein bedeutsames Ziel bei der Beilegung des Konflikts in Bosnien und Herzegowina ist« (Anhang 7, Artikel 1; siehe zum Beispiel auch den Pariser Vertrag zu Kambodscha, 1991, Teil V und Anhang 4. Die Inter-Amerikanische Menschenrechtskommission entschied, daß Nicaragua verpflichtet war, Miskito-Indianer, die aus ihren Heimatgebieten vertrieben worden waren, im Lichte des Rechts auf Rückkehr, das in Artikel 22 der Inter-Amerikanischen Konvention festgelegt ist, zu repatriieren (OEA/ser.L/V/II, 62). Das allgemeine Recht der Flüchtlinge und Vertriebenen, in ihre Heimat zurückzukehren, wurde auch in genereller Weise durch die Unterkommission zur Verhinderung von Diskriminierung und zum Schutz von Minderheiten erneut bestätigt (Resolutionen 1994/24, 1996/9 und 1997/31), während die Wiener Erklärung der Menschenrechte von 1993 »die Notwendigkeit, dauerhafte Lösungen zu Fragen hinsichtlich intern vertriebener Personen, einschließlich deren freiwilliger und sicherer Rückkehr und Rehabilitation« betont (Teil I, Abschn. 23).

24 Siehe allgemein Büro des Hohen Kommissars für Menschenrechte der Vereinten Nationen, Bericht des Repräsentanten des Generalsekretärs, Francis M. Deng, entsprechend der Resolution 1997/39 der Kommission vorgelegt, Nachtrag, Leitprinzipien zu Interner Vertreibung, E/CN.4/1998/53/Zus.2, 11. Februar 1998.

25 Siehe zum Beispiel Resolution 37/253 der Generalversammlung, 16. Mai 1983; Resolutionen 541 (1983), 550 (1985) und nachfolgende Resolutionen des Sicherheitsrates zum Zypernproblem.

26 Siehe zum Beispiel Resolution 752 (1992) des Sicherheitsrates bezüglich Bosnien und Herzegowina und Resolution 465 (1980), die besagt, daß »alle von Israel ergriffenen Maßnahmen mit dem Ziel, den natürlichen Charakter, die demographische Zusammensetzung ... der palästinensischen oder anderer arabischer Gebiete,

die seit 1967 okkupiert sind, zu verändern ... keine rechtliche Gültigkeit haben«; siehe auch Resolutionen 2949 (XXVII), 3092B (XXVIII), 33/113, 47/70C der Generalversammlung.

27 Siehe zum Beispiel Russo, »L'application aux nationaux des ›principes generaux du droit international‹ visé à l'article 1er du Protocole No. I«, Melanges Wiarda (Köln 1988), S. 547 ff., und siehe Verweise auf S. 522, Anmerkung 5; L. Condorelli, »Article 1 of the Additional Protocol«, in: Pettiti, Decaux and Imberts (Hrsg.), La Convention européenne des droits de l'homme, Paris 1995, S. 986–988; siehe auch Lithgow gegen Vereinigtes Königreich, Europäischer Gerichtshof für Menschenrechte, Reihe A, Nr. 102 (1986).

Anmerkung

Das beiliegende gemeinsame Gutachten wurde von einer Gruppe von Völkerrechtsexperten auf einer Beratung, die vom 26. bis 27. Juni 1999 in Genf stattfand und vom Generalstaatsanwalt Alexandros Fr. Markides der Republik Zypern einberufen wurde, vorbereitet. Die dargelegten Meinungen wurden unabhängig zum Ausdruck gebracht. Ein weiterer eingeladener Experte (Professor Greenwood), der bei der eigentlichen Diskussion nicht anwesend sein konnte, stimmte dem Text des endgültigen Gutachtens und seiner Argumentation zu und erklärte sich bereit, den Text mit zu unterzeichnen. Die Unterzeichnenden sind:

Professor **Georges Abi-Saab** (Ägypten) ist Professor für Völkerrecht am *Institut des Hautes Études*, Genf, Ehrenprofessor der Juristischen Fakultät der Universität Kairo und Ehrenvoller Professor am Lehrstuhl Rennert für das *Global Law School Program* an der Juristischen Fakultät der *New York University*. Er ist Mitglied des *Institut de Droit International* und war früher als Richter der Berufungskammer des Internationalen Straftribunals für das ehemalige Jugoslawien und Ruanda tätig.

Professor **Dr. Dieter Blumenwitz** (Deutschland) ist Inhaber des Lehrstuhls für Völker- und Verfassungsrecht und Direktor des Instituts für Völker- und Europarecht an der Universität Würzburg.

Professor **James Crawford** (Australien) ist Professor für Völkerrecht an der Universität Cambridge und Direktor des *Lauterpacht Research Centre for International Law*. Er ist Mitglied der Völkerrechtskommission und deren Sonderberichterstatter über Staatenverantwortlichkeit. Er ist Höherer Rechtsanwalt von New South Wales und hatte früher den Lehrstuhl für Völkerrecht an den Universitäten Adelaide und Sydney inne. Er ist Mitglied des *Institut de Droit International*.

Professor **John Dugard** (Südafrika) ist emeritierter Professor für Recht, Universität Witwatersrand, Südafrika, und gegenwärtig Professor für Völkerrecht an der Universität Leiden, Niederlande. Er ist Mitglied der Völkerrechtskommission, außerordentliches Mitglied des *Institut de Droit International* und Höherer Rechtsanwalt des Obersten Gerichtshofs von Südafrika.

Professor **Christopher Greenwood** (Großbritannien) ist Professor für Völkerrecht an der *London School of Economics* und Träger des Ehrentitels Königlicher Berater und als Rechtsanwalt in England tätig. Er war früher Mitglied des Magdalenen-Colleges, Cambridge, und Dozent für Recht an der Universität Cambridge.

Professor **Gerhard Hafner** (Österreich) ist Professor für Völkerrecht und Internationales Wirtschaftsrecht an der Universität Wien und seit 1996 Mitglied der Völkerrechtskommission. Er arbeitete früher im Völkerrechtsbüro des Österreichischen Außenministeriums und amtierte als Leiter der Österreichischen Delegation auf der Konferenz in Rom über die Schaffung eines Internationalen Strafgerichtshofes (1998).

Professor **Francisco Orrgeo Vicuna** (Chile) ist Professor für Völkerecht an der Juristischen Fakultät und dem Institut für Internationale Studien der Universität Chile und Mitglied des *Institut de Droit International*.

Professor **Allain Pellet** (Frankreich) ist Professor für Völkerrecht an der Universität *Paris X-Nanterre* und dem Institut für Politische Studien in Paris und ist ehemaliges stellvertretendes Mitglied der Unterkommission zum Schutz von Minderheiten. Er ist seit 1990 Mitglied der Völkerrechtskommission der Vereinten Nationen und war 1997 deren Vorsitzender. Derzeit ist er Sonderberichterstatter der Völkerrechtskommission über Vorbehalte zu Verträgen.

Professor **Henry G. Schermers** (Holland) ist Professor für Recht an der Universität Leiden, ehemaliges Mitglied der Europäischen Kommission für Menschenrechte und Mitglied des *Institut de Droit International.*

Professor **Christian Tomuschat** (Deutschland) ist Professor für Völkerrecht an der Humboldt-Universität Berlin und hatte zuvor den Lehrstuhl für Völkerrecht an der Universität Bonn inne. Er war von 1987 bis 1996 Mitglied der Völkerrechtskommission und war 1992 deren Vorsitzender. Er ist außerordentliches Mitglied des *Institut de Droit International.*

Ausgewählte Bibliographie

Al-Khasawneh, A. S., »The Human Rights Dimensions of Population Transfer, including the Implantation of Settlers. Progress Report« (E/CN.4/Sub.2/1994/18, 30. Juni 1994).

Al-Khasawneh, A. S., »Human Rights and Population Transfer. Final Report« (E/CN.4/Sub.2/1997/23, 27. Juni 1997).

Bayefsky, A. & Doyle, M. W., Emergency Return. Principles and Guidelines (Centre of International Studies, Princeton University, 1999)

Benvenisti, E. & Zamir, E., »Private Claims to Property Rights in the Future Israeli-Palestinian Settlement«, 89 AJIL 295 (1995).

Beyani, C., »A Political and Legal Analysis of the Problem of the Return of Forcibly Transferred Populations«, 16 Refugee Survey Q 1 (1997).

Bhabba, J., »Get Back to Where You Once Belonged: Identity, Citizenship and Exclusion in Europe«, 20 Human Rights Quarterly 592 (1998).

Cohen, E. R., »Justice for Occupied Territory? The Israeli High Court of Justice Paradigm«, 24 Columbia J Trans'l Law 471 (1986).

Cohen-Jonathan, G., »L'Affaire Loizidou devant la Cour Européenne des Droits de l'Homme: Quelques Observations«, 102 Revue Générale de Droit International Public 123 (1998).

Cox, M., »The Dayton Agreement in Bosnia and Herzegovina: A Study of Implementation Strategies«, 69 British Ybk of Int'l L 201 (1998).

Dayanim, B., »The Israeli Supreme Court and the Deportations of Palestinians: The Interaction of Law and Legitimacy«, 30 Stanford J Int'l L 115 (1994).

De Zayas, A., »International Law and Mass Population Transfers«, 16 Harvard Int'l LJ 207 (1975).

De Zayas, A., Nemesis at Potsdam (revised edn, Picton Press, Rockport, 1998).

De Zayas, A., »A Historical Survey of Twentieth Century Expulsions« in A Bramwell (ed), Refugees in the Era of Total War (Unwin Hyman, London, 1988), S. 13–38.

De Zayas, A., »The Illegality of Population Transfers and the Application of Emerging International Norms in the Palestinian Context«, 6 Palestine Ybk of Int'l L 17 (1990/91).

De Zayas, A., A Terrible Revenge, The Ethnic Cleansing of the East European Germans (2nd edn, St. Martin's Press, New York, 1994)

De Zayas, A., »Forced Resettlement« in: R. Bernhardt (ed), Encyclopedia of Public International Law (Elsevier, Amsterdam, 1995) Vol. 2, S. 422–425.

De Zayas, A., »Population: Expulsion and Transfer«, in: R Bernhardt (ed), Encyclopedia of Public International Law (Elsevier, Amsterdam 1995), Vol. 3, S. 1062–1068.

De Zayas, A., »The Right to One's Homeland, Ethnic Cleansing, and the International Criminal Tribunal for the Former Yugoslavia«, 6 Criminal Law Forum 257 (1995).

De Zayas, A., »Collective Expulsions: Norms, Jurisprudence, Remedies«, 16 Refugee Survey Q 149 (1997).

De Zayas, A., »Das Recht auf die Heimat, ethnische Säuberungen und das Internationale Kriegsverbrechertribunal für das ehemalige Jugoslawien«, 35 Archiv des Völkerrechts 29 (1997), S. 29–72.

Deng, F. M., Protecting the Dispossessed: A Challenge for the International Community (Washington D. C., The Brookings Institute, 1993).

Dinstein, Y., »The Israel Supreme Court and the Law of Belligerent Occupation: Deportations«, 23 Israel YBHR 1 (1993).

Farer, T. J., »How the International System Copes with Involuntary Migration: Norms, Institutions and State Practice«, 17 Human Rights Quarterly 72 (1995).

Hailbronner, K., »Temporary and Local Responses to Forced Migrations: A Comment«, 35 Virginia J Int'l L 81 (1994).

Hathaway, J. C./Neve, R. A., »Making International Refugee Law Relevant Again: A Proposal for Collectivized and Solution-Oriented Protection«, 10 Harvard Human Rights J 115 (1997).

Henckaerts, J.-M., Mass Expulsion in Modern International Law and Practice (Martinus Nijhoff/Kluwer, Den Haag 1995).

Hill, R. P., »Book Review: [A Bell,] Ethnic Cleansing«, 19 Human Rights Quarterly 693 (1997).

Institut de Droit International, »Les Transfers Internationaux des Populations«, in 44 Annuaire de l'Institut de droit international (1952), S. 138–199.

Jackson, J., »Book Note: Jean-Marie Henckaerts, Mass Expulsion in Modern International Law and Practice«, 25 Denver J Int'l L & Policy 205 (1996).

Lee, L. T., »The Right to Compensation: Refugees and Countries of Asylum«, 80 AJIL 532 (1986).

Lee, L. T., »Current Development: The Cairo Declaration of Principles of International law on Compensation to Refugees«, 87 AJIL 157 (1993).

Loukaides, L. G., »Expulsion of Settlers from Occupied Territories: The Case of Turkish Settlers in Cyprus«, in: Essays on the Developing Law of Human Rights (Martinus Nijhoff/Kluwer, Dordrecht 1995) S. 108.

McFadden, P. M., »The Right to Stay«, 29 Vanderbilt J Transnational L 1 (1996).

Meindersma, C., »Legal Issues Surrounding Population Transfers in Conflict Situations«, 41 Netherlands Int'l L Rev 31 (1994).

Meron, T., »The Meaning and Reach of the International Convention on the Elimination of All Forms of Racial Discrimination«, 79 AJIL 283 (1985).

Necatigil, Z. M., The Cyprus Question and the Turkish Position in International Law (2nd edn, Oxford, Clarendon Press, 1993).

Orrego Vicuna, F., »The Status and Rights of Refugees under International Law: New Issues in Light of the Honecker Affair«, 25 U Miami Inter-Am L Rev 351 (1994).

Palley, Claire, »Population Transfers«, in: Gomien, D (ed) Broadening the Frontiers of Human Rights: Essays in Honour of Asbjørn Eide (Scandinavian University Press, Oslo 1993) S. 219–254.

Petrovic, D., »Ethnic Cleansing: An Attempt at Methodology«, 5 Eur J Int'l L 342 (1994).

Preece, J. J., »Minority Rights in Europe: From Westphalia to Helsinki«, 23 Rev Int'l Studies 75 (1997).

Preece, J. J., »Ethnic Cleansing as an Instrument of Nation-State Creation: Changing State Practices and Evolving Legal Norms«, 20 Human Rights Quarterly 817 (1998).

Quigley, J., »Mass Displacement and the Individual Right of Return«, 68 British Ybk of Int'l L 65 (1997).

Quigley, J., »Displaced Palestinians and a Right of Return«, 39 Harvard Int'l LJ 171 (1998).

Roch, M. P., »Forced Displacement in the Former Yugoslavia: A Crime under International Law?«, 14 Dickerson J Int'l L 1 (1995).

Rosand, E., »The Right to Return under International Law following Mass Dislocation: The Bosnia Precedent?«, 19 Mich J Int'l L 1091 (1998).

Ruddick, E. E., »Note: The Continuing Constraint of Sovereignty: International Law, International Protection, and the Internally Displaced«, 77 Buffalo UL Rev 429 (1997).

Sapiro, M., »Book Review and Note: Mass Expulsion in Modern International Law and Practice by Jean Marie Henckaerts«, 90 AJIL 539 (1996).

Stavropoulou, M., »Displacement and Human Rights: Reflections on UN Practice«, 20 Human Rights Quarterly 515 (1998).

Stavropoulou, M., »The Right Not to be Displaced«, 9 American UJ Int'l L & Policy 689 (1994).

Tomuschat, C., »Das Recht auf die Heimat. Neue rechtliche Aspekte«, in: J. Jekewitz, K. H. Klein, J. D. Kühne, H. Petersmann & R. Wolfrum (eds), Des Menschen Recht zwischen Freiheit und Verantwortung (Duncker & Humblot, Berlin 1989), S. 183–212.

United Nations High Commissioner for Human Rights, Report of the representative of the Secretary-General, Mr. Francis M. Deng, submitted pursuant to Commission resolution 1997/39, Addendum, Guiding Principles on Internal Displacement, 54th Sess, U.N. Doc E/CN.4/1998/53/Add.2, 11. Februar 1998.

United Nations, Sub-Commission on Prevention of Discrimination and Protection of Minorities, The Realization of Economic, Social and Cultural Rights: The Human Rights Dimensions of Population Transfer, Including the Implantation of Settlers, 45th Sess, U.N. Doc. E/CN.4/Sub.2/1993/17 (1993).

Várady, T., »Minorities, Majorities, Law and Ethnicity: Reflections on the Yugoslav Case«, 19 Human Rights Quarterly 9 (1997).

Weiner, J. R., »The Palestinian Refugees' ›Right to Return‹ and the Peace Process«, 20 Boston College Int'l and Comp L Rev 1 (1997).

Kreuther Erklärung: »Gegen Völkermord und Vertreibung«

Die Hanns Seidel Stiftung hat vom 28. bis 30. Mai 2000 in Wildbad Kreuth eine Expertentagung zum Thema »Gegen Völkermord und Vertreibung – die Überwindung des 20. Jahrhunderts« durchgeführt. Ein Ergebnis dieser Tagung renommierter Staats- und Völkerrechtler aus dem In- und Ausland ist nachfolgendes Thesenpapier:

»Die große ideologische Auseinandersetzung zwischen freiheitlich-pluralen Demokratien und totalitären Herrschaftsformen ist entschieden: Weltweit ist die Demokratie auf dem Vormarsch. In Europa sind die Völker dabei, die trennenden Gräben zu überwinden. Nunmehr muß an die Geltung der universellen Menschenrechte auch auf Feldern erinnert werden, die lange Zeit durch ideologische oder nationale Tabus beherrscht waren.

In einer Welt, die auf der Herrschaft des Rechts baut, darf niemand die Augen vor dem schweren völkerrechtlichen Unrecht der Vertreibung verschließen. Gleichviel, ob die Vertreibung in der Vergangenheit stattfand oder aktuell oder zwischen Staaten, ob sie in Kriegs- oder Friedenszeiten stattfindet.

Vertreibung verletzt fundamental die grundlegenden Menschenrechte wie das Recht auf Leben, Freiheit und Sicherheit der Person. Sie widerspricht dem Verbot grausamer, unmenschlicher und erniedrigender Behandlung, dem Verbot der willkürlichen Ausbürgerung und stellt einen Eingriff in das Privatleben, die Familien und die Heimstätte dar. Vertreibung beinhaltet eine verbotene Diskriminierung aus rassischen oder ethnischen Gründen.

Die Vertreibung ganzer Volksgruppen ist ein Verbrechen gegen die Menschlichkeit und erfüllt den Tatbestand des Völkermordes, wenn dadurch die durch das Volkstum bestimmte Gruppe zerstört werden soll.

Vertreibung schafft kein Recht und ändert keine Rechtspositionen. Deshalb haben die davon betroffenen Menschen ein Recht auf Rückkehr in ihre Heimat und auf Wiedergutmachung. Dieses Recht auf die Heimat ist ein fundamentales Menschenrecht, das den Genuß von bürgerlichen, politischen, wirtschaftlichen und kulturellen Rechten erst ermöglicht.

Kein Staat darf einen durch Vertreibung geschaffenen völkerrechtlichen Zustand im eigenen Land aufrechterhalten. Kein Staat darf Vertreibungen und deren Folgen billigen. Die Staatengemeinschaft muß Vertreibungen und deren Folgen ächten und aktiv dafür sorgen, daß solche in Zukunft nicht mehr stattfinden sowie die Folgen von geschehenen Vertreibungen durch die Garantie des Rechts auf die Heimat beseitigt werden.«

Siehe Erläuterungen (DEU)

Europäischer Gerichtshof für Menschenrechte

Europarat
Straßburg, Frankreich

Beschwerde

gemäß Artikel 34 der
Europäischen Menschenrechtskonvention
und Artikel 45 und 47 der Verfahrensordnung
des Gerichtshofs

I. Die Parteien

A. DER BESCHWERDEFÜHRER/ DIE BESCHWERDEFÜHRERIN

(Angaben über den Beschwerdeführer/die Beschwerdeführerin und ggf. den Bevollmächtigten/die Bevollmächtigte)

1 .... 2. ....
Familienname *Vorname(n)*

Geschlecht: männlich ❑ *weiblich* ❑

3. .... 4. ....
Staatsangehörigkeit *Beruf*

5. ....
Geburtsdatum und -ort

6. ....
Ständige Anschrift

7. ....
Telefonnummer

8. ....
Ggf. derzeitige Anschrift

9. ....
*Name und Vorname des Bevollmächtigten/der Bevollmächtigten**

10. ....
Ständige Anschrift

11. ....
Anschrift des Bevollmächtigten/der Bevollmächtigten

12. ....
Telefonnummer *Faxnummer*

B. DIE HOHE VERTRAGSCHLIESSENDE PARTEI

(Angabe des Staates/der Staaten, gegen den/die die Beschwerde gerichtet ist)

13. ....

II. Darlegung des Sachverhaltes

(Siehe Abschnitt II der Erläuterungen)

14. ....
....
....
....
....
....
....

Wenn erforderlich, Beiblätter anfügen

* Wenn ein Bevollmächtigter/eine Bevollmächtigte bestellt ist, ist eine vom Beschwerdeführer/von der Beschwerdeführerin unterzeichnete Vollmacht beizufügen.

III. Angabe der geltend gemachten Verletzungen der Konvention und/oder Zusatzprotokolle und Begründung der Beschwerde

(Siehe Abschnitt III der Erläuterungen)

15. ....
....
....
....
....
....
....
....
....

Wenn erforderlich, Beiblätter anfügen

IV. Angaben zu Artikel 35 Abs. 1 der Konvention

(Siehe Abschnitt IV der Erläuterungen. Angaben gemäß Ziffern 16 bis 18 sind zu jedem einzelnen Beschwerdepunkt getrennt zu ma chen; wenn erforderlich, ist ein Beiblatt zu benutzen)

16. Letzte innerstaatliche Entscheidung (Datum und Art der Entscheidung, Bezeichnung des Gerichts oder der Behörde)
....
....
....

17. Andere Entscheidungen (in zeitlicher Reihenfolge mit Angabe des Datums und der Art der Entscheidung und der Bezeichnung des Gerichts oder der Behörde)
....
....
....

18. Gab es oder gibt es ein Rechtsmittel, das der Beschwerdeführer/die Beschwerdeführerin nicht eingelegt hat? Wenn ja, welches Rechtsmittel wurde nicht eingelegt? Warum?

....

....

....

....

V. Angabe des Beschwerdegegenstandes und der vorläufigen Ansprüche auf angemessene Entschädigung

(Siehe Abschnitt V der Erläuterungen)

19. ....

....

....

....

....

....

VI. Andere internationale Instanzen, die mit dieser Angelegenheit befasst sind oder waren

(Siehe Abschnitt VI der Erläuterungen)

20. Sind die vorliegenden Beschwerdepunkte bereits einem anderen internationalen Untersuchungs- oder Schlichtungsorgan vorgelegt worden?
Wenn ja, sollten Sie ausführliche Angaben machen.

....

....

....

....

VII. Beigefügte Unterlagen

(Keine Originale, nur Kopien)

(Siehe Abschnitt VII der Erläuterungen. Kopien aller unter Ziffern IV und VI genannten Entscheidungen sind beizufügen. Es obliegt dem Beschwerdeführer/der Beschwerdeführerin, die Kopien zu beschaffen oder die Hinderungsgründe anzugeben. Unterlagen werden Ihnen nicht zurückgesandt.)

21. a) ....
....
....

b) ....
....
....

c) ....
....
....

VIII. Erklärung und Unterschrift

(Siehe Abschnitt VIII der Erläuterungen)

Ich erkläre nach bestem Wissen und Gewissen, dass die von mir im vorliegenden Beschwerdeformular gemachten Angaben richtig sind.

....
Ort *Datum*

....
(Unterschrift des Beschwerdeführers/der Beschwerdeführerin oder des/der Bevollmächtigten)

Dieses Formular ist eine Urkunde und kann für Ihre Rechte und Pflichten von Bedeutung sein.

Formblatt für Beschwerden unter dem Fakultativprotokoll zum Internationalen Pakt über bürgerliche und politische Rechte

Datum: ....

Mitteilung an:

Human Rights Committee
c/o Office of the UN High Commissioner for Human Rights
United Nations Office at Geneva
Palais Wilson
CH-1211 Genf 10, Schweiz

eingereicht zur Prüfung nach dem Fakultativprotokoll zum Internationalen Pakt über bürgerliche und politische Rechte

I. Angaben zum Beschwerdeführer

....	....
Name	*Vorname(n)*
....	....
Staatsangehörigkeit	*Beruf*

....

Geburtsdatum und -ort

Derzeitige Anschrift

....

....

Anschrift für vertrauliche Korrespondenz, wenn von der derzeitigen abweichend

....

....

....

Der Beschwerdeführer unterbreitet die Mitteilung als:

a) Opfer der nachstehend bezeichneten Menschenrechtsverletzung(en) .... ❑
b) Bestellter Vertreter oder Rechtsbeistand des/der Verletzten .... ❑
c) in anderer Funktion .... ❑

Im Falle (c) soll der Beschwerdeführer erklären,

(I) in welchem Verhältnis er/sie zu dem/den Opfer(n) steht, zum Beispiel als Familienangehöriger oder aufgrund anderer persönlicher Beziehung zu dem/den Opfer(n):

....
....
....

(II) warum das/die Opfer die Mitteilung nicht selbst unterbreiten kann/können:

....
....
....

Dritte ohne Verbindung zu dem/den Opfer(n) können in dessen/deren Namen keine Mitteilung unterbreiten.

II. Informationen zum Opfer (wenn vom Beschwerdeführer verschieden)

....	....
Name	*Vorname(n)*
....	....
Staatsangehörigkeit	*Beruf*

....
Geburtsdatum und -ort

Derzeitige Anschrift oder Aufenthaltsort

....

....

....

III. Betroffener Staat/verletzte Artikel/ innerstaatliche Rechtmittel

Name des Vertragsstaates (Landes) zum Fakultativprotokoll zum Internationalen Pakt über bürgerliche und politische Rechte, gegen den sich die Mitteilung richtet:

....

Angabe der vorgeblich verletzten Bestimmungen des Internationalen Paktes über bürgerliche und politische Rechte:

....

....

....

Darstellung, ob der innerstaatliche Rechtsweg erschöpft wurde, Angaben zur Einlegung der Rechtsmittel und zu den Ergebnissen; wenn möglich, unter Beifügung von Kopien aller Gerichts- oder Verwaltungsentscheidungen:

....

....

....

Falls der innerstaatliche Rechtsweg nicht erschöpft worden ist, begründen Sie warum:

....

....

....

IV. Andere internationale Verfahren

Wurde dieselbe Angelegenheit bereits einem anderen internationalen Kontrollgremium unterbreitet, beispielsweise der Inter-Amerikanischen Menschenrechtskommission oder der Europäischen Menschenrechtskommission? Wenn ja, wann und mit welchem Ergebnis?

....

....

....

V. Sachverhaltsschilderung

Legen Sie alle Tatsachen der behaupteten Menschenrechtsverletzung ausführlich dar und teilen Sie die notwendigen Daten mit:*

....

....

....

....

....

....

....

Unterschrift des Beschwerdeführers

* Fügen Sie so viele Seiten bei, wie zur Darstellung notwendig sind.

Ansprache des UN-Hochkommissars zur Eröffnung eines Seminars »The Human Rights Dimensions of Population Transfer«

17–21 February 1997

It is a pleasure for me to address the experts and participants of this seminar. I wish to welcome in particular Mr. Al-Khasawneh, Special Rapporteur on population transfer of the Sub-Commission who requested that this important seminar be convened, and the other experts, many of whom come from far afield, who are sparing their precious time to share their skills and experience with us on this occasion.

The issue of population transfer, including the implantation of settlers and settlements, is by no means only a historic phenomenon. This practice still affects many countries and hundreds of thousands of human beings in all regions of the world, including minorities. One would think that in the light of the Universal Declaration of Human Rights, of the two Covenants, of the Convention on the Elimination of all Forms of Racial Discrimination, of the Convention on the Prevention and Punishment of Genocide, and of the Declaration on the rights of persons belonging to national or ethnic, religious and linguistic minorities, politicians would have abandoned policies of disenfranchisement, expulsion and spoliation of populations.

And yet, we see it happening today. Fifty years after the Nuremberg Tribunal condemned the Nazi policies of population transfer as war crimes and crimes against humanity, we are witnessing recent armed conflicts causing major refugee movements and internal displacements, depriving men and women of their right to live in their native land and rendering them homeless.

We thought we had seen enough suffering in Bosnia-

Herzegowina when hostilities were ended by the Dayton Accords, after millions of victims had been forced to leave their villages and towns in the wake of the policy of so-called »ehtnic cleansing«. We were hopeful, when pursuant to annex 6 of the Dayton Accords, a Human Rights Chamber was established and pursuant to annex 7 refugees and expellees were granted the right »freely to return to their homes of origin«.

We welcomed the indictment issued by the International Criminal Tribunal for the Former Yugoslavia against Radko Mladic and Radovan Karadzic specifically for the crime of ethnic cleansing, because it unmistakably identified this practice as a crime in international law. And yet, even the criminalization of ethnic cleansing has not dissuaded those who are bent on persecuting and expelling others. Just last week we learned that Muslims were again being expelled from Mostar.

I want to commend the Sub-Commission on Prevention of Discrimination and Protection of Minorities for its resolution 1992/28 which »considers that the policy and practice of population transfer, including the removal of people and the implantation of settlers, particularly where induced or conducted by Governments and occupying authorities, invariably have serious consequences for the enjoyment of constitute a serious violation of the human rights of the people removed, the original inhabitants of the countries and territories concerned, as well as the settlers« and »recognizes that practices of population transfer constitute a violation of fundamental human rights«. Similarly, Sub-Commission resolutions 1994/24, 1995/13 and 1996/9 recognize »that practices of forcible exile, mass expulsions and deportations, population transfer, ›ethnic cleansing‹ and other forms of forcible displacement of populations within a country or across borders deprive the affected populations of their right to freedom of movement«.

But I would go further, because the right to live in one's native land is a very precious and fundamental right. Compulsory population transfers, including the implantation of settlers and settlements are a serious matter, not only because they affect many people, but also because they violate the whole gamut of civil and political rights, economic, social and cultural rights. Let us remember, human rights are not exercised in a vacuum, but quite concretely where one lives. Expulsion by its very nature deprives victims of the exercise of many rights and is frequently accompanied by physical abuses and even by the ultimate violation of the right to life.

This is why the International Law Commission has included the practice of »arbitrary deportation or forcible transfer of population« as a crime against humanity, as stipulated in article 18 of the Draft Code of Crimes Against the Peace and Security of Mankind. This draft code was adopted on second reading at the 1996 session of the International Law Commission and welcomed by the General Assembly in Resolution 51/160 of 16 December 1996.

The latest pronouncement of the Sub-Commission is consistent with this development, in that it affirms »the rights of persons to remain in peace in their own homes, on their own lands and in their own countries«, »... (and) the right of refugees and internally displaced persons to return voluntarily, in safety and dignity, to their country of origin and/or within it to their place of origin or choice« and »urges Governments and other actors involved to do everything possible in order to cease at once all practices of forced displacement, population transfer and ›ethnic cleansing‹« (Res. 1996/9 of 23 August 1996).

I consider this resolution to be very important for your deliberations this week, because it does not limit itself to condemning population transfers but also proposes a right to remain and a remedy, the right to return. In this connection I would like to encourage you to seek effective ways to provide relief to the victims of population transfer, for what use is a right if there is no remedy for its violation?

Distinguished experts and participants,

I think your deliberations are of great importance because population transfers, including the implantation of settlers and settlements, this tragic and anachronistic aberration, continues to make victims throughout the world. I strongly believe that your experience and knowledge will lead to concrete results in arriving at conclusions and recommendations to be included in the final report of the Special Rapporteur to the Sub-Commission at this year's session.

I am pleased to note that the programme of this seminar seems to cover the most important issues with respect to the transfer of population and the implantation of settlers. I hope that during your deliberations you will be able to identity some of the lacunae in international human rights, refugee and humanitarian law; examine various mechanisms for addressing the relevant issues pertaining to population transfer and the implantation of settlers and settlements and recommend possible remedies to the international community. You may also wish to consider the usefulness of further standard setting in this field. Perhaps the right to one's homeland could be codified in positive law, an appropriate protocol to the Covenant on Civil and Political Rights could be drafted, or a Declaration could be elaborated.

I look forward to the recommendations of this seminar and I will personally oversee their follow-up. I wish you every success in your deliberations which will undoubtedly contribute to our overall goal: the universal recognition and respect of human rights, which are based on the principle of the equality of all human beings. It is our duty to continue our endeavours in the name of the *dignitas humana*.

José Ayala Lasso
High Commissioner for Human Rights

Geneva, 17 February 1997

Final report of the Special Rapporteur, Mr. Al-Khasawneh

Draft Declaration on Population Transfer and the Implantation of Settlers

Article 1

This Declaration sets standards which are applicable in all situations, including peacetime, disturbances and tensions, internal violence, internal armed conflict, mixed internal-international armed conflict, international armed conflict and public emergency situations. The norms contained in this Declaration must be respected under all circumstances.

Article 2

These norms shall be respected by, and are applicable to all persons, groups and authorities, irrespective of their legal status.

Article 3

Unlawful population transfers entail a practice or policy having the purpose or effect of moving persons into or out of an area, either within or across an international border, or within, into or out of an occupied territory, without the free and informed consent of the transferred population and any receiving population.

Article 4

1. Every person has the right to remain in peace, security and dignity in one's home, or on one's land and in one's country.
2. No person shall be compelled to leave his place of residence.
3. The displacement of the population or parts thereof shall not be ordered, induced or carried out unless their safety or imperative military reasons so demand. All persons thus

displaced shall be allowed to return to their homes, lands, or places of origin immediately upon cessation of the conditions which made their displacement imperative.

Article 5

The settlement, by transfer or inducement, by the Occupying Power of parts of its own civilian population into the territory it occupies or by the Power exercising de facto control over a disputed territory is unlawful.

Article 6

Practices and polices having the purpose or effect of changing the demographic composition of the region in which a national, ethnic, linguistic, or other minority or an indigenous population is residing, whether by deportation, displacement, and/or the implantation of settlers, or a combination thereof, are unlawful.

Article 7

Population transfers or exchanges of population cannot be legalized by international agreement when they violate fundamental human rights norms or peremptory norms of international law.

Article 8

Every person has the right to return voluntarily, and in safety and dignity, to the country of origin and, within it, to the place of origin or choice. The exercise of the right to return does not preclude the victim's right to adequate remedies, including restoration of properties of which they were deprived in connection with or as a result of population transfers, compensation for any property that cannot be restored to them, and any other reparations provided for in international law.

Article 9

The above practices of population transfer constitute internationally wrongful acts giving rise to State responsibility and to individual criminal liability.

Article 10

Where acts or omissions prohibited in the present Declaration are committed, the international community as a whole and individual States, are under an obligation:

(a) not to recognize as legal the situation created by such acts;

(b) in ongoing situations, to ensure the immediate cessation of the act and the reversal of the harmful consequences;

(c) not to render aid, assistance or support, financial or otherwise, to the State which has committed or is committing such act in the maintaining or strengthening of the situation created by such act.

Article 11

States shall adopt measures aimed at preventing the occurrence of population transfers and the implantation of settlers, including the prohibition of incitement to racial, religious or linguistic hatred.

Article 12

Nothing in these articles shall be construed as affecting the legal status of any authorities, groups or persons involved in situations of internal violence, disturbances, tensions or public emergency.

Article 13

1. Nothing in these articles shall be construed to restrict or impair the provisions of any international humanitarian or human rights instruments.

2. In case of different norms applicable to the same situation, the standard offering maximum protection to persons and groups subjected to population transfers, shall prevail.

Quelle: http://www.unhchr.ch/huridocda/huridoca.nsf/Documents

Statement of the United Nations High Commissioner for Human Rights to the German Expellees at the Ceremony Held at the Paulskirche, Frankfurt a. M., on 28 May 1995 on Occasion of the Fiftieth Anniversary of the Expulsion of 15 Million Ethnic Germans from Eastern and Central Europe, 1945–48

At this historic Church of St. Paul many have already spoken about human rights and democracy. This is good, because our commitment to the *dignitas humana* needs reaffirmation everywhere and on every occasion.

Fifty years after the end of the Second World War, we see that new wars and grave human rights violations continue to take their toll in lives, cause major refugee movements, deprive men and women of their rights and render them homeless.

Also fifty years ago the United Nations Organization was founded with the noble aims of maintaining international peace and security and promoting and protecting human rights throughout the world. The Organization has worked hard, achieved many successes, but also experienced serious disappointments. The United Nations and I myself as High Commissioner for Human Rights will devote all of our energies to make these goals reality.

Over the past fifty years the General Assembly has adopted inter alia the Universal Declaration of Human Rights, the Covenant on Civil and Political Rights, the Covenant on Economic, Social and Cultural Rights, the Convention on the Elimination of all Forms of Racial Discrimination, and the Convention against Torture. In this perspective, it is clear that ethnic cleansing, expulsion and involuntary transfers of population violate many of the fundamental human rights enshrined in these Conventions.

The right not to be expelled from one's homeland is a fundamental right. The Sub-Commission on Prevention of Discrimination and Protection of Minorities is currently seised of the question of the human rights dimensions of population transfers. The newest report of Special Rapporteur Awn Shawkat Al-Khasawneh concludes that population transfers violate the human rights of both transferred and receiving populations (E/CN.4/Sub.2/1994/18).

The United Nations International Law Commission is also currently examining this important question. In Article 21 of the Draft Code of Crimes against the Peace and Security of Mankind the expulsion of persons from their homeland is referred to as a gross and systematic violation of human rights and as an international crime. In Article 22 of the Code population expulsions and collective punishments against the civilian population are listed among the gravest war crimes.

The most recent statement of the United Nations on the Right to the homeland was given on 26 August 1994 by the Sub-Commission, which in its Resolution 1994/24 affirmed the right of persons to remain in peace in their own homes, on their own lands and in their own countries. Moreover, the Resolution affirms the right of refugees and displaced persons to return in safety and dignity, to their country of origin.

I submit that if in the years following the Second World War the States had reflected more on the implications of the enforced flight and the expulsion of the Germans, today's demographic catastrophies, particularly those referred to as »ethnic cleansing«, would, perhaps, not have occurred to the same extent.

In this context I should like to refer to the Charter of the German Expellees. It is good that men and women who have suffered injustice are prepared to break the vicious circle of revenge and reprisals and devote themselves in peaceful ways to seek the recognition of the right to the homeland and work toward reconstruction and integration in Europe. One day this peaceful approach will receive the recognition it deserves.

There is no doubt that during the Nazi occupation the peoples of Central and Eastern Europe suffered enormous injustices that cannot be forgotten. Accordingly they had a legitimate claim for reparation. However, legitimate claims ought not to be enforced through collective punishment on the basis of general discrimination and without a determination of personal guilt. In the Nuremberg and Tokyo trials the crucial principle of personal responsibility for crimes was wisely applied. It is worth while to reread the Nuremberg protocols and judgment.

Our goal remains the universal recognition of human rights, which are based on the principle of the equality of all human beings. Indeed, all victims of war and injustice deserve our respect and compassion, since every individual human life is precious. It is our duty to continue our endeavors in the name of the *dignitas humana*.

José Ayulu Lusso
High Commissioner for Human Rights

Paulskirche, 28 May 1995

Die deutsche Fassung des Grußwortes wurde von Professor Dieter Blumenwitz herausgegeben: Dokumentation der Gedenkstunde in der Paulskirche zu Frankfurt am 28. Mai 1955: 50 Jahre Flucht, Deportation Vertreibung, Bonn, 1995, S. 4–5.

Charta der deutschen Heimatvertriebenen

gegeben zu Stuttgart am 5. August 1950

Im Bewußtsein ihrer Verantwortung vor Gott und den Menschen, im Bewußtsein ihrer Zugehörigkeit zum christlich-abendländischen Kulturkreis, im Bewußtsein ihres deutschen Volkstums und in der Erkenntnis der gemeinsamen Aufgabe aller europäischen Völker haben die erwählten Vertreter von Millionen Heimatvertriebenen nach reiflicher Überlegung und nach Prüfung ihres Gewissens beschlossen, dem deutschen Volk und der Weltöffentlichkeit gegenüber eine feierlich Erklärung abzugeben, die die Pflichten und Rechte festlegt, welche die deutschen Heimatvertriebenen als ihr Grundgesetz und als unumgängliche Voraussetzung für die Herbeiführung eines freien und geeinten Europas ansehen.

1. Wir Heimatvertriebenen verzichten auf Rache und Vergeltung. Dieser Entschluß ist uns ernst und heilig im Gedenken an das unendliche Leid, welches im besonderen das letzte Jahrzehnt über die Menschheit gebracht hat.
2. Wir werden jedes Beginnen mit allen Kräften unterstützen, das auf die Schaffung eines geeinten Europas gerichtet ist, in dem die Völker ohne Furcht und Zwang leben können.
3. Wir werden durch harte, unermüdliche Arbeit teilnehmen am Wiederaufbau Deutschlands und Europas. Wir haben unsere Heimat verloren. Heimatlose sind Fremdlinge auf dieser Erde. Gott hat die Menschen in ihre Heimat hineingestellt. Den Menschen mit Zwang von seiner Heimt trennen, bedeutet, ihn im Geiste töten. Wir haben dieses Schicksal erlitten und erlebt. Daher fühlen wir uns berufen, zu verlangen, daß das Recht auf die Heimat als eines der von Gott geschenkten Grund-

rechte der Menschheit anerkannt und verwirklicht wird. Solange dieses Recht für uns nicht verwirklicht ist, wollen wir aber nicht zur Untätigkeit verurteilt beiseite stehen, sondern in neuen, geläuterten Formen verständnisvollen und brüderlichen Zusammenlebens mit allen Gliedern unseres Volkes schaffen und wirken. Darum fordern und verlangen wir heute wie gestern:

1. Gleiches Recht als Staatsbürger nicht nur vor dem Gesetz, sondern auch in der Wirklichkeit des Alltags.
2. Gerechte und sinnvolle Verteilung der Lasten des letzten Krieges auf das ganze deutsche Volk und eine ehrliche Durchführung dieses Grundsatzes.
3. Sinnvollen Einbau aller Berufsgruppen der Heimatvertriebenen in das Leben des deutschen Volkes.
4. Tätige Einschaltung der deutschen Heimatvertriebenen in den Wiederaufbau Europas.

Die Völker der Welt sollen ihre Mitverantwortung am Schicksal der Heimatvertriebenen als der vom Leid dieser Zeit am schwersten Betroffenen empfinden.

Die Völker sollen handeln, wie es ihren christlichen Pflichten und ihrem Gewissen entspricht.

Die Völker müssen erkennen, daß das Schicksal der deutschen Heimatvertriebenen, wie aller Flüchtlinge, ein Weltproblem ist, dessen Lösung höchste sittliche Verantwortung und Verpflichtung zu gewaltiger Leistung fordert.

Wir rufen Völker und Menschen auf, die guten Willens sind, Hand anzulegen ans Werk, damit aus Schuld, Unglück, Leid, Armut und Elend für uns alle der Weg in eine bessere Zukunft gefunden wird.

Personenregister

Ortsregister

Alfred-Maurice de Zayas

Dr. Alfred Maurice de Zayas, Dr. iur (Harvard); Dr. phil (Göttingen), Rechtsanwalt in New York und Florida, Gastprofessor des Völkerrechts, DePaul University, Chicago, USA, Senior Fellow, International Human Rights Law Institute, Chicago. Mitglied des P.E.N. Clubs, Autor der Bücher »Die Anglo-Amerikaner und die Vertreibung der Deutschen« (Ullstein TB, 11. überarb. Aufl. 1999), »Anmerkungen zur Vertreibung« (Kohlhammer TB, 4. überarb. Aufl. 1995) und »Die Wehrmacht-Untersuchungsstelle« (Universitas, 7. überarb. Aufl. 2001) und zahlreicher wissenschaftlicher Abhandlungen zum Thema Heimatrecht.